现代公民法律实用丛书

百姓身边的法律服务 MODERN CIVIL LAW 常用法律常识速查速用

（应用版）

交通事故处理法规实用案例

徐运全／主编

增强法律观念·提高维权意识

内蒙古人民出版社

图书在版编目（C I P）数据

交通事故处理法规实用案例 / 赵怡编著. -- 呼和浩特 : 内蒙古人民出版社, 2016.7（2018.7重印）
（现代公民法律实用丛书 / 徐运全主编）
ISBN 978-7-204-14213-2

Ⅰ. ①交… Ⅱ. ①赵… Ⅲ. ①交通运输事故－处理－法规－基本知识－中国 Ⅳ. ①D922.14

中国版本图书馆CIP数据核字(2016)第184350号---------

现代公民法律实用丛书·交通事故处理法规实用案例

主　　编　徐运全
编　　著　赵　怡
责任编辑　王　静
责任校对　杜慧婧
责任监印　王丽燕
封面设计　宋双成
出版发行　内蒙古人民出版社
地　　址　呼和浩特市新城区中山东路8号波士名人国际B座
网　　址　http：//www.nmgrmcbs.com
印　　刷　呼和浩特市圣堂彩印有限责任公司
开　　本　710mm×1000mm　1/16
印　　张　16.25
字　　数　260千
版　　次　2016年9月第1版
印　　次　2018年7月第5次印刷
印　　数　18100—19600册
书　　号　ISBN 978-7-204-14213-2
定　　价　35.00元

目　录
CONTENTS

交通与交通事故

什么是道路

道路，是指公路、城市道路和虽在单位管辖范围但允许社会机动车通行的地方，包括广场、公共停车场等用于公众通行的场所。

不属于道路交通管理中的道路，是指《道路交通安全法》第一一九条规定所称的道路以外的其他道路，例如：矿区、厂区、林区、农场等单位自建的不通行社会车辆的专用道路、乡间小道、田野机耕道、城市楼群或排房之间的甬道、机关、学校、单位大院内的甬道（以及渡口区道路）等。

在这些道路上即道路交通安全法律、法规中的非道路上发生的人员伤亡、财物损失，不能根据道路交通法律、法规进行处理，也不能根据《交通事故处理程序规定》进行处理，因为这并非属于公安交通管理部门法定职责范围内的事情。发生此类事件后，当事人可以请求公安交通管理部门予以协助和配合，勘查事件现场、提出成因分析，这属于工作中的联系，不是《道路交通安全法》所调整的对象。当事人对在非道路上发生的车辆、行人的碰撞所造成的人员伤亡或者财物损失的可以协商处理，协商不成的，可以向人民法院提起民事诉讼。如果当事人有违反治安管理的行为或者需要追究刑事责任的情况，由公安机关负责处理。

什么是道路交通违章

道路交通违章是指人们违反道路交通管理法规，妨碍或有可能妨碍交通秩序、交通安全和畅通的行为。“妨碍”是指直接导致交通秩序混乱，影响安全和畅通的行为。“有可能妨碍”指这种行为在一定条件下会导致交通秩序混乱，影响交通安全和畅通。

交通事故，是指车辆在道路上因过错或者意外造成的人身伤亡或者财产损失的事件。

交通事故与交通违章，既有相同点又有明显的区别。

二者的相同点有：

1. 都是在道路的范围内发生的。

2. 都违反了道路交通管理法规。

二者的不同点有：

1. 从交通事故所造成的后果上来说，交通事故在情节上较交通违章严重。交通违章是违反道路交通管理法规尚未造成人身伤亡和财产损失后果的行为，它只是有危害交通秩序和交通安全的可能性，而交通事故则是违反道路交通管理法规已经造成了人身伤亡和财产损失后果。因此，一般来说，交通违章只涉及对违章人员的处罚问题，而交通事故因有损害结果的发生，不仅涉及对肇事者的处罚问题，还涉及对受害者的损害赔偿问题，处理也较交通违章复杂。

2. 对交通事故的处罚与对交通违章的处罚有所不同。交通事故处罚与交通违章处罚同属行政处罚，但交通事故处罚有其自身特点。它与交通违章处罚主要的区别是：交通事故的被处罚人，必须是由于其违章行为造成了损害后果的交通事故责任者，没有违章行为或者虽有违章行为，但与事故的发生没有因果关系，而不承担事故责任的，就不能按照交通事故责任对其进行处罚，而只能按交通违章处罚。

什么是道路交通事故

道路交通事故（以下简称交通事故）是指车辆在道路上因过错或者意外造成的人身伤亡或者财产损失的事件。也就是说，一件交通事故，由三个方面组成：一是交通事故的当事人，一方必须是车辆，发生交通事故的双方，要么是两车之间，要么是人车之间；二是交通事故的一方或双方有过错或者发生了意外的情况。有过错的情况主要有违反交通规则、驾驶有误等，发生意外的情况主要是发生了意想不到的情况，如刹车失灵、道路变化等；三是必须有人身伤亡或者财产损失，给双方当事人或者一方当事人或者第三方造成了人身伤亡或者财产损失的后果。这三条缺少其中任何一条都不能构成交通事故。

这里有必要对“车辆”“道路”这两个概念做一下解释，“车辆”在《道路交通安全法》中指下列机动车和非机动车：（一）“机动车”，是指以动力装置驱动或者牵引，上道路行驶的供人员乘用或者用于运送物品以及进行工程专项作业的轮式车辆；（二）“非机动车”，是指以人力或者畜力驱动，上道路行驶的交通工具，以及虽有动力装置驱动但设计最高时速、空车质量、外形尺寸符合有关国家标准的残疾人机动轮椅车、电动自行车等交通工具。这里所说的“道路”，在《道路交通安全法》中特指公路、城市道路和虽在单位管辖范围但允许社会机动车通行的地方，包括广场、公共停车场等用于公众通行的场所。其中，“公路”包括国道、省道、县道和乡村道路等。“城市道路”是指修建在城镇中的道路，包括直辖市、市、镇的主干道、辅路、支线、立交桥等。所谓“虽在单位管辖范围但允许社会机动车通行的道路”，是指有些单位或者社区的场院内的道路，虽然隶属于某单位管辖，但由于允许社会的机动车通行，这些道路的交通也属于本项所解释的道路的范围之内。另外，读者还应当明确的是，本书中所涉及的交通事故仅指发生在上述道路范围的交通事故，即道路交通事故，其他涉及航空、海上、水上交通事故及火车与车辆、行人在铁路道口发生的交通事故有专门规定予以处理，不包括在本书所介绍的交通事故范围内。

什么是交通事故现场

交通事故现场，是指发生交通事故后的车辆、物体、人、畜以及交通事故有关的痕迹等所处的空间，根据划分的标准和角度不同，通常采用以下几种分类：

1．原始现场、变动现场和破坏现场

原始现场，是指事故发生后至现场勘查前，没有遭受改变或破坏的现场。

这种现场能较为清楚地真实反映事故的演变过程，对勘查的价值最大。

变动现场，是指交通事故发生后到勘查前，由于自然或认为非故意的原因使现场的部分或全部受到改变的现场。

破坏现场，是指交通事故发生之后，肇事人故意将现场的痕迹、物证加以破坏，以逃避侦查的现场。以现场破坏的情节来看，其又可分为逃逸现场和伪造现场。

2. 原发现场和再发现场

原发现场，是指交通事故发生后所存在的现场，包括原始现场、变动现场、破坏现场，是交通事故现场勘查人员工作的对象。

再发现场，包括两种情况：一是办案人员根据现场勘查笔录等材料重新布置恢复的现场，供事故分析或复查案件使用；二是由于种种原因原发现场不存在了，办案人员根据目击证人及当事人的指定，重新布置的现场。

交通事故现场当事人的义务

交通事故当事人是指与交通事故有直接关系的人员，包括车辆驾驶人、行人、乘车人以及其他道路使用者。道路交通事故现场，是指发生道路交通事故的地点及其有关的空间范围。《道路交通安全法》规定了当事人在事故现场的下列义务：

1. 停车义务。在道路上运行发生碰撞、碾压、刮擦、翻车、坠车、爆炸、失火的车辆对事故发生影响的车轮，从事故的地点到采取紧急措施立即停车的位置，往往是确定事故现场范围的重要依据，发生事故后，有关车辆驾驶人应当立即停车，这是第一义务。明知发生事故而不采取紧急措施立即停车的，属于有意变动现场，驾驶车辆逃逸是更严重的违法行为，甚至导致犯罪。

2. 现场保护义务。在道路上发生交通事故，车辆驾驶人应当立即停车，保护现场。交通事故现场是反映道路交通事故发生前后重要的空间场所，存在大量的事故痕迹和物证，是公安机关交通管理部门勘验现场、分析原因、认定责任和处理事故的关键所在。

3. 伤员抢救义务。救死扶伤是一种传统美德，而对于交通事故当事人而言，抢救受伤人员是其必须履行的法律义务。道路交通事故发生后，因为一时不可能有专业的医护人员救护伤员，在这种紧急情况下，当事人应该迅速、及时地抢救伤者，防止其病情恶化，从而减轻事故所造成的损失。

4. 报警义务。车辆驾驶人在发生交通事故后迅速报告值勤交警或者交通管理部门是交通事故当事人的一项法定义务。

5. 乘车人、过往车辆驾驶人、过往行人的协助义务。此处所称的协助义务，系指协助驾驶人进行现场保护、抢救伤员以及向值勤交警或者公安交通管理部门报警的义务。

交通事故的分类

交通事故通常划分为轻微事故、一般事故、重大事故和特大事故四类。

1. 轻微事故是指一次造成轻伤 1～2 人，或者财产损失机动车事故不足 1000 元，非机动车事故不足 200 元的事故。

2. 一般事故是指一次造成重伤 1～2 人，或者轻伤 3 人以上，或者财产损失不足 3 万元的事故。

3. 重大事故是指一次造成死亡 1～2 人，或者重伤 3 人以上 10 人以下，或者财产损失 3 万元以上不足 6 万元的事故。

4. 特大事故是指一次造成死亡 3 人以上，或者重伤 11 人以上，或者死亡 1 人，同时重伤 8 人以上，或者死亡 2 人，同时重伤 5 人以上，或者财产损失 6 万元以上的事故。

事故现场勘查程序

公安部在 2004 年 4 月 30 日发布的《交通事故处理程序规定》中明确指出了道路交通事故现场勘查的程序：

公安交通管理部门接到交通事故报案后，须做好报案记录。属于重大、特大事故的，应当立即向上级公安交通管理部门或者有关部门报告。不属于自己管辖的，移送主管部门，并通知当事人。

经现场勘查，属于交通事故的，填写《交通事故立案登记表》。不属于交通事故的，由事故处理部门负责人批准，书面通知当事人。

一般以上事故现场勘查，人数不得少于两人。

发生重大、特大事故，省、自治区、直辖市公安交通管理部门认为必要时应当派员到现场指导勘查。发生重大、特大事故、涉及交通事故，地区（市）公安交通管理部门应当派员到现场指导勘查，必要时应当商请人民检察院派员到现场。管理地公安交通管理部门必须派员维护现场秩序。

勘查人员到达现场后应当立即进行下列工作：

1. 组织抢救伤者和财物；

2. 制作勘查材料，寻找证人，收集物证；

3. 清点现场遗留物品，消除障碍，恢复交通。

交通事故现场图绘制完毕后，勘查员、绘图员应当签名或盖章。当事人在现场的可以要求本人签字；当事人不在现场或者无能力签字的，应当由见证人签名或者盖章；无见证人或者当事人拒绝签字的，应当记录在案。

公安交通管理部门对交通事故现场遗留物品应当保护；除物证外，其他财物必须及时发还当事人；暂时无人认领的，要妥善保管，暂时无法移动的，应当指定当事人一方或者有关人员守护，并设明显标志。

保护事故现场的重要性

交通事故现场是能够客观反映交通事故发生前后过程的空间场所，是公安机关交通管理部门正确认定交通事故责任的关键。我国道路交通方面的法律、法规均明确规定了有关人员应当保护现场，不得破坏现场，故意破坏现场者将承担相应的不利后果。

如果现场是一方当事人故意破坏的，则该当事人要承担全部责任。如果现场不是被故意破坏的，而是因不小心或者其他原因受到破坏，则由负有举证责任的一方承担相应责任。机动车之间发生交通事故的，则由过错的一方承担责任；双方都有过错的，按照各自过错的比例分担责任。而机动车与非机动车驾驶人、行人之间发生交通事故的，由机动车一方承担责任。但是，有证据证明非机动车驾驶人、行人违反道路交通法律、法规，机动车驾驶人已采取必要处置措施的，减轻机动车一方的责任。交通事故的损失是由非机动车驾驶人、行人故意造成的，机动车一方不承担责任。可见，对机动车驾驶人来讲，由于其负有较重的举证责任，不保护好现场，对其是极为不利的。

交通事故简易程序

三种情况当事人不“私了”的，可按交通事故简易程序处理：

1. 在道路上发生没有造成人身伤亡的交通事故，当事人对事实及成因无争议的；

2. 发生仅造成轻微财产损失并且基本事实清楚的交通事故，当事人不撤离现场的；

3. 受伤人员认为自己伤情轻微，当事人对事实及成因无争议，但对赔偿有争议的。

遇有上述三种情况，交警应记录交通事故信息，由当事人签名后，责令当事人撤离现场，恢复交通。对拒不撤离现场的，予以强制撤离。根据当事人行为对发生交通事故所起作用及过错严重程度，交警可确定当事人责任，当场制作交通事故认定书。

交通事故肇事逃逸

交通事故肇事逃逸是指发生道路交通事故后，当事人故意驾驶车辆或弃车逃离交通事故现场。一般情况下，发生交通事故，非机动车和行人常常处于弱者的地位，会有伤亡发生。作为肇事者理应积极抢救伤者、保护现场、如实向公安机关报告事故情况，但有些肇事者为了逃避责任，在明知发生交通事故的情况下，往往采取逃离现场的办法企图减轻或免除自己的责任。这种行为常常会使急需救助的伤者因无人救助而延误抢救、治疗的时间，致使伤情恶化甚至死亡。特别是近年来，一些肇事者不仅逃离现场，甚至伪造现场、销毁证据、移尸灭迹，这些智能型犯罪逃逸案件，增加了侦破的难度，严重危害道路交通安全，扰乱了社会秩序，是一种极其恶劣的行为，其社会危害性极大，因此，必须对其进行严惩。

依照《道路交通安全法》和《交通事故处理程序规定》的规定，发生交通事故后，公安机关交通管理部门经过调查后，应当根据当事人的行为对发生交通事故所起的作用以及过错的严重程度，确定当事人的责任。对交通事故后逃逸的当事人责任的认定，一般来说，发生交通事故后当事人逃逸的，逃逸当事人承担全部责任。但是，如果有证据证明对方当事人也有过错的，可以减轻责任。也就是说，发生交通事故后当事人逃逸的，如有证据能够证明对方当事人也有过错，可以不必承担全部责任。然而，在以下两种情形下，无论对方当事人是否有过错，逃逸当事人都要承担全部责任。

1. 对于当事人逃逸，造成现场变动、证据灭失，公安机关交通管理部门无法查证交通事故事实的，逃逸的当事人承担全部责任；

2. 当事人故意破坏、伪造现场、毁灭证据的，承担全部责任。

对于发生事故后逃逸的法律责任，《道路交通安全法》第一〇一条第一款规定，违反道路交通安全法律、法规的规定，发生重大交通事故，构成犯罪的，依法追究刑事责任，并由公安机关交通管理部门吊销机动车驾驶证。第二款规定，造成交通事故后逃逸的，由公安机关交通管理部门吊销机动车驾驶证，且终生不得重新取得机动车驾驶证。从以上规定可以看出，法律对于发生交通事故后逃逸者的责任认定及处罚明显加重，这是逃逸者应当付出的法律代价。

交通肇事罪

交通肇事罪是指从事交通运输人员或非从事交通运输的人员，因违反交通运输管理法规而发生重大事故，造成他人重伤、死亡或者使公私财产遭受重大损失的行为。交通肇事罪是危害公共安全罪中的一种。

交通肇事罪的主要特征是：

1. 犯罪主体主要是从事交通运输的人员，如汽车驾驶员，火车司机，轮船船长、驾驶员以及飞机驾驶员等。对于非交通运输人员，如果违反交通管理法规，符合交通肇事罪规定的，也依照此规定处理。

2. 犯罪客体侵犯的是社会公共安全。

3. 主观方面表现为当事人的过失。即当事人应当预见自己的行为可以发生重大交通事故，因为疏忽大意而没有预见，或者已经预见而怀有侥幸心理，轻信能够避免发生重大交通事故，以致发生严重后果的。如果当事人主观方面表现为故意，如为报复开车故意撞人、轧人等行为，则不属于交通肇事罪，而属于故意杀人等更严重的刑事犯罪。这点请读者认真区分！

4. 客观方面表现为违反交通运输管理法律、法规，发生重大事故，造成人员重伤、死亡或者使公私财产遭受重大损失。这里所说的交通运输管理法规是指有关交通管理方面的法律、法规以及国家有关主管部门维护、保障公共交通安全的有关规定，如《道路交通安全法》《高速公路交通管理办法》等。

以上四个条件是构成交通肇事罪的必备条件，缺一不可，我们在判断某人是否构成交通肇事罪时，必须用以上四个条件认真衡量。

交通肇事的刑事责任

《中华人民共和国刑法》一三三条规定：违反交通运输管理法规，因而发生重大事故，致人重伤、死亡或者使公私财产遭受重大损失的，处三年以下有期徒刑或者拘役；交通运输肇事后逃逸或者有其他特别恶劣情节的，处三年以上七年以下有期徒刑；因逃逸致人死亡的，处七年以上有期徒刑。

根据《最高人民法院最高人民检察院关于严格依法处理道路交通肇事案件的通知》，对于构成交通肇事罪，应负事故主要或全部责任的肇事者，要追究刑事责任。

1. 具有下列情节之一的，处三年以下有期徒刑或者拘役：

（1）造成死亡 1 人或重伤 3 人以上的。

（2）重伤 1 人以上，情节恶劣，后果严重的。

（3）造成公私财产直接损失的数额，起点在 3 万元至 6 万元之间的。

2. 具有下列情节之一的，可视为“情节特别恶劣”，处 3 年以上 7 年以下有期徒刑：

（1）造成 2 人死亡。

（2）造成公私财产直接损失的数额，起点在 6 万元至 10 万元之间的。

3. 具有下列情节之一，并符合上述“1”或“2”的规定，按照“1”或“2”的规定从重处罚：

（1）犯交通肇事罪，畏罪潜逃，或有意破坏、伪造现场，毁灭证据，或隐瞒事故真相，嫁祸于人的。

（2）酒后驾车的。

（3）非司机驾驶机动车辆的。

（4）驾驶无牌照车辆的。

（5）明知机动车辆关键部件失灵仍然驾驶的。

（6）具有其他特别恶劣情节的。

交通事故的立案

《交通事故处理程序规定》第二十条规定：“公安机关交通管理部门属于第十九条规定的交通事故，填写《交通事故立案登记表》；对经过调查不属于交通事故的，书面通知当事人，并将案件移送有关部门或者告知当事人解决途径。”就是说，首先要经过现场勘查才能立案。现场勘查是交通事故处理的第一步，也是确定事故性质的关键性工作。公安交通管理部门勘查现场的目的，是要确定事故的地点是否在公安交通管理部门管辖的道路上，查明是否由于当事人的过失违章交通行为造成的损害后果。如果两者都不是，公安交通管理部门就无权立案处理。其次，立案要填写《交通事故立案登记表》，表明要进行进一步的调查和处理还需要经过事故处理部门负责人的批准，如果交通事故当事人已构成刑事犯罪，就可以采取刑事侦查手段；如果只是一般的违章行为，则不能使用上述手段。因此，作为交通事故的当事人在报案后，还要注意了解情况，不要以为报案后公安交通管理部门就能立案；一旦公安交通管理部门未能立案，也不要到公安交通管理部门纠缠或上告，以免失去宝贵时间，给事故调查带来障碍。应该按照公安交通管理部门通知的要求，与主管事故的部门或机关取得联系，配合主管部门或机关及时开展调查，妥善解决好善后问题。

交通事故能否私了

《道路交通安全法》第七十条规定：在道路上发生交通事故，未造成人身伤亡，当事人对事实及成因无争议的，在记录交通事故的时间、地点、对方当事人的姓名和联系方式、机动车牌号、驾驶证号、保险凭证号、碰撞部位，共同签名后，可以即行撤离现场，恢复交通，自行协商处理损害赔偿事宜；不即行撤离现场的，应当迅速报告执勤的交通警察或者公安机关交通管理部门。在道路上发生交通事故，仅造成轻微财产损失，并且基本事实清楚的，当事人应当先撤离现场再进行协商处理。

事故的私了有两个条件：1. 没有造成人身伤亡；2. 当事人双方对事实和成因没有争议。这两个条件都具备就可以私了或者自行解决。这种事故由于没有行政干预，是非常快捷的。但这里提醒要注意一点，完全没有责任的一方要有取证意识，防止负责任一方反悔。

依据《道路交通安全法》第七十条规定，在道路上发生交通事故，不符合即行撤离现场条件的，当事人应当迅速报告执勤的交通警察或者公安机关交通管理部门；不能在道路上就事故事实、成因和赔偿等争执不下，要即行撤离现场，以免影响道路的安全畅通。对发生事故后不即行撤离现场，而造成交通堵塞的，目前法律没有规定明确的处罚方式，不能对这种行为进行处理。但在对交通事故责任者进行处罚时，可以作为处罚轻重的一个情节。

发生交通事故后，如果双方当事人同意就事故的责任及损害赔偿事宜自行协商解决的，表明当事人对事故损害事实及责任承担达成一致意见的意思表示真实。《当事人自行解决交通事故协议书》自双方填写后立即生效，且可以作为认定事故事实的证据，作为向保险公司进行索赔或向人民法院提起民事诉讼的前提条件。

如果事后当事人就事故事实及责任承担出现争议而又到交警队要求处理

的，交警队虽然可以处理，但在事故事实已经不存在的情况下，只能依照《当事人自行解决交通事故协议书》中记载的事实来认定事故责任，并据此进行相应的损害赔偿调解。如果当事人仅就损害赔偿的数额及给付出现争议而要求交警队处理的，交警队不再处理，双方可通过向人民法院提起民事诉讼来解决纠纷。

交通事故处理中的行政诉讼

行政诉讼是指人民法院依法按照司法程序处理行政争议案件的活动。这里所说的行政争议是指行政机关在行使行政职权过程中与相对一方产生的争议。在交通事故处理中，行政争议具体表现为公安交通管理部门与被处罚人之间就公安交通管理部门在行使暂扣交通事故车辆、嫌疑车辆、车辆牌照和当事人的驾驶证，以及对交通事故责任者实施吊扣、吊销驾驶证、拘留等行政职权时产生的争议。行政诉讼包括以下内容：

1．行政诉讼的原、被告

与其他诉讼不同，在行政诉讼中，原、被告具有恒定性。

行政诉讼的原告总是行政管理行为中的被管理方，并应当具备以下条件：一是必须是公民、法人和其他组织；二是必须进入行政法律关系；三是必须是行政机关的具体行政行为侵犯其合法权益的管理相对人。就交通事故处理而言，其行政诉讼原告是认为公安机关对其采取的行政强制措施、行政处罚侵犯了自己合法权益的交通事故当事人及事故车辆的所有人。

行政诉讼的被告一方总是行使职权的国家行政机关，就交通事故处理而言，其行政诉讼被告是作出交通事故行政处罚或复议决定的公安机关。有两种情况：一是当事人依法直接向人民法院起诉的，作出具体行政行为的公安机关为被告；二是具体行政行为经复议机关复议的，复议机关决定后维持的，作出原具体行政行为的公安机关为被告；复议机关改变原具体行政行为的，复议机关为被告。

2．行政诉讼的客体

行政诉讼的客体是被行政管理相对方认为侵犯其合法权益的具体行政行

为。在交通事故处理的行政诉讼中，其客体是指交通事故当事人、车辆所有人认为公安机关所作出的侵害其合法权益的行政强制措施、行政处罚。

例如：赵某因交通违章被县公安交通大队处以吊销驾驶证的行政处罚，赵某不服，向市公安交通大队申请复议。市公安交通管理机关经复议认为原处罚决定正确，遂作出维持处罚决定的复议决定。但赵某仍不服，以县公安交通大队为被告向法院提起行政诉讼。在此行政诉讼中，赵某是原告，县公安交通大队是被告，县公安交通大队作出吊销赵某驾驶证的具体行政行为是行政诉讼的客体。

对交通事故处理不服的起诉

涉及交通事故处理的行政诉讼是指当事人认为公安机关在交通事故处理中作出的具体行政行为侵犯其合法权益，依照《行政诉讼法》规定的条件和程序向人民法院提出诉讼请求，请求人民法院依法保护其合法权益。当事人提起行政诉讼应当符合以下条件：

1. 行政诉讼的原告是认为具体行政行为侵犯其合法权益的公民、法人或者其他组织，是行政机关具体行政行为的相对人。在交通事故处理中，交通事故的当事人、当事人所在单位或者车辆所有人，均可以成为公安机关的管理相对人。

2. 有明确的被告。原告起诉时必须明确指出对哪个处理交通事故的公安机关进行起诉，否则人民法院无法进行审理。

3. 有具体的诉讼请求和相应的事实依据。

4. 属于人民法院的受案范围和受诉人民法院管辖。涉及有关交通事故处理具体行政行为的行政诉讼，都属于人民法院行政诉讼的受案范围，具体应由交通事故发生地的人民法院管辖。

交通事故法律依据

在《道路交通安全法》出台后，特别是在《道路交通安全法实施条例》

出台后，1960年2月11日国务院批准、交通部发布的《机动车管理办法》，1988年3月9日国务院发布的《中华人民共和国道路交通管理条例》，1991年9月22日国务院发布的《道路交通事故处理办法》均被废止。同时，公安部也公布了新的《交通事故处理程序规定》和《道路交通违法行为处理程序规定》，也是自2004年5月1日起实施。1992年8月10日发布的《交通事故处理程序规定》（公安部令第10号）和《交通违章处理程序规定》同时废止。2004年5月1日开始实施的与交通事故有关的法律还有《最高人民法院关于审理人身损害赔偿案件适用法律若干问题的解释》。在1991年《道路交通事故处理办法》废止后，关于交通事故人身损害计算的依据改为《最高人民法院关于审理人身损害赔偿案件适用法律若干问题的解释》。

因此，目前处理道路交通事故的法律依据主要是《道路交通安全法》《道路交通安全法实施条例》《交通事故处理程序规定》《道路交通违法行为处理程序规定》以及《最高人民法院关于审理人身损害赔偿案件适用法律若干问题的解释》。其中，《道路交通安全法》及《道路交通安全法实施条例》主要解决了交通事故处理时交通事故当事各方的关于交通事故实体与程序规定，《交通事故处理程序规定》解决了公安交警部门处理交通事故的程序，《道路交通违法行为处理程序规定》主要是针对交通违法行为的处罚程序而言，而《最高人民法院关于审理人身损害赔偿案件适用法律若干问题的解释》则解决了交通事故发生人身损害时，损害赔偿的具体计算。

为了使公众能够对目前适用的有效的法律、法规、规章有清晰的认识，特列明如下：

目前有效的法律、法规、章程：

《道路交通安全法》（全国人大常委会制订、2004年5月1日起施行）；

《道路交通安全法实施条例》（国务院制订、2004年5月1日起施行）；

《交通事故处理程序规定》（公安部制订、2004年5月1日起施行）；

《道路交通安全违法行为处理程序规定》（公安部制订、2004年5月1日起施行）。

目前失效的法规、规章：

《机动车管理办法》（国务院批准、交通部发布，2004年5月1日起废止)；

《中华人民共和国道路交通管理条例》(国务院发布、2004 年 5 月 1 日起废止)；

《道路交通事故处理办法》(国务院发布、2004 年 5 月 1 日起废止)；

《道路交通事故处理程序规定》(公安部发布、2004 年 5 月 1 日起废止)；

《交通违章处理程序规定》(公安部发布、2004 年 5 月 1 日起废止)。

交通事故医疗费的审查

交通事故损害赔偿纠纷中医疗费是一笔较大的赔偿项目，医疗费的合法性、关联性、合理性对交通事故当事人、保险公司等都至关重要。医疗费一般由下列费用组成：1. 诊查的费用。即为明确病员患病的种类、严重程度、身体初诊情况等发生的诊断及检查的费用，如 CT、数字化摄影、各类实验室检查费用等；2. 治疗费用。包括各类手术费，用于治疗的药品及耗材的费用；3. 为维持基本生活需要而发生的费用。如床位费、空调费等。各类技术劳动的劳务费已被分解在上述各项收费项目之中。

鉴于医疗收费的特殊性，其具有与一般社会服务收费无法比拟的复杂程度。对医疗费高低的衡量，从不同角度出发，可以有不同的评判标准。这也决定了对医疗费的审查应当具有与各种标准相适应的内容。具体包括：1. 合法性审查。是指已经形成的医疗费其项目是否符合国家政策规定的预设范围，有无虚设、乱列项目及分解项目的收费情形；另外可审查非营利性医疗机构的各类临床检查、治疗措施及药品材料的收费是否超过国家制定的指导价及其浮动标准的幅度。2. 关联性审查。是指医疗费的各组成成分所依据的疾病种类与侵权事实是否存在医学病理学上的因果关系。一般医疗服务合同关系中涉及不到这个问题，因为病员就诊往往并非基于单一疾病，较多病员可能身患数种疾病，虽然它们在症状及预后上有轻重之分，临床医师有职权也有必要针对多种疾病采取适当的诊治措施。但对人身损害侵权纠纷而言，关联性审查在医疗费份额的认定方面的作用举足轻重。非法侵害所致的人体损伤往往是特定的，就临床医学而言，与侵权行为存在因果关系的损伤只涵盖该损伤本身及其所致的并发症和后遗症，而它们之间正体现了疾病发展的特殊规律和一般病理过程，它们经常形成一个看似无关，但存在内在必然联系的疾病锁链。如脑实质血肿导致应激性溃疡，进一步致消化道出血。应当认为，为消化道出血的诊治而发生的医疗费用与损伤是关联的。但在司法实践工作中，往往出现损伤不必然导致的疾病的诊治费用也被受侵害者列入诉讼请求提出，这包括两种情形：一是受害者原有疾病的诊治费用；二是因受害者之外的如家属、医护人员基于不当需求而附加的费用，如搭车药品、搭车检查等。关联性审查其目的就是对这部分不应当由侵权人赔偿的费用予以否定，从而达到维护司法公正，保护正当权益的目的。3. 合理性审查。所谓合理性，在临床医疗工作中具有特殊的含义，是指一项技术措施是否符合人体生理病理学的发展变化规律，是否从患者的立场出发并充分考虑了其生存权益、生存质量及物质利益。在医学伦理学的应用原则中，合理性实际上表现为医疗最优化原则。它的含义是指在临床实践中诊疗方案的选择和实施追求以最小的代价获取最大效果的决策，因此也称为最佳方案原则。

只有医出有门，埋单人才能心平气和，保险公司才能顺利理赔，同时才能将那些恶意治疗、小病大养、一病多治者拒之赔偿大门之外。

道路交通事故中抢救伤者的费用

交通事故发生后，有些伤员急需抢救治疗，否则会有生命危险，但此时交通事故尚未处理完结，事故责任也未认定，让哪一方先拿出费用抢救伤者呢?

新的《道路交通安全法》对长期困扰着公安交通管理部门及其交通警察的抢救交通事故受伤人员费用问题作出了明确规定：医疗机构对交通事故中受伤人员应当及时抢救，不得因抢救费用未及时支付而拖延救治。肇事车辆参加机动车第三者责任强制保险的，由保险公司在责任限额范围内支付抢救费用；抢救费用超过责任限额的，未参加机动车第三者责任强制保险或者肇事后逃逸的，由道路交通事故社会救助基金先行垫付部分或者全部抢救费用，道路交通事故社会救助基金管理机构有权向交通事故责任人追偿。

这里包含了两层意思：

一是对于交通事故的受伤人员医疗机构必须及时抢救。为了保护交通事故受伤人员的生命与健康，减少交通事故损失，及时抢救受伤人员非常重要。对于交通事故中的受伤人员，医疗机构应当先进行抢救，不得因抢救费用未落实而不予抢救或者中断抢救。这是本法对医疗机构的义务性规定，医疗机构必须遵守，也是处理交通事故中受伤人员首要和重要的原则。

二是规定了抢救费用的承担。本条规定了承担抢救费用的两种方式：

1. 保险公司在责任限额范围内支付抢救费用。

根据本条的规定，肇事车辆已参加机动车第三者责任强制保险的，由保险公司支付抢救费用，这是机动车第三者责任强制保险的应有之义，也是该项制度存续的基础。在交通事故中，如果肇事车辆已经参加机动车第三者责任强制保险，则应当由保险公司支付抢救费用。在保险理赔实践中，保险公司支付抢救费用是以责任限额为准。因此，根据本条规定，肇事车辆已参加机动车第三者责任强制保险的，由保险公司在责任限额内支付抢救费用。这责任限额，即保险公司就机动车第三者责任强制保险所应当承担的最高赔偿限额。

2. 先由道路交通事故社会救助基金先行垫付部分或者全部抢救费用，再向交通事故责任人追偿。

实践中，处理交通事故时，经常发生对事故受伤人员的抢救费用超过责任限额，或者有的机动车未参加机动车第三者责任强制保险，甚至肇事后逃逸，导致抢救费用无法解决的情形。为了及时抢救受伤人员，解除医疗机构的后顾之忧，减少社会矛盾，对于这些情形，根据本条规定，由道路交通事故社会救助基金先行垫付部分或者全部抢救费用。这里的“先行垫付部分或者全部抢救费用”主要是指道路交通事故社会救助基金对已参加机动车第三者责任强制保险的，如抢救费用超过责任限额，则先行垫付超过限额的部分；未参加机动车第三者责任强制保险或者肇事后逃逸的，先行垫付全部抢救费用。在垫付抢救费用后，道路交通事故社会救助基金管理机构有权向交通事故责任人追偿。

实践中，道路交通事故社会救助基金管理机构的追偿权应以其实际支出的抢救费用为限。如果肇事者将抢救费用等相关费用都支付给了受害人，则该基金管理机构有权要求受害人返还其所支付的抢救费用。另外，在道路交通事故社会救助基金管理机构行使追偿权的过程中，受害人及其亲属也有义务为其提供相应的帮助，如提供相应的票据、证明等。

交通事故处理

交通事故的处理

公安机关交通管理部门负责道路交通管理工作，而交通事故的处理是道路交通安全管理工作的重要内容，因此，交通事故的认定应当由公安机关交通管理部门负责。我国的法律、法规也正是这样规定的。为了保证交通事故认定的权威性，法律明确规定，必须由县级以上公安机关交通管理部门对交通事故进行认定。

交通事故的处理由县级以上公安机关交通管理部门负责处理，但县级以上公安机关交通管理部门处理交通事故也必须由人来完成。那么，是否只要在县级以上公安机关交通管理部门工作的人就可以处理交通事故呢？当然不是，在越来越强调依法行政的今天，必须具备一定的条件、一定资格的人员，才可处理相应的交通事故。根据规定，具有一年以上道路交通管理工作经历的交通警察，经设区的市公安机关交通管理部门培训考试合格的，可以处理适用简易程序的交通事故。对哪些交通事故可以适用简易程序《交通事故处理程序规定》第四条有明确规定。具有两年以上道路交通管理工作经历的交通警察，经省级人民政府公安机关交通管理部门培训考试合格，获得交通事故处理资格等级证书后，可以处理适用一般程序及简易程序的交通事故。除上述两类人员外，其他人不得处理交通事故，即使其在县级以上公安机关交通管理部门工作的也不例外。

公安部门处理交通事故的费用

根据 1992 年 5 月 11 日国家物价局、财政部联合发布的《道路交通事故处理收费暂行管理办法》规定：凡由公安机关交通管理部门处理的重大和特大事故，结案时交通事故责任者应向负责处理交通事故的公安机关交通管理部门缴纳交通事故处理费。处理轻微事故、一般事故不收费。

1992 年 5 月 11 日国家物价局、财政部发布的《道路交通事故处理收费暂行管理办法》规定，交通事故处理收费标准：

1．重大事故负全部责任的 800 元，负主要责任的 600 元，负同等责任的 400 元，负次要责任的 200 元。

2．特大事故负全部责任的 1000 元，负主要责任的 700 元，负同等责任的 500 元，负次要责任的 300 元。

3．发生重大、特大事故，交通事故责任者逃逸的，按交通事故等级收费标准的 3 倍收取。

4．发生重大、特大事故，交通事故责任者故意破坏、伪造现场、毁灭证据的，或者有其他恶劣情节影响交通事故调查的，按交通事故等级收费标准的 2 倍收取。

对确有实际困难、无能力缴纳交通事故处理费的，经上一级公安交通主管部门批准，可酌情减免。

交通事故处理费由缴纳人（方）在交通事故处理结案时一次缴清，逾期不缴纳的，按日增收应缴费额 5‰的滞纳金。

交通事故认定书

根据《道路交通安全法》第七十三条规定，交通事故认定书是指事故处理机关对现场勘查、调查取证技术检验、鉴定结论、事故成因分析、当事人违法事实等情况所出具的法律文书。

1．交通事故认定书的分类

《交通事故处理程序规定》规定，交通管理部门可以依据事故的种类分别出具两份名称不同的认定书：

第一，按照简易程序处理制作的“事故认定书”。

《交通事故处理程序规定》第十五条规定，发生《中华人民共和国道路交通安全法》第七十条第二款、第三款规定的交通事故，即未造成人身伤亡，当事人对事实及成因无争议和仅造成轻微财产损失，并且基本事实清楚的交通事故，交通警察应当根据当事人的行为对发生交通事故所起的作用以及过错的严重程度，确定当事人的责任，当场制作事故认定书。第十六条规定，当事人自行撤离现场后，协商损害赔偿未达成协议报警的，应当向交通警察提供有当事人签名的交通事故文字记录材料。交通警察予以记录，由当事人签名，并根据当事人的行为对发生交通事故所起的作用以及过错的严重程度，确定当事人的责任，当场制作事故认定书。

第二，按照普通程序或一般程序处理而制作的“交通事故认定书”。

这种认定书就是前面所讲的交通事故认定书。虽然从字面上看，适用普通程序与适用简易程序出具的认定书，一个称为“事故认定书”，一个称为“交通事故认定书”，但二者并无实质区别，只是在名称和记载的内容上有些许差异而已。

2. 事故认定书的制作与内容

根据《交通事故处理程序规定》第四十六条的规定，公安机关交通管理部门对经过勘验、检查现场的交通事故应当自勘查现场之日起 10 日内制作交通事故认定书。交通事故逃逸的，在查获交通肇事逃逸人和车辆后 10 日内制作交通事故认定书。对需要进行检验、鉴定的，应当在检验、鉴定或者重新检验、鉴定结果确定后 5 日内制作交通事故认定书。

除未查获交通肇事逃逸人、车辆的或者无法查证交通事故事实的以外，交通事故认定书应当载明以下内容：

第一，交通事故当事人、车辆、道路和交通环境的基本情况；

第二，交通事故的基本事实；

第三，交通事故证据及形成原因的分析；

第四，当事人导致交通事故的过错及责任或者意外原因。

交通事故认定书应当加盖公安机关交通管理部门交通事故专用章，分别送达当事人，并告知当事人申请公安机关交通管理部门调解的期限和直接向人民法院提起民事诉讼的权利。

3. 事故认定书的作用

在以往的司法实践中，交通事故认定被看作是可诉的行政行为，表现有二：其一，交通事故责任认定书可以被申请重新认定；其二，作出交通事故责任认定是交通警察的职责。而且，近年来有些地方法院也陆续受理了一些对交通事故责任认定不服而起诉的行政诉讼案件，人民法院也已受理并作出相应的裁判，并未否认属于人民法院的受理范围。

《道路交通安全法》第七十三条明确规定，交通事故认定书作为处理交通事故的证据，交通事故认定书不能够被作为公安机关的具体行政行为而提起行政复议或行政诉讼。但是，当事人在道路交通事故损害赔偿调解或者诉讼中，可以就交通事故认定书作为证据的真实性、可靠性和科学性提出质疑，如果有其他证据证明交通事故认定书存在错误，调解机关或者法院可以不采用这种证据。

案例：

在一个下雨的日子里，胡某驾驶小客车，以每小时九十多公里的时速由西向东行驶，此时正好由驾驶员余某送一名孕妇和助产护士到妇产医院，由东向西行驶。当双方车辆相距三十米左右时，余某发现胡某的车从对面行驶过来，即试图减速避让。此时，他感觉车身不稳，便采取向右打轮措施，但是由于车速比较快，路面有水，同胡某的车相撞。事后，交通管理部门对现场进行了勘验，并做了分析，最后认为：余某驾驶的救护车不合格，并因措施不当，驶入逆行线。此外，根据有关规定，救护车在执行救助的任务时，应当减速行驶，但是，在下雨的情况之下，余某仍以每小时八十多公里的时速行驶，这是事故的主要原因。而胡某当时驾车的时速是每小时九十多公里，也超过了该路段时限，因此，对于交通事故的发生也有一定的责任。

交通部门对此出具了交通事故认定书，对当事人之间的责任进行了认定。但是，在交通事故认定书中，并没有说明事故的基本事实和形成原因，而是直接对当事人之间的责任划分作出结论。此后，在胡某对余某起诉要求民事赔偿的过程中，余某抗辩说交通部门的交通事故认定书有问题，他个人不同意交通事故认定书的意见。

《道路交通安全法》第七十三条，明确规定：“公安机关交通管理部门应当根据交通事故现场勘验、检查、调查情况和有关的检验、鉴定结论，及时制作交通事故认定书，作为处理交通事故的证据。交通事故认定书应当载明交通事故的基本事实、成因和当事人的责任，并送达当事人。”《交通事故处理程序规定》第四十六条更明确规定，除未查获交通肇事逃逸人、车辆的或者无法查证交通事故事实的以外，交通事故认定书应当载明以下内容：1. 交通事故当事人、车辆、道路和交通环境的基本情况；2. 交通事故的基本事实；3. 交通事故证据及形成原因的分析；4. 当事人导致交通事故的过错及责任或者以外的原因。在本案中，因为具体办案人员的疏忽，没有在事故认定书中对事故的形成原因等问题作出说明，因此，在内容和格式上不符合法律的规定。所以，余某对交通事故认定书提出疑问是有根据的。交通管理部门应当对余某的意见予以重视，并且改正在工作中的失误。

交通事故处理程序

交通事故处理程序，是指在发生交通事故后，公安机关交通管理部门认定事故责任、处罚责任人员以及解决当事人之间由此产生的纠纷所遵循的步骤和原则。道路交通事故必须由二年以上道路交通管理经验，经过专业培训考试合格，经省级人民政府公安机关交通管理部门颁发资格证书的交通警察处理。交通事故的处理按以下程序进行。

1. 现场勘查。交通事故发生后，勘查人员应立即到达现场，采集证据，清点现场遗留物品，并绘制交通事故现场图，一般事故现场勘查，人数不得少于 2 人。在勘查人员工作时，管辖地公安交通部门必须派员维护秩序，一旦勘查结束，应立即恢复交通。

2. 调取证据。勘查人员可以在现场询问当事人、证人和有关人员，了解事故发生的经过；还可以采集、提取交通事故现场的痕迹、物证。如果认为当事人曾饮酒或者吸食毒品的，还可以提取当事人血液进行化验。

3. 检验、鉴定和评定。当事人在事故中死亡，对尸体进行解剖，必须征得其亲属或者代理人的同意，但公安机关交通管理部门认为必要时经事故处理部门负责人批准的除外。当事人受伤、致残的，其进行伤残评定工作必须由法医和专业伤残鉴定机构进行。

4. 责任认定。交通事故发生一定期限后，公安机关交通管理部门应当召集各方当事人，出具有关证据，说明认定责任的依据和理由，并将《道路交通事故认定书》送交各方。

5. 处罚和赔偿调解。责任认定后，交通管理部门应对有关责任方进行处罚。并且召集当事人对受害方的赔偿问题进行调解，制作调解书。当事人不服调解书内容的，可以就交通事故赔偿内容提起诉讼。

交通事故的管辖

根据《交通事故处理程序规定》，道路交通事故的管辖主要有如下规定：

1. 县级以上公安机关交通管理部门负责处理所管辖的区域或者道路内发生的交通事故；

2. 上级公安交通管理部门可以处理下级公安交通管理部门管辖的交通事故，或者指定下级公安机关交通管理部门限时将案件移送其他下级公安机关交通管理部门；

3. 交通事故发生地管辖不明的，由最先发现或最先接到报警的公安交通管理部门处理；

4. 管辖权有争议的，由双方共同的上级公安交通管理部门指定管辖；

5. 当事人有其他犯罪行为的，移交主管部门处理，并通知当事人对损害赔偿提起附带民事诉讼；

6. 需要对交通事故责任者追究刑事责任的，移送司法机关处理；责任者是现役军人、武警部队人员的，移送军队、武警部队有关部门处理。

交通事故处理与调解程序

公安机关交通管理部门对经过勘验、检查现场的交通事故应当自勘查现场之日起 10 日内制作交通事故认定书。对需要进行检验、鉴定的，应当在检验、鉴定结果确定后5日内制作交通事故认定书。

当事人对交通事故损害赔偿有争议，各方当事人一致请求公安机关交通管理部门调解的，应当在收到交通事故认定书之日起10日内提出书面调解申请。对交通事故致死的，调解从办理丧葬事宜结束之日起开始；对交通事故致伤的，调解从治疗终结或者确定伤残之日起开始；对交通事故造成财产损失的，调解从确定损失之日起开始。

对交通事故损害赔偿的争议，当事人向人民法院提起民事诉讼的，公安机关交通管理部门不再受理调解申请。公安机关交通管理部门调解期间，当事人向人民法院提起民事诉讼的，调解终止。因此，调解并不是起诉的必经程序。

交通事故处理机关以调解的方式解决损害赔偿纠纷，一般应当经过调解的开始、调解的进行和调解的结束三个阶段。

调解交通事故损害赔偿争议程序有6项内容：

1. 介绍交通事故的基本情况；

2. 宣读交通事故认定书；

3. 分析当事人行为对发生交通事故所起作用及过错严重程度，并对当事人进行教育；

4. 根据交通事故认定书认定的当事人责任及《道路交通安全法》第七十六条规定确定当事人承担的损害赔偿责任；

5. 计算人身损害赔偿和财产损失总额，确定各方当事人分担数额。造成人身损害的，依照《最高人民法院关于审理人身损害赔偿案件适用法律若干问题的解释》规定的赔偿项目和标准计算，修复费用、折价赔偿费用按实际价值或评估机构评估结论计算；

6. 确定赔偿方式。对交通意外事故造成损害的，将按公平、合理、自愿的原则调解。赔付款可以由当事人自行交接也可以由交警转交，由交警转交应在调解书上附记。经调解没有达成协议的，交通管理部门应制作调解终结书送交各方当事人，调解终结书应载明没有达成协议的原因。调解书生效后，赔偿义务人不履行的，当事人可向人民法院提起民事诉讼。

交通事故的医疗费

交通事故医疗费，是指因交通事故医治损伤所需的费用。道路交通事故处理中的医疗费一般指现场医疗急救费、门诊、挂号、检查、化验、药品、手术、住院、治疗等费用。根据我国法律的规定，有关医疗费的审查和计算有以下一些值得注意的问题：首先，医疗费的赔偿，是按照医院治疗当事人交通事故创伤必需费用的凭据来支付的。因伤而治、因病而治、因需施治、因诊施检、合理用药是临床医疗的基本原则。法院、公安交通管理部门在对医疗费赔偿进行审查时应同样遵循上述原则，对小伤大医、小病大养、高额施检（如 CT、核磁共振）、伤病合治、滥用药物等从严审核。

对医疗费的审查应从以下三个方面进行：一是审查医疗费是否是为治疗交通事故所受损伤的费用。与损伤无关的医疗费如治疗本身固有的疾病，不属赔偿范围；二是审查医疗费是否是在医疗终结时间内所花的医疗费。医疗终结时间是指临床医学一般原则所承认的临床效果稳定的时间，比如四肢长骨骨折的医疗终结时间为 8 ~ 16 周。对当事人故意延长治疗时间所产生的费用不予赔偿。三是对医疗费的具体费用进行审查。具体项目如下：1. 治疗医院，除了特殊情况外，一般应是所在地的医院，转外地医院治疗需经当地医治医院同意，未经同意而擅自另找医院治疗的费用，一般不予赔偿。2. 医疗费必须是治疗外伤或损害所引起疾病的开支，治疗与外伤无关的医疗费，不能予以赔偿。3. 当事人在经治医院以外的医疗、药品单位购买的药品，必须经过医治医院批准，私自购买的药品，原则上不赔偿。这样做，可以较好地防止当事人任意扩大赔偿范围，产生额外开支，从而使纠纷得到合理解决。4. 对住院费的赔偿应明确，住院只限于伤重或者需住院确定伤情和手术治疗的情况，对于是否可以在门诊治愈的伤情应严格掌握，对不需要抢救的伤员住抢救病房、住高档病房均应按一般病房费用计算。5. 检查诊断费和辅助检查费审查的重点是重复检查和高额检查，对于重复检查和高额检查，应经交通管理机关或事故处理部门同意才能进行。6. 必要的治疗费是指对创伤的并发症和后遗症进行处理所需的费用，对该费用的审查原则要掌握在一般性处理范围，对特殊治疗措施（如整容、康复、疗养等）应严格掌握。7. 二期医疗费是指损伤经治疗后体征固定而遗留后遗功能障碍，确需再次治疗的或伤情尚未修复者未来治疗的费用。如进行安装假肢、整容、取钢夹板、内脏移植、矫形手术的费用。对于二期医疗费的给付应进行初步估算，可以按照治疗必需的费用给付，也可以按治疗医院的合理医疗费单据为凭给付。

交通事故所产生的误工费

所谓误工费是指伤者因受伤不能参加正常的工作或劳动，致使其不能得到或减少收入部分的费用，包括伤者住院、在门诊就诊、确需休养时间的误工费用以及当事人从受伤后到死亡这段时间的误工费用。另外，由于为协助、代替行动不便的伤者行使权力、保护伤者的合法利益而被迫参加事故处理或者护理伤者，因而误工的家属，减少了应得的收入，这都是由于肇事责任人的原因，因此误工费应包括参加事故处理当事人亲属的误工费在内。根据《最高人民法院关于审理人身损害赔偿案件适用法律若干问题的解释》的规定，关于误工费的计算有以下几条原则：

1. 误工人员有固定收入的，具体指在国家机关、企事业组织、社会团体等单位按期得到收入的，按照本人因误工实际减少的收入计算，固定收入包括工资、奖金及国家规定的补贴、津贴，不包括特殊工种的补助费，奖金以受害人上一年度本单位人均奖金计算，超出奖金税起征点的以起征点为限，受害人受伤前由于自身原因无奖金收入的，其奖金不予计算。

2. 误工人员为无固定收入的，具体指有街道办事处、乡镇人民政府证明或者有关凭证、在交通事故发生前从事某种劳动，其收入能维持本人正常生活的，包括城乡个体工商户、家庭劳动服务人员等，其误工费的赔偿可以按照最近三年的平均收入计算；受害人不能举证证明最近三年的平均收入状况的，可以参照受诉法院所在相同或者相近行业上一年度职工的平均工资计算。

在赔偿误工费时，还应当注意几个问题：首先，要有因损伤造成不能从事正常工作或劳动的结果发生。对只需门诊治疗而且能劳动、工作的，不予赔偿误工费；其次，应明确损伤后暂时丧失劳动能力或在调解处理前已永久性丧失劳动能力的误工时间，其中有人认为节假日期间如春节期间不能计算误工损失费，其主要理由是节假日大家都在休息，不存在误工，也就不存在误工损失费，这种观点是不正确的，误工损失费是被害人因致伤、致残后必然可得利益的减少，而不像一般人所理解的直观的“耽误工作或生产劳动”，它既可以是“工作或生产劳动的耽误”，也可以是“日常家务劳作的耽误”，因此节假日期间只要在误工期间之内的，也应当计算误工损失费；再次，应考虑伤者原来的劳动能力程度，此次损伤是否加重其损伤程度。如果伤者原有劳动能力程度不高，误工费的赔偿应适当降低。最后，误工费是可得利益的损失，应按实际损失计算。

交通事故的残疾赔偿金

因交通事故致伤、致残的伤残者有获得残疾赔偿金的权利。残疾赔偿金是指伤者受伤后，虽经合理治疗仍未能治愈，所遗留的顽固性或永久性的功能障碍，导致其不能胜任正常的工作或劳动而给予的生活补助费。残疾赔偿金的给付，根据伤残的等级，按照受诉法院所在地上一年度城镇居民人均可支配收入或者农村居民人均纯收入标准，自定残之日起赔偿20年，但60周岁以上的，年龄每增加1岁减少赔偿1年；75周岁以上的按5年计算赔偿。具体的作法根据残疾等级确定相应的赔偿系数，然后根据受害人的年龄确定赔偿年限及赔偿总额，用赔偿总额乘以赔偿系数即为赔偿给伤残者生活补助费，具体公式如下：

伤残者生活补助费=受诉法院所在地上一年度城镇居民人均可支配收入或者农村居民人均纯收入标准×赔偿年限×赔偿系数

受害人因伤残但实际收入没有减少，或者伤残等级较轻但造成职业妨害严重影响其劳动就业的，可以对残疾赔偿金作相应调整。受诉法院所在地上一年度城镇居民人均可支配收入或者农村居民人均纯收入标准的计算大体上应以省、市、自治区、直辖市统计部门的统计结果为标准，如果一个省级地区经济状况相差较大，则应以市、县为统计单位。

如何计算被抚养人生活费

交通事故致人死亡或丧失劳动能力，应当给予依靠受害人实际抚养的人的必要的生活费，以死者生前或者残疾者丧失劳动能力前实际抚养的没有其他生活来源的人为限，如死者或丧失劳动能力残疾者抚养的未成年子女、丧失劳动能力没有其他生活来源的家庭成员以及死者生前赡养的没有生活来源的人，如果没有上述需要抚养的人员，则不赔偿被抚养人生活费。赔偿标准按照受诉法院所在地上一年度城镇居民人均年生活消费支出和农村居民人均年生活消费支出标准计算，被抚养人为未成年人的，计算至18周岁；被抚养人无劳动能力又无其他生活来源的，计算20年。但60周岁以上的，年龄每增加1岁减少1年；75周岁以上的按5年计算。在赔偿被抚养人生活费时，应当注意以下几个问题：1. 注意对丧失劳动能力的被抚养人予以正确的认定，“劳动能力”应限于因受年龄或身体、精神的限制而无法从事必要的生产、经营活动，而又无其他生活来源的人。也就是说，自己不能养活自己的人，且其必须是死者生前应当抚养的人；2. 如在受害后丧失了生活来源或在受害人受害后出生的子女，如要求肇事者支付必要的生活费的，应予以支持；3. 被抚养人除了被受害者抚养外，还有其他人抚养的，只能赔偿受害人应承担的相应份额；4. 在事故发生后至赔偿前被抚养人死亡的，不予赔偿被抚养人的生活费，但要给予适当的补偿。

交通事故死亡赔偿金

因交通事故而死亡的，应当支付死者的法定继承人或依照《继承法》享有继承权的人一定数额的死亡赔偿金。死亡赔偿金是对生命权的补偿，赔偿标准按照受诉法院所在地上一年度城镇居民人均可支配收入或者农村居民人均纯收入标准，按20年计算，但60周岁以上的，年龄每增加1岁减少1年；对75周岁以上的，按5年计算。具体计算公式为：

死亡赔偿金 = 受诉法院所在地上一年度城镇居民人均可支配收入或者农

村居民人均纯收入标准×赔偿年限

在实践中应注意以下两个问题：1. 死亡赔偿金应由死者的继承人或依照《继承法》享有继承权的人领取，如没有上述人员，其他人员不得主张死亡赔偿金。2. 在事故发生前死者是否患有疾病以及疾病的严重程度如何，都不影响死亡赔偿金的赔偿，但如果死者在事故发生前确已濒临死亡且无法救治，对其死亡赔偿金的赔偿可以酌情予以适当减少。

交通事故的交通费

受害人到医院治疗或者必须转院治疗的，其本人和必要的护理人员的交通费应于赔偿，交通费还包括受害人本人及其亲属参加事故处理的交通费用。交通费的赔偿一般按照就诊、检查的需要，结合交通条件决定，主要包括必要的车船费、抬工费、急救车费等，被害人不听公安交通管理机关的劝说，到处乱求医以及超过公安交通管理机关规定的参加交通事故处理的人数的交通费，不应纳入计赔范围。交通费的赔偿标准应按照当事人实际必需的费用计算，凭据支付。交通费的标准应参照交通事故发生地国家一般工作人员的车旅费标准计算，一般汽车以普通公共汽车，火车以普通硬座，轮船以三等客舱为宜，一般不允许乘坐飞机，超过标准部分由受害方自己承担；对于需要用专用救护车或其他专用车辆的，应有医院证明，并经交通管理机关和事故处理部门同意，否则不予赔偿；如因伤情特别危急需要抢救，而又来不及经医院、交通管理机关或事故处理部门同意，应在事后说明情况，才能予以赔偿。交通费赔偿的票据应根据就医次数予以认定，票据多于就医次数的应以实际就医次数认定。值得注意的是，有些受害人乘专用救护车，特别是雇请临便车时，其交通费往往高出上述标准几倍，究其原因：一是司机乘人之危，超标准要价，被害人违心地应允；二是被害人与司机达成协议，开假发票或证明，或者被害人做顺手人情，存在不管多少反正有人赔偿的心理。对于第一种情况，应当凭票据酌情适当减少赔偿，对于第二种情况，一律不予赔付多支出的交通费用。

交通事故的护理费

护理费是指损伤后伤者本人因生活不能自理需他人帮助而付给护理人员的报酬。护理费应按实际损失计算，护理人员有收入的，按照误工费的规定计算，护理人员没有收入或者雇佣护工的，参照当地护工从事同等级别护理的劳务报酬标准计算。护理费的赔偿涉及的根本问题是人体损害后暂时或一段时间内丧失生活能力的问题，正确合理地确定生活能力的丧失程度和期限是确认赔偿费的关键。人体损伤后伤者本人的生活能力能否自理、是否需要他人帮助，应通过其对护理依赖的程度来判断。所谓护理依赖程度，是指因伤致残者因其生活不能自理，而需依赖他人护理的程度。生活自理范围主要包括以下5项：1. 进食；2. 翻身；3. 大小便；4. 穿衣、洗澡；5. 自我移动。护理依赖的程度分三级，上述5项均需护理者为完全护理依赖，5项中有3项需要护理者为大部分护理依赖，5项中有1项需要护理者为部分护理依赖，对于完全护理依赖和大部分护理依赖者应当给予护理费，部分护理依赖者可以给予护理费。

这里还有一个问题，即受害者本人在治疗时虽不需人护理，但受害人因医疗住院等原因，平时由他（她）操持的家务，比如抚育子女、伺候老人等事情无人照料、只得另找人代为照管，并付出一定的报酬的赔偿问题。对于这种损失，它不是受害人故意扩大赔偿范围的，但确实在医疗时所必须付出的。这种受害人的损失，也理应由事故责任者加以赔偿。

交通事故致残残疾用具费

因交通事故而致残，对受害人今后的学习、工作、生产劳动和日常生活都会有一定的影响，为了使残疾人员恢复部分生活自理能力，参加力所能及的生产劳动，根据残疾者的具体情况和实际需要配备一些辅助用具，如代步车、拐杖、假肢、助听器、义齿等，以补偿其丧失的功能，是十分必要的。伤残人因残疾需要配制补偿功能的器具的费用叫残疾用具费，赔偿标准应当根据治疗医院的证明，结合使用者的年龄、我国人口平均寿命、器具使用年限等因素，按照普及型器具的费用计算赔偿数额。在赔偿残疾用具费时应注意以下三个问题：1. 区分是残疾用具还是残疾代用器官装饰品，残疾用具是为了补偿伤残者因伤缺损、丧失的功能而配制的，其目的是为了使用，是残疾人生活中必不可少的器具，如使用代步车、拐杖用于帮助伤残者行走，使用助听器用于帮助伤残者听外界的声音等，而代用器官装饰品的主要用途是使残疾人的外表美观，以假代真，具有修饰作用，如假发、假眼等都是为了外表的美观，因此，对于残疾用具费应全额赔偿，而对于代用器官装饰品的费用应根据实际情况酌情予以考虑。2. 残疾用具费应当按照普及型器具的费用进行赔偿，但在普及型器具中因产品的品种、功能、质量不同，价格相差很大，一般情况下配制残疾用具时应先征得交通管理机关、事故处理部门及赔偿义务主体的认可。3. 配制残疾用具以实际使用为目的，不能经常使用或者不适宜使用的残疾器具以不配为宜。

交通事故致人死亡的丧葬费

交通事故致人死亡的，死者的法定继承人或者承担丧葬义务的人有权要求获得丧葬费。丧葬费是死者家属为安葬死者而支出的必要费用，一般包括运尸费、火化费、购买普通骨灰盒费、一期骨灰存放费以及雇请治丧人员所支付的劳务费和必要的交通费等合理费用，具体赔偿范围按国务院《关于殡葬管理暂行规定》和交通事故发生地有关丧葬规定的原则办理。丧葬费的赔偿标准按照受诉法院所在地的上一年度职工月平均工资标准，以6个月总额计算。丧葬费的赔偿以合理为原则，应教育受害方坚持移风易俗，节约、文明办丧事，既要根据交通事故发生地的丧葬标准，又要结合当时的实际情况给予赔偿，但死者亲属拒不执行有关部门限期殡葬决定而增加的费用，以及违反有关殡葬的规定大办丧事增加的费用，均不予赔偿。

货运事故中的赔偿价格

货运事故的赔偿价格，按下列规定计算：

1. 执行国家定价的货物，按照各级物价管理部门规定的价格计算。

2. 执行国家指导价格或市场调节价格的货物，比照前项国家定价货物中相同规格或类似商品价格标准计算；无法比照计价的货物按每公斤不超过3元计算。但托运人已办理保价运输的，按《汽车货物运输规则》第七十七条有关规定办理。

3. 各项赔偿价格，均以起运地承运当日的价格为准。对灭失、短少的货物，如起运地价格中未包括运杂费、包装费以及已付税款时，应按全部或短少部分的比例加算各项费用。

4. 在国内运输进口商品，赔偿金一律以人民币支付。

交通事故中的“私了”

如果双方当事人对事故事实、发生事故的原因有争议，或者造成人员伤亡的，就应该立即报警，不能“私了”。

此外，根据《交通事故处理程序规定》第十三条的规定，以下6种情况，当事人应当保护现场并立即报警，不能随意“私了”：

1. 机动车无号牌、无检验合格标志、无保险标志的；

2. 驾驶人无有效机动车驾驶证的；

3. 驾驶人饮酒、服用国家管制的精神药品或者麻醉药品；

4. 事故造成了人员伤亡，或者当事人对事故事实、发生事故的原因有争议的；

5. 当事人不能自行移动车辆的；

6. 碰撞建筑物、公共设施或者其他设施的。

交通事故伤残鉴定

交通事故人身伤残鉴定

交通事故伤残指因道路交通事故损伤所致的人体残疾。包括：精神的、生理功能的和解剖结构的异常及其导致的生活、工作和社会活动能力不同程度丧失。根据道路交通事故受伤人员的伤残状况，将受伤人员伤残程度划分为10级，从第1级（100%）到第10级（10%），每级相差10%。

办理交通事故人身伤残评定的程序一般如下：

1. 被评定人应携带加盖办案单位公章和办案人签字的伤残评定申请书；

2. 携带县级以上医院的诊断证明，检查结果以及损伤初期和治疗终结后的CT、X光片及诊断报告；

3. 从治疗医院借阅复印有关手术病历和检查记录；

4. 对被抚养人的劳动能力进行评定时，还应携带评定人的身份证及户籍证明和有关政府部门的说明；

5. 评定时应以事故直接所致的损伤或确定的并发症治疗终结为准，对治疗尚未终结，因调解需要提供赔偿依据的，在申请书中说明；

6. 评定者需要亲自接受检查并缴纳规定的评定费用。公安部《交通事故处理程序规定》第四十条第十二款："当事人因交通事故致残的，在治疗终结后，应当由具有资格的伤残鉴定机构评定伤残等级。具有资格的检验、鉴定、评估机构应当向省级人民政府公安交通管理部门备案，公安交通管理部门可以向当事人介绍符合条件的检验、鉴定、评估机构由当事人自行选择。"

由此看出伤残鉴定的时间是在治疗终结时，应有出院诊断证明，应向公安交通管理部门提出申请，由公安部门推荐鉴定机构由当事人自行选择。伤残鉴定确实是交通事故人身损害赔偿一个重要程序，准确地说是事故处理程序中一个很重要的环节，不同的伤残级别赔偿数额会差别很大，对赔偿权利人和义务人都很重要。如果觉得鉴定结果差异太大可申请重新鉴定。申请重新鉴定有两种方式：一是在法院诉讼中，鉴定结论作为证据，可以申请法院重新鉴定，二是当事人提起重新鉴定。

交通事故伤残评定

交通事故伤残评定，是指对伤残等级、伤残程度和影响正常工作与生活能力的程度的评定。在处理交通事故时，它是伤残者获得残疾者生活补助费的根据之一。进行伤残评定应注意以下几点：

1. 申请伤残评定。《交通事故处理程序规定》第四十条规定，交通事故的当事人因伤致残的，在治疗终结后，应当由具有资格的伤残鉴定机构评定伤残等级。即必须是受伤的当事人先向相关机关申请伤残评定，相关机关才可以进行评定，不申请的视为一般受伤。申请必须为书面申请。

2. 伤残评定。交通事故受伤人员伤残评定工作应当由专业人员进行；伤情复杂的，可以聘请有专门知识的人员或者委托其他专业伤残鉴定机构进行伤残评定工作。进行伤残评定的依据，一是医院证明，即伤者伤情的证明。对于一些检验、治疗结论也可以作为伤残评定的依据。二是2002年12月1日国家质量监督检验检疫总局发布，自发布之日起实施的《道路交通事故受伤人员伤残评定》（GBl8667－2002）。依据以上证据和规定，在接到伤残评定申请后，评定受伤者符合伤残标准中的哪一级，并出具书面结论，送达当事人。

申请伤残评定

《交通事故处理程序规定》第四十条规定，交通事故的当事人因伤致残的，在治疗终结后，应当由具有资格的伤残鉴定机构评定伤残等级。只有当事人申请评定的，有关机关才考虑是否评定，不申请的不认为是伤残而视为一般受伤，在事故处理的赔偿过程中就不考虑致残者生活补助费、残疾用具费等项目。所谓“治疗终结”是指医院认为经过治疗后，受伤者的身体机能已经恢复到极限，且伤情已经稳定，不可能再好转或恶化。至于康复和疗养的时间则不能计算在内。治疗终结之日应以医院证明上的日期为准。

伤残评定人员对被鉴定人伤残检查一般需作以下工作：

1. 一般检查：检查受检人的一般状态，如发育、营养、意识状态、表情、步态及呼吸、脉搏血压、体温等；

2. 各部位检查：即对伤者损伤部位作重点检查并进行测量记录；

3. 调阅病历材料，如 X 光片、CT 片等；

4. 如需要，可以做出进一步的实验室检查；

5. 向伤者了解案情；

6. 综合分析、评断，做出评定结论。

轻伤鉴定标准

1990 年 4 月 20 日最高人民法院、最高人民检察院、公安部、司法部联合发布了《关于印发〈人体轻伤鉴定标准（试行）〉的通知》，对人体轻伤的鉴定标准作了具体规定。此标准仅适用于《中华人民共和国刑法》规定的伤害他人身体健康的法医学鉴定。

根据这个标准，人体轻伤是指物理、化学及生物等各种外界因素作用于人体，造成组织、器官结构的一定程度的损害或者部分功能障碍，尚未构成重伤又不属于轻微伤害的损伤。

重伤鉴定标准

1990 年 3 月 29 日司法部、最高人民法院、最高人民检察院、公安部联合发布了《关于印发〈人体重伤鉴定标准〉的通知》，对人体重伤的鉴定标准作了具体规定。此标准仅适用于《中华人民共和国刑法》规定的重伤的法医学鉴定。

该标准规定，人体重伤是指使人肢体残疾、毁人容貌、丧失听觉、丧失视觉、丧失其他器官功能或者对于人身健康有重大伤害的损伤。

重伤鉴定资格

鉴定损伤程度的鉴定人，应当由法医师或者具有法医学鉴定资格的人员担任，也可以由司法机关委托、聘请的主治医师以上人员担任。鉴定时，鉴定人有权了解与损伤有关的案情、调阅案卷和病历、勘验现场，有关单位有责任予以配合。鉴定人应当遵守有关法律规定，保守案件秘密。

一级伤残评定标准

一级伤残的划分依据：

1. 日常生活完全不能自理，全靠别人帮助或采用专门设施，否则生命无法维持；

2. 意识消失；

3. 各种活动均受到限制而卧床；

4. 社会交往完全丧失。

一级伤残的评定标准：

1. 颅脑、脊髓及周围神经损伤致：

（1）植物状态；（2）极度智力缺损（智商 20 以下）或精神障碍，日常生活完全不能自理，全靠别人帮助；（3）四肢瘫（三肢以上肌力 3 级以下）；（4）截瘫（肌力 2 级以下）伴大小便失禁。

2. 头面部损伤致双侧眼球缺失；或一侧眼球缺失，另一侧眼严重畸形伴盲目 5 级。

3. 脊柱胸段损伤致严重畸形愈合、呼吸功能严重障碍。

4. 颈部损伤致呼吸和吞咽功能严重障碍。

5. 胸部损伤致：

（1）肺叶切除或双侧胸膜严重广泛粘连，或胸廓严重畸形，呼吸功能严重障碍；（2）心功不全，心功四级；或心功不全，心功三级伴明显器质性心律失常。

6. 腹部损伤致：

（1）胃、肠、消化腺等部分切除，消化吸收功能严重障碍，日常生活完全不能自理；（2）双侧肾切除或完全丧失功能，日常生活完全不能自理。

7. 肢体损伤致三肢以上缺失（上肢在腕关节以上、下肢在踝关节以上）或三肢以上完全丧失功能。

8. 皮肤损伤致瘢痕形成达体表面积90%以上。

二级伤残评定标准

二级伤残的划分依据：

1. 日常生活需要随时有人帮助；

2. 各种活动受限，仅限于床上或椅上的活动；

3. 不能工作；

4. 社会交往极度困难。

二级伤残的评定标准：

1. 颅脑、脊髓及周围神经损伤致：

（1）重度智力缺损（智商34以下）或精神障碍，日常生活需随时有人帮助才能完成；（2）完全性失语；（3）双侧面瘫难以恢复，容貌损毁，完全丧失进食和语言功能；（4）双眼盲目5级；（5）四肢瘫（二肢以上肌力2级以下）；（6）偏瘫或截瘫（肌力2级以下）。

2. 头面部损伤致：

（1）一侧眼球缺失，另一眼盲目4级；或一侧眼球缺失，另一侧眼严重畸形伴低视力3级以上；（2）双侧眼睑重度下垂（或严重畸形）伴双眼低视力4级以上；或一侧眼睑重度下垂（或严重畸形），该眼盲目4级以上，另一眼盲目5级；（3）双眼盲目5级；（4）颞下颁关节强直，牙关紧闭，完全丧失进食和语言功能；（5）上、下颌骨缺损，牙齿脱落或折断20枚以上，无法安装义齿或修补，容貌损毁，咀嚼和语言功能严重障碍；（6）双耳极度听觉障碍伴双侧耳廓缺失（或严重畸形）；或双耳极度听觉障碍伴一侧耳廓缺失，另一侧耳廓严重畸形；（7）全面部瘢痕形成，容貌损毁和器官功能障碍。

3. 脊柱胸段损伤致严重畸形愈合，呼吸功能障碍。

4. 颈部损伤致呼吸和吞咽功能障碍。

5. 胸部损伤致：

（1）肺叶切除或胸膜广泛严重粘连或胸廓畸形，呼吸功能障碍；（2）心功不全，心功三级；或心功不全，心功二级伴明显器质性心律失常。

6. 腹部损伤致一侧肾切除或完全丧失功能，另一侧肾功能重度障碍。

7. 外阴、阴道损伤致瘢痕挛缩，阴道闭锁，完全丧失功能。

8. 肢体损伤致二肢缺失（上肢在肘关节以上，下肢在膝关节以上）或二肢完全丧失功能。

9. 皮肤损伤致瘢痕形成达体表面积80%以上。

三级伤残评定标准

三级伤残的划分依据：

1. 不能完全独立生活，需经常有人监护；

2. 各种活动受限，仅限于室内的活动；

3. 明显职业受限；

4. 社会交往困难。

三级伤残的评定标准：

1. 颅脑、脊髓及周围神经损伤致：

（1）重度智力缺损或精神障碍，不能完全独立生活，需经常有人监护；（2）严重外伤性癫痫，药物不能控制，大发作平均每月1次以上或局限性发作平均每月4次以上或小发作平均每周7次以上或精神运动性发作平均每月3次以上；（3）严重运动性失语或感觉性失语；（4）严重不自主运动或共济失调；（5）四肢瘫（二肢以上肌力3级以下）；（6）偏瘫或截瘫（肌力3级以下）；（7）大小便失禁难以恢复。

2. 头面部损伤致：

（1）一侧眼球缺失，另一眼低视力3级；或一侧眼球缺失，另一侧眼严重畸形伴低视力2级；（2）双侧眼睑重度下垂（或严重畸形）伴双眼低视力

3 级以上；或一侧眼睑蓖度下垂（或严重畸形），该眼低视力 3 级以上，另一眼视力 4 级以上；（3）双眼盲目 4 级以上；（4）双眼视野接近完全缺损（直径小于 5°）；（5）上、下颌骨缺损，牙齿脱落或折断 16 枚以上，无法安装义齿或修补，容貌损毁，咀嚼和语言功能障碍；（6）重度张口受限，容貌损毁，进食和语言功能严重障碍；（7）双耳极度听觉障碍伴一侧耳廓缺失（或严重畸形）；（8）一耳极度听觉障碍，另一耳重度听觉障碍，伴一侧耳廓缺失（或严重畸形），另一侧耳廓缺失（或畸形）50% 以上；（9）双耳重度听觉障碍伴双侧耳廓缺失（或严重畸形）；或双耳重度听觉障碍一侧耳廓缺失，另一侧耳廓严重畸形；（10）面部瘢痕形成 75% 以上，容貌损毁和器官功能障碍。

3. 脊柱胸段损伤致严重畸形愈合，严重影响呼吸功能。

4. 颈部损伤致：

（1）瘢痕形成，挛缩，颈部活动度完全丧失，影响呼吸和吞咽功能；（2）严重影响呼吸和吞咽功能。

5. 胸部损伤致：

（1）肺叶切除或胸膜广泛粘连或胸廓畸形，严重影响呼吸功能；（2）心功不全，心功二级伴器质性心律失常，或心功一级伴明显器质性心律失常。

6. 腹部损伤致：

（1）胃、肠、消化腺等部分切除，消化吸收功能障碍；（2）一侧肾切除或完全丧失功能，另一侧肾功能中度障碍，或双侧肾功能重度障碍。

7. 盆部损伤致：

（1）女性双侧卵巢缺失、萎缩完全丧失功能；（2）大小便失禁难以恢复。

8. 会阴部损伤致：

（1）阴茎完全缺失、萎缩或严重畸形，完全丧失功能；（2）双侧睾丸缺失、萎缩完全丧失功能。

9. 外阴、阴道损伤致瘢痕挛缩，阴道严重狭窄，功能严重障碍。

10. 肢体损伤致二肢缺失（上肢在腕关节以上，下肢在踝关节以上）。

11. 皮肤损伤致瘢痕形成达体表面积 70% 以上。

四级伤残评定标准

四级伤残的划分依据：

1. 口常生活能力严重受限，间或需要帮助；

2. 各种活动受限，仅限于居住范围内的活动；

3. 职业种类受限；

4. 社会交往严重受限。

四级伤残的评定标准：

1. 颅脑、脊髓及周围神经损伤致：

（1）中度智力缺损（智商 49 以下）或精神障碍，日常生活能力严重受限，间或需要帮助；（2）单侧面瘫难以恢复，容貌损毁，进食和语言功能障碍；（3）四肢瘫（二肢以上肌力 4 级以下）；（4）偏瘫或截瘫（肌力 4 级以下）；（5）阴茎勃起功能完全丧失。

2. 头面部损伤致：

（1）一侧眼球缺失，另一眼低视力 2 级；或一侧眼球缺失，另一侧眼严重畸形伴低视力 1 级；（2）双侧眼睑重度下垂（或严重畸形）伴双眼低视力 2 级以上；或一侧眼睑重度下垂（或严重畸形），该低视力 2 级以上，另一眼低视力 3 级以上；（3）双眼低视力 3 级以上；（4）双眼视野极度缺损（直径小于 10°）；（5）上、下颌骨缺损，牙齿脱落或折断 12 枚以上，无法安装义齿或修补，严重影响咀嚼和语言功能；（6）双耳极度听觉障碍；（7）一耳极度听觉障碍，另一耳重度听觉障碍伴一侧耳廓缺失（或畸形）50% 以上；（8）双耳重度听觉障碍伴一侧耳廓缺失（或严重畸形）；（9）双耳中等重度听觉障碍伴双侧耳廓缺失（或严重畸形）；或双耳中等重度听觉障碍伴一侧耳廓缺失，另一侧耳廓严重畸形；（10）面部瘢痕形成 50% 以上，容貌损毁和器官功能障碍。

3. 脊柱胸段损伤致严重畸形愈合，影响呼吸功能。

4. 颈部损伤致：

（1）瘢痕形成，挛缩，颈部活动度丧失 75% 以上；（2）影响呼吸和吞咽功能。

5. 胸部损伤致：

（1）肺叶切除或胸膜粘连或胸廓畸形，影响呼吸功能；（2）明显器质性心律失常。

6. 腹部损伤致一侧肾功能重度障碍，另一侧肾功能中度障碍。

7. 肢体损伤致：

（1）双手掌缺失 90% 以上或双手掌完全丧失功能；（2）双手十指完全缺失；（3）双足跗跖关节以上缺失。

8. 皮肤损伤致瘢痕形成达体表面积 60% 以上。

五级伤残评定标准

五级伤残的划分依据：

1. 日常生活能力部分受限，偶尔需要监护；

2. 各种活动受限，仅限于就近的活动；

3. 需要明显减轻工作；

4. 社会交往贫乏。

五级伤残的评定标准：

1. 颅脑、脊髓及周围神经损伤致：

（1）中度智力缺损或精神障碍，日常生活能力部分受限，偶尔需要监护；（2）外伤性癫痫，药物不能完全控制，大发作平均每 3 月 1 次以上或局限性发作平均每月 2 次以上或小发作平均每周 4 次以上或精神运动性发作平均每月 1 次以上；（3）严重失语或失认症；（4）偏瘫或截瘫（一肢以上肌力 2 级以下）；（5）单瘫（肌力 2 级以下）；（6）大便或小便失禁难以恢复。

2. 头面部损伤致：

（1）一侧眼球缺失伴另一眼低视力 1 级；或一侧眼球缺失伴一侧眼严重畸形且视力接近正常；（2）双侧眼睑重度下垂（或严重畸形）伴双眼低视力 1 级，或一侧眼睑重度下垂（或严重畸形），该眼低视力 1 级以上，另一眼低视力 2 级以上；（3）双眼低视力 2 级以上；（4）双眼视野重度缺损（直径小于20°)；(5) 舌肌完全麻痹或舌体缺失（或严重畸形）50%以上，发音和进食功能严重障碍；(6) 上、下颌骨缺损，牙齿脱落或折断8枚以上，无法安装义齿或修补，容貌损毁，影响咀嚼和语言功能；(7) 一耳极度听觉障碍，另一耳重度听觉障碍；(8) 双耳重度听觉障碍伴一侧耳廓缺失（或畸形）50%以上；(9) 双耳中等重度听觉障碍伴一侧耳廓缺失（或严重畸形）；(10) 双侧：耳廓缺失（或严重畸形）；(11) 外鼻部完全缺损（或严重畸形），容貌损毁和双鼻腔正常通气功能丧失；(12) 面部瘢痕形成25%以上，容貌损毁和器官功能障碍。

3. 脊柱胸段损伤致畸形愈合，影响呼吸功能。

4. 颈部损伤致：

(1) 瘢痕形成，挛缩，颈部活动度丧失50%以上；(2) 影响呼吸功能。

5. 胸部损伤致：

(1) 肺叶切除或胸膜粘连或胸廓畸形，影响呼吸功能；(2) 器质性心律失常。

6. 腹部损伤致：

(1) 胃、肠、消化腺等部分切除，严重影响消化吸收功能；(2) 一侧肾切除或完全丧失功能，另一侧肾功能轻度障碍。

7. 盆部损伤致：

(1) 双侧输尿管缺失或闭锁；(2) 膀胱切除；(3) 尿道损伤，瘢痕形成闭锁；(4) 结肠损伤，肠外置不能还纳；(5) 大便或小便失禁难以恢复。

8. 会阴部损伤致：

(1) 阴茎缺失（或畸形）80%以上，功能严重障碍；(2) 阴茎包皮瘢痕形成，功能严重障碍。

9. 肢体损伤致：

(1) 双手掌缺失70%以上或双手掌丧失功能80%以上；(2) 双手十指缺失90%以上或双手十指完全丧失功能；(3) 一上肢在肘关节以上缺失或一上肢完全丧失功能；(4) 一下肢在膝关节以上缺失或一下肢完全丧失功能。

10. 皮肤损伤致瘢痕形成达体表面积50%以上。

六级伤残评定标准

六级伤残的划分依据：

1. 日常生活能力部分受限，但能部分代偿，条件性需要帮助；

2. 各种活动降低；

3. 不能胜任原任工作；

4. 社会交往狭窄。

六级伤残的评定标准：

1. 颅脑、脊髓及周围神经损伤致：

（1）中度智力缺损或精神障碍，日常生活能力部分受限，但能部分代偿，条件性需要帮助；（2）严重失读伴失写症；（3）偏瘫或截瘫（一肢以上肌力3级以下）；（4）单瘫（肌力3级以下）；（5）阴茎勃起功能严重障碍。

2. 头面部损伤致：

（1）一侧眼球缺失伴另一眼视力接近正常，或一侧眼球缺失伴另一侧眼严重畸形；（2）双侧眼睑重度下垂（或严重畸形）伴双眼视力接近正常，或一侧眼睑重度下垂（或严重畸形），该眼视力接近正常，另一眼低视力1级以上；（3）双眼低视力1级；（4）双眼视野中度缺损（直径小于60°）；（5）一耳极度听觉障碍，另一耳中等重度听觉障碍，或双耳重度听觉障碍；（6）一侧耳廓缺失（或严重畸形），另一侧耳廓缺失（或畸形）50%以上；（7）面部瘢痕形成面积12cm^{2}以上，容貌损毁和器官功能障碍；（8）面部大量细小瘢痕（或色素明显改变）75%以上，容貌损毁；（9）头皮无毛发75%以上。

3. 脊柱损伤致颈椎或腰椎严重畸形愈合，颈部或腰部活动度完全丧失。

4. 颈部损伤致瘢痕形成，颈部活动度丧失25%以上。

5. 腹部损伤致一侧肾功能重度障碍，另一侧肾功能轻度障碍。

6. 盆部损伤致：

（1）骨盆倾斜，双下肢长度相差10cm以上；（2）双侧输卵管缺失或闭锁；（3）子宫全切。

7. 会阴部损伤致双侧输精管缺失或闭锁。

8. 外阴、阴道损伤致瘢痕挛缩，阴道狭窄，功能障碍。

9. 肢体损伤致：

（1）双手掌缺失50%以上或双手掌丧失功能60%以上；（2）双手十指缺失70%以上或双手十指丧失功能90%以上；（3）一上肢在腕关节以上缺失；或一上肢腕、肘、肩三大关节的二关节以上完全丧失功能；（4）双足十趾完全缺失；（5）一下肢在踝关节以上缺失；或一下肢踝、膝、髋三大关节的二关节以上完全丧失功能。

10. 皮肤损伤致瘢痕形成达体表面积40%以上。

七级伤残评定标准

七级伤残的划分依据：

1. 日常生活有关的活动能力严重受限；

2. 短暂活动不受限，长时间活动受限；

3. 工作时间需要明显缩短；

4. 社会交往降低。

七级伤残的评定标准：

1. 颅脑、脊髓及周围神经损伤致：

（1）轻度智力缺损（智商70以下）或精神障碍，日常生活有关的活动能力严重受限；（2）外伤性癫痫，药物不能完全控制，大发作平均每6月1次以上或局限性发作平均每2月2次以上或小发作平均每周2次以上或精神运动性发作平均每2月1次以上；（3）严重构音障碍；（4）偏瘫或截瘫（一肢肌力4级）；（5）单瘫（肌力4级）；（6）半身或偏身型完全性感觉缺失。

2. 头面部损伤致：

（1）一侧眼球缺失；（2）双侧眼睑重度下垂（或严重畸形）；（3）一耳极度听觉障碍，另一耳中度听觉障碍，或一耳重度听觉障碍，另一耳中等重度听觉障碍；（4）一侧耳廓缺失（或严重畸形），另一侧耳廓缺失（或畸形）10%以上；（5）外鼻部缺损（或畸形），严重影响容貌和双鼻腔正常通气功能；（6）面部瘢痕形成面积10cm^2以上，容貌损毁和器官功能障碍；（7）面部大量细小瘢痕（或色素明显改变）50%以上，容貌损毁；（8）头皮无毛发50%以上。

3. 脊柱损伤致颈椎或腰椎畸形愈合，颈部或腰部活动度丧失75%以上。

4. 颈部损伤致颈前三角区瘢痕形成75%以上，影响体形。

5. 胸部损伤致：

（1）女性双侧乳房缺失（或严重畸形）；（2）心功不全，心功三级。

6. 腹部损伤致双侧肾功能中度障碍。

7. 盆部损伤致：

（1）骨盆倾斜，双下肢长度相差8cm以上；（2）女性骨盆严重畸形，产道破坏；（3）一侧输尿管缺失或闭锁，另一侧输尿管严重狭窄。

8. 会阴部损伤致：

（1）阴茎缺失（或畸形）50%以上，功能障碍；（2）阴茎包皮瘢痕形成，功能障碍。

9. 肢体损伤致：

（1）双手掌缺失30%以上或双手掌丧失功能40%以上；（2）双手十指缺失50%以上或双手十指丧失功能70%以上；（3）一上肢腕、肘、肩三大关节的一关节以上完全丧失功能；（4）双足弓结构完全破坏；（5）双足十趾缺失75%以上；或双足十趾完全丧失功能；（6）一足跗跖关节以上缺失；（7）一下肢踝、膝、髋三大关节的一关节以上完全丧失功能；（8）一下肢缩短10cm以上。

10. 皮肤损伤致疤痕形成达体表面积30%以上。

八级伤残评定标准

八级伤残的划分依据：

1. 日常生活有关的活动能力部分受限；
2. 远距离流动受限；
3. 断续工作；
4. 社会交往受约束。

八级伤残的评定标准：

1. 颅脑、脊髓及周围神经损伤致：

（1）轻度智力缺损或精神障碍，日常生活有关的活动能力部分受限；（2）半身或偏身型深感觉缺失；（3）阴茎勃起功能障碍。

2. 头面部损伤致：

（1）一眼盲目 4 级以上；（2）一眼视野接近完全缺损（直径小于 5°）；（3）口腔损伤，牙齿脱落或折断 6 枚以上，无法安装义齿或修补，影响咀嚼和语言功能；（4）双耳极度听觉障碍，或一耳重度听觉障碍，另一耳中度听觉障碍，或双耳中等重度听觉障碍；（5）一侧耳廓缺失（或严重畸形）；（6）鼻尖及一侧鼻翼缺损（或畸形），影响容貌和鼻腔正常通气功能；（7）面部瘢痕形成面积 $8cm^2$ 以上，容貌损毁和器官功能障碍；（8）面部大量细小瘢痕（或色素明显改变）25% 以上，容貌损毁；（9）头皮无毛发 25% 以上。

3. 脊柱损伤致颈椎或腰椎畸形愈合，颈部或腰部活动度丧失 50% 以上。

4. 颈部损伤致前三角区瘢痕形成 50% 以上，影响体形。

5. 胸部损伤致：

（1）女性一侧乳房缺失（或严重畸形），另一侧乳房部分缺失（或畸形）；（2）8 肋以上骨折，畸形愈合。

6. 腹部损伤致：

（1）胃、肠、消化腺等部分切除，影响消化吸收功能；（2）一侧肾切除或肾功能重度障碍。

7. 盆部损伤致：

（1）骨盆倾斜，双下肢长度相差 6cm 以上；（2）双侧输尿管严重狭窄，或一侧输尿管缺失（或闭锁），另一侧输尿管狭窄；（3）尿道瘢痕形成，尿道严重狭窄。

8. 会阴部损伤致阴茎龟头缺失（或严重畸形）75% 以上，严重影响功能。

9. 外阴、阴道损伤致瘢痕挛缩，阴道狭窄，严重影响功能。

10. 肢体损伤致：

（1）双手掌缺失20%以上或双手掌丧失功能30%以上；（2）双手十指缺失30%以上或双手十指丧失功能50%以上；（3）一上肢腕、肘、肩三大关节的一关节丧失功能75%以上；（4）一足弓结构完全破坏，另一足弓结构破坏1/3以上；（5）双足十趾缺失50%以上或双足十趾丧失功能75%以上；（6）下肢踝、膝、髋三大关节的一关节丧失功能75%以上；（7）一下肢缩短8cm以上。

11. 皮肤损伤致瘢痕形成达体表面积20%以上。

九级伤残评定标准

九级伤残的划分依据：

1. 日常活动能力大部分受限；

2. 工作和学习能力下降；

3. 社会交往能力大部分受限。

九级伤残的评定标准：

1. 颅脑、脊髓及周围神经损伤致：

（1）轻度智力缺损或精神障碍，日常活动能力大部分受限；（2）外伤性癫痫，药物不能完全控制，大发作1年1次以上或局限性发作平均每6月3次以上或小发作平均每月4次以上或精神运动性发作平均每6月2次以上；（3）半身或偏身型浅感觉缺失；（4）严重影响阴茎勃起功能。

2. 头面部损伤致：

（1）一眼低视力3级以上；（2）双侧眼睑下垂（或畸形），或一侧眼睑重度下垂（或严重畸形），容貌损毁；（3）一眼视野极度缺损（直径小于10°）；（4）口腔损伤，牙齿脱落或折断4枚以上，无法安装义齿或修补，影响咀嚼和语言功能；（5）中度张口受限，容貌损毁，影响进食和语言功能；（6）舌尖缺失（或畸形），影响进食和语言功能，（7）一耳重度听觉障碍，或一耳中等重度听觉障碍，另一耳中度听觉障碍；（8）一侧耳廓缺失（或畸形）50%以上；（9）一侧鼻翼缺损（或畸形），影响容貌和鼻腔正常通气功能；（10）面部瘢痕形成面积$6cm^2$以上，容貌损毁和器官功能障碍；

（11）面部细小瘢痕（或色素明显改变）面积 30cm^2 以上，容貌损毁；（12）头皮无毛发 40cm^2 以上；（3）颌面部骨及软组织缺损，容貌变形和器官功能障碍。

3. 脊柱损伤致颈椎或腰椎畸形愈合，颈部或腰部活动度丧失 25% 以上。

4. 颈部损伤致：

（1）严重声音嘶哑；（2）颈前三角区瘢痕形成 25% 以上，影响体形。

5. 胸部损伤致：

（1）女性一侧乳房缺失（或严重畸形）；（2）5 肋以上骨折，畸形愈合；（3）肺叶切除；（4）心功不全，心功一级。

6. 腹部损伤致：

（1）胃、肠、消化腺等部分切除；（2）脾切除；（3）一侧肾部分切除或肾功能中度障碍。

7. 盆部损伤致：

（1）骨盆倾斜，双下肢长度相差 4cm 以上；（2）骨盆严重畸形愈合；（3）一侧输尿管缺失或闭锁；（4）膀胱部分切除；（5）尿道瘢痕形成，尿道狭窄。

8. 会阴部损伤致阴茎龟头缺失（或畸形）50% 以上，影响功能。

9. 肢体损伤致：

（1）双手掌缺失 5% 以上或双手掌丧失功能 20% 以上；（2）双手十指缺失 10% 以上或双手十指丧失功能 30% 以上；（3）一上肢腕、肘、肩三大关节的一关节丧失功能 50% 以上；（4）一足弓构破坏 2/3 以上；（5）双足十趾缺失 25% 以上或双足十趾丧失功能 50% 以上；（6）一下肢踝、膝、髋三大关节的一关节丧失功能 50% 以上；（7）一上肢缩短 10cm 以上；（8）一下肢缩短 6cm 以上。

10. 皮肤损伤致瘢痕形成达体表面积 10% 以上。

十级伤残评定标准

十级伤残的划分依据：

1. 日常活动能力部分受限；

2. 工作和学习能力有所下降；

3. 社会交往能力部分受限。

十级伤残的评定标准：

1. 颅脑、脊髓及周围神经损伤致：

(1) 神经功能障碍，日常活动能力部分受限；(2) 外伤性癫痫，药物能够控制，但遗留脑电图中度以上改变；(3) 轻度不自主运动或共济失调；(4) 视觉障碍，包括斜视、复视、视错觉、眼球震颤等。(5) 半身或偏身型浅感觉分离性缺失；(6) 一肢体完全性感觉缺失；(7) 节段性完全性感觉缺失；(8) 轻度失语或构音障碍；(9) 影响阴茎勃起功能。

2. 面部损伤致：

(1) 一眼低视力 1 级；(2) 一侧眼睑下垂或畸形，影响容貌；(3) 一眼视野中度缺损（直径小于 60°）；(4) 口腔损伤，牙齿脱落或折断 2 枚以上，无法安装义齿或修补，影响咀嚼和语言功能；(5) 轻度张口受限，影响容貌；(6) 颞颌下关节损伤，中度张口受限，影响进食和语言功能；(7) 舌尖部分缺失（或畸形），影响进食和语言功能；(8) 一耳中等重度听觉障碍，或双耳中度听觉障碍；(9) 一侧耳廓缺失（或畸形）10% 以上；(10) 鼻尖缺失（或畸形），影响容貌；(11) 面部瘢痕形成面积 $4cm^2$ 以上，影响容貌；(12) 面部细小疤痕（或色素明显改变）面积 $15cm^2$ 以上，影响容貌；(13) 头皮皮无毛发 $20cm^2$ 以上；(14) 颅骨缺损直径 2cm 以上，遗留神经系统部分轻度症状和体征；或颅骨缺损直径 4cm 以上，无神经系统症状和体征；(15) 颌面部骨及软组织缺损，容貌变形。

3. 脊柱损伤致：

(1) 颈椎或腰椎畸形愈合，颈部或腰部活动度丧失 10% 以上；(2) 胸椎畸形愈合，影响呼吸功能。

4. 颈部损伤致：

（1）瘢痕形成，挛缩，颈部活动度丧失10%以上；（2）影响呼吸和吞咽功能；（3）颈前三角区瘢痕面积$20cm^2$以上，影响体形。

5. 胸部损伤致：

（1）女性一侧乳房部分缺失（或畸形）；（2）2肋以上骨折，畸形愈合，或2肋以上缺失；（3）肺破裂修补；（4）胸膜粘连或胸廓畸形。

6. 腹部损伤致：

（1）胃、肠、消化腺等破裂修补；（2）脾破裂修补；（3）肾破裂修补或肾功能轻度障碍。

7. 盆部损伤致：

（1）骨盆倾斜，双下肢长度相差2cm以上；（2）骨盆畸形愈合；（3）一侧卵巢缺失、萎缩完全丧失功能；（4）一侧输卵管缺失或闭锁；（5）子宫部分切除或修补；（6）一侧输尿管严重狭窄；（7）膀胱破裂修补；（8）尿道狭窄；（9）直肠、肛门损伤，瘢痕形成，排便功能障碍。

8. 会阴部损伤致：

（1）阴茎龟头缺失（或畸形）25%以上，影响功能；（2）阴茎包皮损伤，瘢痕形成，影响功能；（3）一侧输精管缺失（或闭锁）；（4）一侧睾丸缺失、萎缩完全丧失功能；（5）阴囊瘢痕形成，功能严重障碍。

9. 外阴、阴道损伤致瘢痕形成，阴道狭窄、影响功能。

10. 肢体损伤致：

（1）一手掌缺失5%以上或双手掌丧失功能5%以上；（2）双手十指缺失5%以上或双手十指丧失功能10%以上；（3）一上肢腕、肘、肩三大关节的一关节丧失功能25%以上；（4）一足弓结构破坏1/3以上；（5）双足十趾缺失10%以上或双足十趾丧失功能25%以上；（6）一下肢踝、膝、髋三大关节的一关节丧失功能25%以上；（7）一上肢缩短4cm以上；（8）一下肢缩短2cm以上。

11. 皮肤损伤致瘢痕形成达体表面积5%以上。

交通事故赔偿

交通事故纠纷的协商

协商解决交通事故纠纷，是指在交通事故发生后，当事人双方在自愿与互谅互让的基础上，通过友好协商解决所发生的损害赔偿问题。

与其他的解决交通事故纠纷的方式相比较，协商解决交通事故纠纷具有以下特征：

首先，协商解决争议没有第三方的参与。协商和解完全是在争议当事人之间自愿进行的，无须当事人以外的任何其他人参与。

其次，协商和解是以当事人自愿达成协议的方式来解决所发生的损害赔偿争议。

最后，协商和解所达成的协议不具有法律效力。当事人双方经过协商达成协议后，该协议只能靠当事人双方的自觉履行来实现，如果任何一方当事人反悔，则该协议对当事人不具有任何法律约束力。

1. 协商和解应遵循诚信、自愿的原则。即使达成了协议，不履行，也只是一纸空文。而自愿，更是交通事故发生后，当事人愿就事故所造成的侵权赔偿责任以及具体赔偿数额等问题进行友好协商的基础。否则，如果双方当事人在确认责任及赔偿数额上争议过大，就无法自愿解决纠纷。

2. 协商和解应遵循合法、合理的原则。交通事故发生后，肇事一方有时因为各种原因，会要求“私了”，甚至不惜凭借各种手段和和解之名掩盖其违法甚至犯罪事实。对于这样的情况，事故的性质或等级已超出了协商和解的范围，那么受害人一方则应当向公安交通主管部门及时报案，以便使交通事故的责任及现场得以认定和勘查，这就是应有的合法原则。

合理原则，就是要求当事人在自己能够自由取舍的权利范围内，就事故双方的赔偿问题进行合理协商，使受害人得到应有的经济赔偿。

3. 协商和解应遵循及时履行的原则。协商和解的最终目的是按协商的结果或协议履行，如果任何一方不履行或反悔，当事人就应及时通过其他途径寻求解决纠纷。

在遵循协商和解的原则下协商和解的意义在于：协商解决因交通事故侵权而产生的损害赔偿问题，不仅能够使争议得到及时的解决，而且也能够使受害人在友好的气氛中得到经济的补偿与心理的抚慰，有利于缓和当事人之间的关系以及维护社会秩序的稳定。

解决赔偿的程序

交通事故损害赔偿纠纷发生后，当事人之间通过和解协商解决其争议通常需经过以下几个阶段：

1. 受害人提出索赔要求。交通事故发生后，如果因此而给受害人造成人身或者财产损失的，为了使受害人得到及时的经济赔偿以及精神的抚慰，受害人或者其继承人或者代理人可以直接向侵权人提出索赔要求。但应注意的是：首先，提出索赔要求应当提供相应的证明文件，其次，索赔要求应当在法律规定的期限内提出。这是为了便于让产生的侵权损害赔偿争议尽快得到解决。但是，由于交通事故所造成的损害的种类不同，因此，不同的法律对索赔的法定期限也做出了不同的规定。如《民法通则》中规定交通事故造成人身损害的，应当在事故发生后 1 年内提出索赔要求；造成财产损害的，可以在事故发生后 2 年内提出索赔要求。

2. 双方当事人就损害赔偿进行协商和解。交通事故发生后，受害人或者其继承人、代理人向侵权人提出索赔要求后，双方当事人应当在平等自愿的基础上，就具体的责任归属以及赔偿数额等问题进行协商，尽可能地在互谅互让的情况下就争议问题达成协议，以便及时、友好地解决损害赔偿问题，使受害人得到合理的经济补偿以及精神抚慰。

3. 协商和解结束。当事人双方经过协商和解后，可能会以两种方式之一结束协商和解。第一种是以协商达成和解协议而结束。即双方当事人经过协商，就赔偿责任以及具体赔偿数额的确定达成了协议，只要双方当事人自觉履行该协议内容即可解决所发生的损害赔偿纠纷；第二种是以协商不成而结束。即经过协商后，由于双方当事人就赔偿责任以及具体的赔偿数额的确定存在一定的分歧而无法达成协议。在实践中，既有未达成协议的，也有达成协议未履行的，甚至有履行后又反悔的，凡此种种，都视为协商和解途径的结束。此时，受害人可以采取调解等其他方式解决侵权损害赔偿纠纷。

交通事故损害赔偿的原则

交通事故损害赔偿，是指交通事故责任者，由于自己的违章行为造成交通事故，致使他人财产或人身权利受到损害，依法用一定数额的财物赔偿受害者所受的损失。

交通事故损害赔偿的原则，包括财产损失全部赔偿的原则、由人身损害赔偿引起的财产损失赔偿的原则、按交通事故责任承担损害赔偿的原则、机动车方负无过错责任原则、公平合理的原则和适当照顾交通弱者的原则。

交通事故损害赔偿责任的认定

交通事故致人伤残的，当事人是否承担伤残的赔偿责任主要从以下几方面认定：

1. 行为人是否具有违章行为。有违章行为是承担伤残赔偿责任的前提，违章本身就说明行为人存在主观过错，主观过错是行为人承担民事责任的主观要件。因此，在确定赔偿责任时，首先要认定当事人有无违章行为。

2. 有无伤残后果。致人伤残是侵害他人身体权的一种侵权行为，包括致人伤害的行为和致人残疾的行为。这种侵权行为直接给受害人及其家庭造成了经济损失，也给其造成极大的精神痛苦。这种后果应当由有过错的侵权人来承担责任，这才公平、合理。赔偿是以损害后果为依据，伤残赔偿是以伤残后果为条件，如果当事人仅有违章行为，但没有致人伤残的后果，就不存在伤残的赔偿责任。

3. 违章行为和伤残后果之间有无因果关系。受害人伤残后果是由违章行为人的违章行为引起的，违章行为和伤残后果之间有因果关系，如果伤残后果并不是由违章行为所引起的而是由其他原因引起的，例如，由于受害人自杀未遂造成伤残，或者残疾者的伤残是先天性的或是由第三人造成的等，有违章行为的人对伤残后果不承担责任，仅对自己的违章行为承担行政责任或者其他责任。

4. 行为人有无法定免责事由。如果受害人的伤残是由于免责事由（如受害人的过错等）造成的，行为人不承担赔偿责任。

交通事故损害赔偿金额

《最高人民法院关于审理人身损害赔偿案件适用法律若干问题的解释》对损害赔偿作了限额规定。如第二十五条“残疾赔偿金根据受害人丧失劳动能力程度或者伤残等级，按照受诉法院所在地上一年度城镇居民人均可支配收入或者农村居民人均纯收入标准，自定残之日起按 20 年计算。但 60 周岁以上的，年龄每增加 1 岁减少 1 年；75 周岁以上的，按 5 年计算。”第二十九条“死亡赔偿金按照受诉法院所在地上一年度城镇居民人均可支配收入或者农村居民人均纯收入标准，按 20 年计算。但 60 周岁以上的，年龄每增加 1 岁减少 1 年；75 周岁以上的，按 5 年计算。”法律作这样的限额规定，主要考虑到一方面要使受害人得到及时赔偿，另一方面又要考虑当事人的经济情况。我国目前工资水平较低，职工收入一般仅能维持家庭生活，对于数额过大的赔偿费用无法负担。同时数额过大也不利于责任人对赔偿责任的实际履行。因此，要实事求是确定赔偿数额，酌情减免赔偿，这也是对全部赔偿原则的补充。这样，既能极大限度地使受害人的利益得到救济，又有利于保证协议或判决的有效执行。

交通事故损害赔偿项目

因就医治疗支出的各项费用以及因误工减少的收入包括：1. 医疗费；

2. 误工费；3. 护理费；4. 交通费；5. 住宿费；6. 住院伙食补助费；7. 必要的营养费。

因伤致残的，因其增加生活上需要所支出的必要费用以及因丧失劳动能力导致的收入损失包括：1. 残疾赔偿金；2. 残疾辅助器具费；3. 被抚养人生活费；4. 因康复护理继续治疗实际发生的必要的康复费、护理费、后继治疗费。

当事人死亡的，赔偿义务人除应当抢救治疗情况赔偿本“项目”第一项规定的相关费用外，还应当赔偿：1. 丧葬费；2. 被抚养人生活费；3. 死亡赔偿金；4. 受害人亲戚办理丧葬事宜所支出的交通费、住宿费和误工损失；5. 受害人或死者近亲属的精神损害抚慰金。

人身伤亡的赔偿

最高人民法院《人身损害赔偿司法解释》从三个方面对道路人身伤亡的赔偿范围进行界定：

1. 因治疗损伤支付的费用，如医疗费、护理费、交通费、营养费、后续治疗费、康复费、整容费；

2. 因生活上增加需要支出的费用，如配制残疾器具、长期护理依赖支出的费用等；

3. 因全部或者部分丧失劳动能力或者因受害人死亡导致的未来收入损失。

1. 医疗费

医疗费是指发生交通事故后，由于受害人在遭受人身损害后接受医学上的检查、治疗与康复所必须支出的费用。医疗费主要包括以下几个方面：

（1）挂号费，包括医院门诊挂号费、专家门诊挂号费等；

（2）医药费，即购买药品所支出的费用；

（3）检查费，包括为治疗所需的各种医疗检查费用，如血液检查费用、透视费等；

（4）治疗费，即受害人接受治疗所需的各项费用，如换药、注射、手术整容等费用；

（5）住院费，即受害人在住院治疗期间所需支出的费用；

（6）后续治疗费用，后续治疗费用包括器官功能恢复训练所必需的康复费、适当的整容费；

（7）其他医疗费用，如聘请专家会诊的费用、器官移植所需的费用等。

交通事故发生后，只要有人员伤亡，就会产生医疗费，该医疗费实行的是全部赔偿原则，即损失多少就赔偿多少，赔偿与损失相一致。

医疗费赔偿金额的计算。根据《人身损害赔偿司法解释》第十九条的规定，医疗费的计算主要是以对治疗的必要性和合理性为标准。具体而言，即受害人应当通过提供医疗机构出具的医疗费、住院费等收费凭证以及病历、诊断证明等证据来证明医疗费用的存在及其数额。如果赔偿义务人对赔偿权利人主张的数额和提供的证据不认可，或者赔偿义务人对治疗费的必要性和合理性有异议的，应当承担相应的举证责任。

对于后续治疗费，在实践中，其赔偿方法有三种：第一，一次性赔偿，即将今后可能发生的治疗费用一次性赔偿；第二，对于今后发生的治疗费用另行起诉，不在本次诉讼中解决；第三，即使确定了一次性赔偿，但是今后实际治疗所发生的费用超出了一次性赔偿所确定的数额的，对于超出的部分，权利人有权另行起诉。

对于医疗费的支付时间，法律没有明确规定，赔偿义务人可以在结案前、结案时预先支付给受害人，也可以在受害人需要治疗时给付。如果受害人确实需要赔偿义务人提前支付医疗费进行治疗的，可以申请人民法院先予执行，由法院强制当事人先行支付医疗费。

2. 误工费

误工费是指交通事故发生后，事故中遭受人身损害的受害人及有关的赔偿权利人向赔偿义务人要求支付的从受害人遭受损害到恢复治愈，因无法从事正常工作或劳动，而失去或减少的工作、劳动收入，是对受害人所失利益的赔偿。

由于受害人无法从事正常工作或劳动失去收入的损失，与交通事故之间具有相当因果关系，因此，事故责任人及其他赔偿义务人自然应当赔偿受害人的误工损失。误工费还包括当事人的相关亲属由于需要参加交通事故的处理，无法正常参加工作或从事日常的经营活动，因此而造成的经济收入的减少。

误工费赔偿依据受害人的误工时间和收入状况确定，并据此来确定具体的误工费赔偿数额。在计算方法上，有固定收入的按实际减少的收入计算，该实际减少的收入必须是实际丧失的收入，包括工资、奖金、津贴、课酬、合法的兼职收入等，但一般不包括企业经营者作为受害者时所丧失的经营利润损失和特殊工种的补助费。无固定收入的，按照受害人最近三年的平均收入乘以误工时间计算，或受诉法院所在地相同或相近行业上一年度职工的平均工资乘以误工时间计算。

误工费赔偿金额的计算。《人身损害赔偿司法解释》第二十条对误工费的计算规定了相关标准和依据。

误工费赔偿金额的计算公式为：

误工费赔偿金额：误工人收入×误工时间

（1）误工人的收入的确定，分为两种情况：

第一，对有固定收入的，受害人受到损害后，应当按照其实际减少的损失计算误工费损失赔偿；第二，无固定收入的，按照其最近三年的平均收入计算；受害人不能举证证明最近三年的平均收入状况的，可以参照受诉法院所在地相同或相近行业上一年度职工的平均工资计算。

（2）误工时间的计算也分为两种情况。

第一，根据医疗机构出具的证明确定的标准；第二，如果造成伤残持续误工的，则将误工时间定为伤残的前一天。

在赔偿误工费时，还应当注意以下几个问题：第一，因交通事故受到损伤，只需门诊治疗而且能劳动、工作的，不予赔偿误工费；第二，应明确损伤后暂时丧失劳动能力或在调解处理前已永久性丧失劳动能力的误工时间；第三，应考虑伤者原来的劳动能力强度，此次损伤是否降低劳动能力。如果伤者原有劳动能力不高，误工费的赔偿应适当降低。误工费是可得利益的损失，所以应按实际损失计算。

3. 住院伙食补助费

住院伙食补助费是指交通事故中的受害人，在遭受人身损害后，其在住院期间支出的合理的伙食费用，由事故责任人予以赔偿，包括受害人在外地治疗时，由于客观原因不能住院时，受害人实际发生的伙食费用。

（1）受害人去外地治疗必须是确有必要。对于是否有必要去外地治疗，赔偿权利人应提供充分的证据加以证明。比如，当地医疗机构出具的建议到外地治疗的书面文件，或者当地确实没有条件医疗而需到外地治疗的证据等。赔偿权利人不能提供证据或者提供证据不足以被法院认定时，赔偿义务人不予承担。

（2）必须是由于客观原因不能住院。受害人能够住院的，应当住院；受害人不能住院是因为医院无病床等客观原因引起的，而不是受害人或其亲属等自身的原因造成的。

（3）必须是合理部分。对于受害人到外地治疗实际发生的伙食费，赔偿义务人只赔偿合理部分。何为合理，由法院应视各案而定。

住院伙食补助费赔偿金额的计算。根据《人身损害赔偿司法解释》的规定，受害人的伙食补助费可以参照当地国家机关一般工作人员的出差伙食补助标准予以确定。这个标准能够与受害人当地的生活水准保持可比性，这样比较公平、合理。

在伙食补助费的实际认定上需要注意以下三个问题：

（1）参照的是当地的国家机关，而不是其他地方，这一点要特别注意；

（2）参照的人员是一般工作人员，不能任意扩大；

（3）只是可以参照，并非必须参照，这就要求人民法院在审理人身损害赔偿案件中充分发挥自由裁量权来确定。

伙食费的赔偿以受害人住院期间为计算依据，只要是受害人有必要住院或者住院抢救，不论时间多长，均应向其支付住院伙食补助费。因此，住院伙食补助费赔偿期间是住院期间再乘以当地国家机关一般工作人员每天的出差伙食补助标准，就得出具体的伙食补助费用。

4. 护理费

护理费是指交通事故中的人身受到伤害的人，因遭受人身损害，生活无法自理需要他人护理而支出的费用。

根据《人身损害赔偿司法解释》的规定，护理费数额是由护理的期限、护理人数、每天的护理费三个要素综合决定的。为了保护当事人的合法权益，有关规定对护理期限进行了明确规定：一般原则，护理期限应计算至受害人恢复生活自理能力时止。受害人因伤残不能恢复生活自理能力的，可以根据其年龄、健康状况等因素确定合理的护理期限，但最长不超过 20 年。另外，依照卫生部颁布的《医疗工作制度》的规定，应依据病情或伤残等级护理分为特别护理、一级护理、二级护理、三级护理。

护理赔偿金额的计算。第一，护理费原则上只计算一人。也就是说，如果受伤人员聘请了两个或两个以上的护理人员，在计算护理费赔偿额时只计算一个人的，其他人的护理费由受伤人员自己承担。但是，如果医疗机构或者鉴定机构有明确意见需要多人护理的，可以根据其要求支付多人的护理费。第二，护理人员有收入的，按照误工费的规定计算。这里所说的护理人员主要是配偶和亲友；护理人员没有收入的，参照当地护工从事同等级别护理的劳动报酬标准计算；受害人雇佣护工的，也参照当地护工从事同等级别护理的劳动报酬标准计算。

护理费的计算公式为：

护理费 = 每天的护理费 × 护理天数 × 护理人数

计算护理费数额时，需注意的问题：

（1）如果受害人实际需要护理的期限，超过了法院判决的期限，甚至超过了最长 20 年的期限，就超过期限的护理费，受害人是否有权请求赔偿呢？对此问题，《人身损害赔偿司法解释》第三十二条作出了明确的规定，超过明确的护理期限，赔偿权利人向人民法院起诉请求继续给付的，人民法院应当受理。经审理认为赔偿权利人确需护理的，人民法院应当判令赔偿义务人继续给付相关费用 5 ~ 10 年。

（2）受害人定残后的护理费。根据司法解释，受害人定残后的护理，应当根据其护理依赖程度并结合配置残疾辅助器具的情况确定护理级别。当配置了残疾辅助器具后，当时能够不同程度地恢复一定的生活自理能力，其护理依赖程度降低，护理级别也相应降低，护理费也相应减少。

5. 交通费

交通费，是指交通事故中的受害人及其必要的陪护人员，因就医或者转院治疗所实际发生的用于交通的费用。包括受害人或其陪护人员使用私家车的费用。如相应合理的燃料费、停车费、过路费等。

交通费赔偿金额的计算。根据《人身损害赔偿司法解释》的规定，交通费应当以正式的交通费的票据为准，票证收据记载的时间、地点、人数要与实际救治的时间、地点、人数相一致。对于不合理的支出，不应当予以赔偿。

对于交通费标准和计算应注意以下问题：

（1）关于交通费的计算标准，在实践中，一般认为，交通费应当参照侵权行为地的国家机关一般工作人员的出差标准支付交通费。但是，也要根据受害人的实际情况和救治的实际需要灵活掌握。一般以普通的交通工具为主，在特殊情况下，可以乘坐救护车、出租车、火车卧铺等，但受害人应当说明使用的合理性。在紧急情况下，还可以乘坐飞机，受害人也应当说明正当理由。

（2）交通费应当以正式的票证收据为准，正式票据是指国家承认的能够作为报销凭证的税务发票和收费收据，包括正式发票、汽车票、火车票、轮船票、出租车发票以及过路费收据等。

6. 住宿费

住宿费，是指交通事故发生之后，事故中的受害及其亲属为处理事故的有关事宜所花费的住宿费用，包括去医院进行治疗、转院等过程中住宿费用。

住宿费的范围应当以受害人的支出为限，但是受害人确有必要到外地治疗，因客观原因不能住院，受害人本人及陪护人员实际发生的住宿费，其合理部分应予赔偿，如果受害人死亡的，受害人亲属办理丧葬事宜支出的住宿费，也应当获得赔偿。

住宿费赔偿金额的计算。对于住宿费的计算标准和依据，法律和司法解释并未明确规定，根据通常的做法，应当参照国家一般工作人员出差住宿标准计算。

7. 必要的营养费

营养费是指交通事故中的受害人，在遭受损失后，为辅助治疗或使身体尽快康复而购买日常饮食以外的营养品所支出的费用。

营养费赔偿金额的计算：

根据《人身损害赔偿司法解释》的规定，营养费根据受害人伤残情况参照医疗机构的意见确定。

（1）受害人的伤残情况

营养费是根据治疗和康复的需要来决定的。其应视受害人的受伤害的状况和残疾的具体情况，从治疗和康复的实际需要来确定。

（2）参照医疗机构的意见

在确定具体的营养费时，还应当参照医疗机构的意见，认为受害人确有补充营养食品作为辅助治疗的需要，并对需要的营养品的等级做出评估，在此基础上确定具体的营养费。因此，营养费的赔偿数额应当参照医疗机构的意见确定。

致人伤残赔偿

1．残疾辅助器具费

残疾辅助器具费是指在交通事故中，因伤致残的受害人为补偿其遭受创伤的肢体器官功能、辅助其实现生活自理或者从事生产劳动而购买、配置的生活资助器具所花的费用。

根据《人身损害赔偿司法解释》的规定，对残疾辅助器具费赔偿的确定，原则上按照“普通适用器具的合理费用标准”计算。计算残疾辅助器具费时应注意以下几点：

（1）残疾辅助器具费按照普通适用器具的合理费用标准计算。

普通，就是要求采用普通型的残疾辅助器具，不应安装豪华型。如果伤残人员安装了豪华型的辅助器具，只能按照普通适用器具的有关费用予以支付，对于超出部分，应当由使用人自己负担。适用，就是确实能够起到功能补偿作用，能够在一定程度上恢复残疾人的生活工作能力。

（2）伤情有特殊需要的，可以参照辅助器具配置机构的意见确定相应的合理费用标准。

在交通事故中，受伤人员的伤残情况是不同的，所以，适用残疾辅助器具费用的标准也不是绝对的，对于残疾程度比较严重以致普通适用器具不能满足辅助要求的，可以参照辅助器具配置机构的意见确定相应的合理费用标准。

（3）辅助器具的更换周期和赔偿期限参照配置机构的意见确定。

由于辅助器具的更换周期和赔偿期限是一个技术问题，关系到使用残疾辅助器具的受害人的切身利益，对此应当慎重，因此，应当参照配置机构的意见确定。

（4）超过确定的辅助器具费给付年限，确需继续配置辅助器具的，应当继续给付相关费用5～10年。

如果残疾人员超过确定的辅助器具费给付年限，而本人健在，又确需继续配置辅助器具的，法院应当对继续配置辅助器具的要求给予支持。

（5）残疾辅助器具费不管采用何种方式支付，要保证权利人及时得到救济。

赔偿义务人如果请求以定期金方式给付残疾辅助器具费的，为保证权利人的利益，法院应当要求赔偿义务人提供相应的担保，赔偿义务人具有相应的给付能力且提供了必要担保的，人民法院可以确定赔偿义务人以定期金方式给付相关费用。但是，在一审法庭辩论终结前已经发生的费用，赔偿义务人必须一次性给付。

2．残疾赔偿金

残疾赔偿金是指在交通事故中致残的受害人，因人身遭受损害致残而丧失全部或者部分劳动能力，不仅影响了其以后的生活能力，也影响了其以后获得经济收入的能力，事故责任人因此给予的财产赔偿。我国有关的法律、司法解释对人身伤残的赔偿按照人的居所作了不同的规定，具体地说，农村居民和城镇居民适用不同的赔偿标准。

（1）农村居民的残疾赔偿金

根据《人身损害赔偿司法解释》的规定，农村居民的残疾赔偿金按以下方法确定：

第一，确定农村居民残疾赔偿金的计算基数。农村居民残疾赔偿金是以受诉法院所在地上一年度农村居民人均纯收入为计算基数的。“受诉法院所在地上一年度农村居民人均纯收入”是国家统计部门根据有关规定，依法确定的，是一个固定的数值。因此，残疾赔偿金的权利人在计算赔偿金数额时，可以查阅相关资料，以确定“受诉法院所在地上一年度农村居民人均纯收入”的确切数据。

根据《人身损害赔偿司法解释》的规定，如果赔偿权利人举证证明其住所地或者经常居住地农村居民人均纯收入高于受诉法院所在地标准的，残疾赔偿金还可以按照其住所地或者经常居住地的相关标准计算。此规定显然能够更好地保护受害人的权益。

第二，确定农村居民残疾赔偿金的赔偿期限。根据《人身损害赔偿司法解释》的规定，农村居民残疾赔偿金的赔偿期限为自定残之日起按 20 年计算。但60 周岁以上的，年龄每增加 1 岁减少 1 年；75 周岁以上的按 5 年计算。

第三，根据受害人丧失劳动能力程度或者伤残等级确定赔偿系数。《人身损害赔偿司法解释》的规定，只是原则性根据受害人丧失劳动能力程度或者伤残等级确定相应的赔偿金额，并没有规定应当如何具体确定相应的比例关系。在实践中，一般参照《道路交通事故受伤人员伤残评定》将伤残等级分为 10 级、9 级、8 级、7 级、6 级、5 级、4 级、3 级、2 级、1 级，从而相应的赔偿系数为 10%、20%、30%、40%、50%、60%、70%、80%、90%、100% 确定赔偿。

第四，确定具体的赔偿数额。农村居民的残疾赔偿金 = 受诉地法院上一年度农村居民人均纯收入 × 赔偿系数 × 赔偿年限。

（2）城镇居民的残疾赔偿金

根据《人身损害赔偿司法解释》的规定，城镇居民的残疾赔偿金按以下方法确定：

第一，确定城镇居民残疾赔偿金的计算基数。城镇居民残疾赔偿金是以受诉法院所在地上一年度城镇居民人均可支配收入为计算基数的。“受诉法院所在地上一年度城镇居民人均可支配收入”是国家统计部门根据有关规定，依法确定的，是一个固定的数值。因此，残疾赔偿金的权利人在计算赔偿金数额时，可以查阅相关资料，以确定“受诉法院所在地上一年度城镇居民人均可支配收入”的确切数据。

第二，确定城镇居民残疾赔偿金的赔偿期限。根据《人身损害赔偿司法解释》的规定，城镇居民残疾赔偿金的赔偿期限为自定残之日起按20年计算。但60周岁以上的，年龄每增加1岁减少1年；75周岁以上的按5年计算。

第三，根据受害人丧失劳动能力程度或者伤残等级确定赔偿系数。《人身损害赔偿司法解释》的规定，只是原则性根据受害人丧失劳动能力程度或者伤残等级确定相应的赔偿金额，并没有规定应当如何具体确定相应的比例关系。在实践中，一般参照《道路交通事故受伤人员伤残评定》将伤残等级分为10级、9级、8级、7级、6级、5级、4级、3级、2级、1级，从而相应的赔偿系数为10%、20%、30%、40%、50%、60%、70%、80%、90%、100%确定赔偿。

第四，确定具体的赔偿数额。城镇居民的残疾赔偿金＝受诉地法院上一年度城镇居民人均可支配收入×赔偿系数×赔偿年限。

3. 被抚养人的生活费

被抚养人的生活费，是指受害人在交通事故中死亡或者因伤残致其劳动能力丧失，造成受害人生前或丧失劳动能力以前，受其抚养的人无生活来源，影响了现实生活，交通事故责任人按照一定的标准给予受其抚养的人无生活来源的人的赔偿。

被抚养人生活费赔偿金额的计算。根据相关法律和司法解释，被抚养人生活费的计算标准为受诉法院所在地上一年度城镇居民人均消费性支出和农村居民人均年生活消费支出标准。赔偿期限分为三类：

（1）被抚养人为未成年的，计算到18周岁，因为我国《民法通则》规定18周岁为成年人，具有完全民事行为能力，不在被抚养人之列。

（2）被抚养人属于没有劳动能力又没有其他生活来源的成年人，计算20年。

（3）60周岁以上的或者75周岁以上的，分别计算，前者为年龄每增加1岁减少1年，后者按5年计算。

对于赔偿份额，受害人是唯一抚养人的，赔偿义务人应当承担被抚养人的全部生活费。如果被抚养人除了由受害者抚养外还有其他抚养人的，赔偿义务人只赔偿应由受害人本人所承担的份额。

致人死亡的赔偿

1. 死亡赔偿金

死亡赔偿金是指交通事故致人死亡的，事故的相关责任人按照一定的标准给予死者家属一定数额的赔偿。死亡赔偿金是致人死亡的交通事故中特有的损害赔偿项目，是对死亡受害人的近亲属的赔偿。

受害者在交通事故中死亡，给其家庭和亲人带来了物质上和精神上的巨大损失，因此，责任人应当给予赔偿。死亡赔偿金不是对死者生命本身的赔偿，而是对死者近亲属的赔偿，目的在于抚慰死者家属所遭受的精神创伤，安定死者家属的正常生活，同时弥补死者家属所遭受的物质损失。因此，死亡赔偿金的性质为收入损失的赔偿，而非精神损害抚慰金。

（1）农村居民的死亡赔偿金

根据《人身损害赔偿司法解释》的规定，确定交通事故中农村居民的死亡赔偿金应把握以下几点：

第一，确定赔偿基数。根据相关规定，农村居民的死亡赔偿金应以受诉法院所在地上一年度农村居民人均纯收入为标准。“受诉法院所在地上一年度农村居民人均纯收入”前面已详细阐述，在此不再赘述。

第二，确定赔偿年限。根据相关规定，死亡赔偿金按20年计算。但60岁以上的，年龄每增加1岁减少1年，75岁以上的按5年计算。

第三，特殊情况的处理。根据《人身损害赔偿司法解释》第三十条的规定，“赔偿权利人举证证明其住所地和经常居住地城镇居民人均可支配收入或者农村居民人均纯收入高于受诉法院所在地标准的，残疾赔偿金或者死亡赔偿金可以按照其住所地和经常居住地的相关标准计算”。按规定，死亡赔偿金必须一次性支付。

（2）城镇居民的死亡赔偿金

根据《人身损害赔偿司法解释》的规定，确定交通事故中城镇居民的死亡赔偿金应把握以下几点：

第一，确定赔偿基数。根据相关规定，城镇居民的死亡赔偿金应以受诉法院所在地上一年度城镇居民人均可支配收入为标准。

第二，确定赔偿年限。根据相关规定，死亡赔偿金按 20 年计算。但 60 岁以上的，年龄每增加 1 岁减少 1 年，75 岁以上的按 5 年计算。

第三，特殊情况的处理。根据《人身损害赔偿司法解释》第三十条的规定，“赔偿权利人举证证明其住所地和经常居住地城镇居民人均可支配收入或者农村居民人均纯收入高于受诉法院所在地标准的，残疾赔偿金或者死亡赔偿金可以按照其住所地和经常居住地的相关标准计算”。按规定，死亡赔偿金必须一次性支付。

2. 丧葬费

丧葬费是指交通事故致人死亡的，受害人的亲属要求对死亡的受害人进行安葬而需要支出的费用。

丧葬费赔偿金额的计算。根据《人身损害赔偿司法解释》的规定，丧葬费采取定额赔偿的办法，实行一次性给付赔偿。按照标准确定给付金额。根据规定，丧葬费按照受诉法院所在地上一年度职工月平均工资标准，以 6 个月总额计算。受诉法院所在地上一年度职工月平均工资是一个固定的数值，当事人可以从当地的统计机关发布的有关统计公告中查询。

财产损失的赔偿

1. 直接财产损失的赔偿

直接财产损失的赔偿，是指因交通事故而导致车辆、物品及其有关设施损坏，应当修复而不能修复，以及牲畜因伤失去使用价值或者死亡的，交通事故的责任人应当对上述直接的财产损失进行赔偿。

直接财产损失赔偿费的计算。在交通事故中，对于所受的财产损失，如果能够恢复原状的，应当恢复原状，对于不能恢复原状的，应当赔偿，赔偿数额应当以所受的直接实际损失为限，具体分为以下两种情况。

第一，局部损失可以恢复的，应当赔偿修复费用及车辆、物品因局部损失而导致的贬值；

第二，对已无法修复的车辆、物品应赔偿其实际价值与残余价值之间的差额部分，牲畜因伤失去使用价值或者死亡的，应当折价赔偿。

2. 间接财产损失的赔偿

间接财产损失是因交通事故而损失的可期待利益，它不是受害者现有财产的减少或者毁损，而是如果不发生交通事故当事人就必然获得的利益。

对于间接财产损失，由于不是现有财产的减损，因此一般根据通常情况下可能获得的利益大小来确定其可能受到的损失，同时还有参考其他因素来确定具体的赔偿金额。如果属于责任人不可预见的损失，则一般不予赔偿。

3. 车辆停运期间的损失

车辆停运期间的损失，是指交通事故中车辆遭受损害，如果被损车辆正用于货物运输或者旅客运输经营活动的，则在被损车辆修复期间，由于车辆的停运而造成的经济损失。由于这一损失是由交通事故造成的，因此，事故责任人应当给予受害人赔偿。

车辆停运期间损失费的计算。根据最高人民法院《关于交通事故中的财产损失是否包括被损车辆停运损失问题的批复》的规定，如果被损车辆正用于货物运输或者旅客运输经营活动的，交通事故责任者应当赔偿被损车辆修复期间的损失费，损失额以实际发生的为限。根据此规定，要获得车辆停运期间的损失费，应当具备以下条件：

第一，车辆在交通事故中受损。如果是车辆驾驶员受伤而车辆没有受损，则不予赔偿车辆停运期间的损失。因为在此情况下，受害人可以聘请其他司机驾驶车辆，从而进行正常的运输。

第二，受损车辆正用于货物运输或者旅客运输经营活动。如果受损车辆处于闲置状态，则没有经济损失的减少，当然责任人不必承担此项费用。同样道理，如果受损车辆是用于车辆使用人自身驾驶，没有利用车辆进行经济活动的，也不应当赔偿车辆停运期间的损失。

第三，受害人因无法进行正常的货物运输或者旅客运输，而造成经济收入的减少。经济收入的减少可以依据停运前的收入为参照计算，如果停运后还有一定收入的，那么实际损失应当是停运前的收入与停运后收入的差额。

精神损害抚慰金

精神损害抚慰金，是指在交通事故中，由于事故的发生，在侵害受害人生命权、健康权、身体权等权利的同时，也会对当事人的精神带来一定的损害，对这种损害亦应当进行补偿。

精神损害抚慰金赔偿金额的计算。《人身损害赔偿司法解释》明确规定“受害人或者死者近亲属遭受精神损害，赔偿权利人向人民法院请求赔偿精神损害抚慰金的，适用《最高人民法院关于确定民事侵权精神损害赔偿责任若干问题的解释》予以确定。”因此。在精神损害抚慰金的确定上应当以精神损害赔偿司法解释为准。基本方法是由人民法院斟酌案件的全部情况，确定赔偿金额，具体应当斟酌的情况，包括：1. 侵权人的过错程度；2. 侵权的手段、场合、行为方式等具体情节；3. 侵权行为所造成的后果；4. 侵权人的获利情况；5. 侵权人承担责任的经济能力；6. 受诉法院所在地平均生活水平。

在实践中，提出索赔金额时应当注意以下几点：

第一，是否已经造成了严重后果。在交通事故中，由于责任人不是故意的，因此对于精神损害赔偿的条件，法院会要求的很严格。对于一般的精神伤害，法院不会予以支持。

第二，当地的法院是否有关于精神损害赔偿的最高限额。如果有，应当参照这一限额提出具体索赔数额。当事人不宜超过该索赔限额提出赔偿请求。

第三，如果当事人之间对索赔金额能够调解，尽量争取调解。由于精神损害赔偿数额没有严格的标准，法官的自由裁量权比较大，因此具有一定的不准确性。当事人如果能够达成一致是最好的解决办法。

精神损害赔偿的原则

精神损害赔偿，是指民事主体因其人身权利受到不法侵害，使其人格利益和身份利益受到损害或遭受精神痛苦，要求侵权人通过财产赔偿方法进行救济和保护的民事法律制度。我国的《民法通则》第一二〇条规定了基本的精神损害赔偿。在《国家赔偿法》《妇女权益保护法》和《消费者权益保护法》等法律中，也规定了一些精神损害赔偿的条文。在我国司法实践中，确定精神损害赔偿，应坚持以下几项原则：

1. 法官自由酌量原则。这种原则不制定统一的赔偿标准，而是根据具体案情，由法官自由裁量精神损害赔偿金的具体数额。但这种自由裁量不是无限制的权力，它并不意味着法官在确定赔偿数额时可以随心所欲，主观臆断，法官必须遵循法律或法律原则，并根据具体情况来确定赔偿数额。

2. 区别对待原则。该原则是指在法官自由酌量原则基础上，在具体确定精神损害赔偿金的时候，必须对精神损害的不同利益因素的损害予以区别对待，根据其不同特点，依据因受害人遭受人身伤亡而以受害者本人或和其亲属造成的不同性质和不同程度的损害后果分别确定不同幅度的赔偿基数，各个计算出应赔偿的数额，最后酌定总的赔偿金数额。实行区别对待原则，有利于克服自由酌定原则的不利因素，使精神损害赔偿金的算定更为准确、可行。

3. 适当限制原则。是指在实行法官自由酌量原则的基础上，除了适用区别对待原则以外，还应适当限制。其目的也是克服自由酌量原则的不利因素，防止误导人们盲目追求高额赔偿。适当限制原则表现为两个因素，一是对于精神损害具有一般情节的，可以责令加害人承担非财产性质的民事责任，造成财产利益损失或者精神损害情节较重的，可以责令承担赔偿责任。二是对精神损害赔偿金的数额应当适当限制。应当考虑当地居民实际负担能力，公民、企业、单位负担能力的不同，以及其他情况，以地区为单位，确定一个最高限额。

根据《最高人民法院关于确定民事侵权精神损害赔偿责任若干问题的解

释》的规定，精神损害的赔偿数额可根据以下因素确定：

1. 侵权人的过错程度，法律另有规定的除外；
2. 侵害的手段、场合、行为方式等具体情节；
3. 侵权行为所造成的后果；
4. 侵权人的获利情况；
5. 侵权人承担责任的经济能力；
6. 受诉法院所在地平均生活水平。

交通事故财产损失的赔偿

道路交通事故的财产损失常见于车辆、物品、设施等。设施主要是道路、道路安全设施以及在道路上及其附近的其他设施，比如房屋、电力和水力、通讯等设施，还有其他如树木花卉等。依《最高人民法院关于审理人身损害赔偿案件适用法律若干问题的解释》的规定，交通事故造成的财产损失只赔偿直接损失，其赔偿方法是修复或折价赔偿。这两者是选择性适用的，对于某一具体损失的后果来说，既可以适用修复，也可以适用折价赔偿。在实践和审判中，如果被损坏的财产能够修复，则予以优先适用修复，这样能够有利于保护被害人的利益。当然，在具体问题上，还得由公安交通管理部门或事故处理机构确定，必要时可以商请相关部门进行鉴定。经双方协商的，也可以部分修复或部分折价。至于赔偿的损失则限于实际损失。对于因被害人能够采取措施但却没有采取必要措施致使扩大的财产损失，事故责任人即加害方可以主张对扩大损失不负赔偿责任。比如因运输的货车翻车导致装运的新鲜货物散落，而受害人能够将未散落的另发车运输，但其却采取不负责的态度，致使全部货物因天气原因而腐烂，那么就扩大损失部分加害人不应负责赔偿。在赔偿当中，也可以采取“以物赔物”的方式，但应限于同种类、同质量的实物。

交通事故赔偿调解

调解是交通事故当事人自愿处分自己权益的合法行为，调解协议一旦达成必须诚信遵守。但在司法实践中也经常会遇到调解后反悔的情况，调解协议具备最终的法律效力吗？当事人反悔了怎么办？

依据道路交通安全法，公安交通部门的事故赔偿调解必须是事故当事人自愿并书面申请，如果一方不同意则不能调解。并且调解必须是在责任认定做出后双方无异议的前提下，治疗终结之日起才能开始。公安交通部门主持的事故损害赔偿调解不是解决事故纠纷的必经程序，调解必须是双方当事人自愿并且书面申请。

如果发生如下这些情况则调解终止：一是经公安机关交通管理部门调解，当事人未达成协议或者调解书生效后不履行的，当事人可以向人民法院提起民事诉讼。二是当事人在调解申请中对检验、鉴定或者交通事故认定有异议的，公安机关交通管理部门应当书面通知当事人不予调解。三是当事人无正当理由不参加调解或者调解过程中放弃的，公安机关交通管理部门应当终结调解。

作为赔偿义务人的车主来说，一般调解后会面临保险公司理赔的问题，因此在调解时不要忘记向赔偿权利人索要相关医疗、交通、修车票据、单证、收款凭证等。如果选择调解，同时也要做好对方调解后反悔诉讼的准备。因为交警的事故赔偿调解不具有最终的法律效力。不过聪明的交警有时会为了当事人保险理赔而量身定做一份赔偿协议，这就是保险公司不太买公安的调解协议的单而更热衷于法院判决书的理由。

作为赔偿权利人，赔偿款一般主张一次性支付，分期支付有风险，不过当事人可以选择公证规避风险。这样如果赔偿义务人将来不支付或反悔可以直接申请强制执行。

交通事故的调解未果

《交通事故处理程序规定》第五十九条规定，经调解未达成协议或调解书生效后任何一方不履行的，公安机关不再调解，当事人可以向人民法院提起民事诉讼。但向法院提起诉讼并不是唯一途径，根据《行政诉讼法》的规定：行政机关根据法律的授权对平等主体之间民事争议作出裁决后，当事人在法定期限内既不起诉又不履行，作出裁决的行政机关在申请执行的期限内未申请人民法院强制执行的，生效的具体行政行为所确定的权利人或其继承人，权利承受人在3个月内可以申请人民法院强制执行。享有权利的公民、法人或者其他组织申请人民法院强制执行的，参照行政机关申请人民法院强制执行具体行政行为的规定执行。

交通事故仲裁的程序

1. 申请仲裁。申请仲裁，是指交通事故发生后，当事人就交通事故所造成的侵权损害赔偿纠纷，根据双方当事人自愿订立的仲裁协议，请求仲裁协议中约定的仲裁机构通过仲裁的方式解决争议的行为。

2. 仲裁准备。仲裁委员会受理当事人仲裁申请后，需要做以下准备工作：(1) 在仲裁规则规定的期限内将仲裁规则和仲裁员名册送达申请人，并将仲裁申请书副本和仲裁规则、仲裁员名册送达被申请人。(2) 仲裁委员会收到被申请人的答辩书后，应当在仲裁规则规定的期限内将答辩书副本送达给仲裁申请人；被申请人不提交答辩书的，不影响该争议案件的仲裁程序的进行。

3. 组成仲裁庭。仲裁庭是由当事人选定或者仲裁委员会主任指定的仲裁员组成的，对仲裁案件依照仲裁程序进行审理并作出仲裁裁决的仲裁组织。仲裁庭可以由三名仲裁员或一名仲裁员组成。

4. 仲裁审理。仲裁审理，是指仲裁庭依法组成后，依照法律规定的程序和方式，对当事人提请仲裁的交通事故损害赔偿纠纷进行实质性的全面审理，并作出仲裁裁决的活动。仲裁一般不公开进行。当事人协议公开的，可以公开进行，但是涉及国家秘密的除外。

5. 评议和作出仲裁裁决。仲裁庭在查明交通事故的原因、责任以及由此而造成的损失的基础上，对损害赔偿纠纷作出实体裁决。仲裁庭评议案件实行少数服从多数的原则，如果在评议案件过程中无法形成多数意见，则根据首席仲裁员的意见作出终局的仲裁裁决。此外，仲裁庭在对交通事故损害赔偿纠纷进行仲裁的过程中，如果其中一部分事实已经清楚，仲裁庭也可以就该清楚部分的事实先行裁决。仲裁庭作出裁决后，应当制作仲裁裁决书。

6. 仲裁裁决的执行。由于仲裁机构是民间性争议解决机构，因此，仲裁机构无权自行强制执行仲裁裁决。仲裁裁决作出后，如果义务人不履行仲裁裁决所确定的义务，权利人即可申请有管辖权的人民法院强制执行。

交通事故损害赔偿诉讼

道路交通事故损害赔偿诉讼，是指交通事故发生后，人民法院、诉讼当事人及其他诉讼参与人为解决交通事故损害赔偿纠纷，保护当事人的合法权益而进行的全部诉讼活动以及由此而产生的各种诉讼法律关系的总和。诉讼是解决交通事故损害赔偿纠纷的一种具有法律强制力的行之有效的方式。

作为解决交通事故损害赔偿纠纷的一种重要方式，它具有以下特点：

1. 诉讼标的特定性。交通事故发生后，如果双方就损害赔偿责任以及赔偿的数额不能达成一致，则当事人就可能向有管辖权的人民法院提起诉讼，从而引发诉讼程序的发生。因此，基于交通事故侵权而产生的损害赔偿请求，就成为交通事故侵权损害赔偿诉讼的特定标的。

2. 诉讼内容的综合性。诉讼内容的综合性主要是由诉讼活动和诉讼法律关系两部分内容所组成。在诉讼活动中，既包括人民法院的审判活动，也包括双方当事人的诉讼活动，还包括证人、鉴定人等辅助性诉讼活动。诉讼法律关系包括人民法院与当事人之间形成的诉讼法律关系，人民法院与证人等其他诉讼参与人之间形成的诉讼法律关系。

3. 诉讼当事人的自主性。由于当事人是交通事故损害赔偿纠纷的实体权利义务承受人，因此，在诉讼进行过程中，当事人享有广泛的自主性，只要没有侵犯国家、集体或者他人的权益，当事人既可依法处分自己的民事实体权利，也可以处分自己的诉讼权利。

4. 诉讼过程中的合法性与阶段性。诉讼过程中的合法性，是指解决所发生的交通事故损害赔偿纠纷的各种诉讼活动必须依照法律规定的程序进行。诉讼的阶段性，是指作为连续活动过程的民事诉讼，是分阶段进行的。每个阶段都有不同的任务，各个阶段的任务是相互联系、相辅相成的，只有上一诉讼阶段的任务完成了，才能顺次进入下一诉讼阶段，直至最后各个阶段相互联系构成一个有机整体，从而达到解决交通事故损害赔偿纠纷的目的。

交通事故的诉讼时效

诉讼时效，是指权利人在法定期间不行使权利，即丧失请求人民法院依法保护其实体权利的法定期间。由于诉讼时效届满，对当事人而言即产生丧失诉讼权利的法律后果，因此，交通事故发生后，受害人应当在法定的诉讼时效期间内向人民法院提起诉讼，否则，时效届满后，即使法院可以受理当事人的诉讼请求，但是，当事人因其已丧失诉讼权利而无法得到法律应有的保护。关于道路交通事故纠纷的诉讼时效，适用民法通则中关于诉讼时效的规定办理。

1. 人身损害赔偿请求的诉讼时效

根据《民法通则》第一三六条的规定，身体受到伤害要求赔偿的，其诉讼时效为 1 年。如果当事人不需要进行伤残评定的，其请求赔偿的诉讼时效从受伤者医疗终结之日起开始；如果当事人需要进行伤残评定的，其请求赔偿的诉讼时效应当从受伤者定残之日起开始。

2. 财产损害赔偿请求的诉讼时效

根据《民法通则》第一三五条的规定，向人民法院请求保护民事权利的诉讼时效期间为 2 年，法律另有规定的除外。也就是说，从交通事故发生之日起 2 年内，受害人可以向人民法院提起保护其财产权利的请求，如果超过法律规定的时效期间，而无诉讼时效的中止、中断、延长事由的，受害人即丧失了获得人民法院保护的权利。

原告在交通事故中的诉讼权利

根据《民事诉讼法》的规定，民事案件的原告有下列诉讼权利：

1. 向人民法院提起民事诉讼。

2. 有权委托代理人代替自己进行诉讼。

3. 有权使用本民族的语言、文字进行诉讼。

4. 有权申请审判员、书记员、翻译人员、鉴定人、勘验人回避。

5. 有权向人民法院申请采取财产保全措施。

6. 在追索赡养费、抚养费、抚育费、抚恤费、医疗费、劳动报酬和有其他紧急情况案件的诉讼过程中，有权请求人民法院裁定先予执行。

7. 有权放弃或者变更诉讼请求。

8. 有权请求法院予以调解或与对方当事人自行和解。

9. 有权查阅和自费复制本案的有关材料和法律文书。

10. 有权在法庭上提出新的证据；经法院许可，有权向证人、鉴定人、勘验人发问。

11. 有权要求重新调查、鉴定或者勘验。

12. 在法庭上，有权与被告及其诉讼代理人、第三人及其诉讼代理人进行辩论。

13. 在法庭辩论结束后，有权发表最后意见。

14. 在宣判前，有权申请撤诉，是否准许，由人民法院决定。

15. 有权阅读法庭笔录；认为对自己的陈述记录有遗漏或者有差错，有权申请补正。

16. 对一审人民法院的判决或裁定不服，有权在法定的期限内上诉。

17. 胜诉的原告，对已经生效的判决、裁定、调解协议，对方如拒不执行，有权申请人民法院执行。

18. 对已生效的判决、裁定，认为确有错误，可以向原审人民法院或者上一级人民法院申诉，但不能因申诉而停止执行。

原告的各项诉讼权利，受国家法律保护。人民法院也有责任使原告能够充分行使依法享有的诉讼权利。一切限制原告行使正当诉讼权利的行为和做法，都是错误的。

被告在交通事故中的诉讼权利

根据《民事诉讼法》的规定，民事案件的被告有下列诉讼权利：

1. 有权对原告的起诉进行答辩；有权提出反诉。

2. 有权委托代理人代替自己进行诉讼。

3. 有权使用本民族的语言、文字进行诉讼。

4. 有权申请审判员、书记员、翻译人员、鉴定人、勘验人回避。

5. 有权向人民法院申请采取财产保全措施。

6. 有权请求法院予以调解或与对方当事人自行和解。

7. 有权查阅和自费复制本案的有关材料和法律文书。

8. 有权在法庭上提出新的证据；经法院许可，有权向证人、鉴定人、勘验人发问。

9. 有权要求重新调查、鉴定或者勘验。

10. 在法庭上，有权与被告及其诉讼代理人、第三人及其诉讼代理人进行辩论。

11. 在法庭辩论结束后，有权发表最后意见。

12. 有权阅读法庭笔录；认为对自己的陈述记录有遗漏或者有差错，有权申请补正。

13. 对一审人民法院的判决或裁定不服，有权在法定的期限内上诉。

14. 胜诉的被告，对已经生效的判决、裁定、调解协议，对方如拒不执行，有权申请人民法院执行。

15. 已生效的判决、裁定，认为确有错误，可以向原审人民法院或者上一级人民法院申诉，但不能因申诉而停止执行。

在民事诉讼中，被告与原告的地位平等，其诉讼权利也基本相同。被告的诉讼权利同样受法律保护，人民法院有责任保障被告充分行使这些权利，一切限制被告正当行使诉讼权利的行为，都是错误的。

起诉状

起诉状分三部分：

1. 首部。在这部分，原告首先要写明标题，即“起诉状”；其次要写明双方当事人姓名、年龄、籍贯。

家庭住址或常住户口所在地及职业等基本情况；当事人是企事业单位或机关团体的，要写明它们的名称和法定代表人的姓名及职务。

2. 请求事项。在这部分里，主要写明解决的诉讼标的，也就是请求法院依法解决原告人一方要求的有关交通事故损害赔偿争议的具体问题要写得明确、具体，请求应合理，切实可行。

3. 事实和理由。这是起诉状的主要部分。事实部分应主要写明被告人交通事故侵权行为的具体事实或当事人双方因交通事故损害赔偿争议的具体内容，以及被告一方所应承担的责任。要注意把交通事故发生的时间、地点、原因、情节、事实经过以及基本能说明问题的东西具体写明，尤其要着重把被告人侵权行为所造成的后果和应承担的责任以及当事人双方争执焦点和分歧写清楚，如果原告在纠纷中有一定过错而应负一定责任，也应实事求是写明，以便法院全面了解事态真相，分清是非、事实写清楚后，还要提供能证明所控事实的各种证据（包括证人证言、证书、物证、视听资料等），证人的姓名、职业、住址。证据的来源和交验的物证、书证、视听资料等理由部分，主要根据上述事实和证据，写明认定被告人侵犯行为或违法行为的性质、所造成的后果以及应承担的具体责任，并说明理由，然后还要写明所请求的法律依据是什么。这部分写完，正文即结束。接着可行文如下：“据上述要求请依法判决，此致×××人民法院”。右下方是具状人签名下列事项：(1) 本状副×份；(2) 物证×件；(3) 书证×件，附于起诉状正本的证据，如用抄件或复制件；应证明：“经查对，抄件与原件无异，正本在开庭时递交”等字样。

4. 尾部。这一部分应写明送达的法院名称，并由起诉人签名或盖章，注明起诉时间。

起诉状实例如下：

起诉状：

原告：王××，女，××××年××月××日出生，汉族，原籍××省××市××县，系××县××厂工人，现住××省××县××镇××街××号。

被告：李××（兄），男，××××年××月××日出生，汉族，系××省××市××县××镇个体工商户，现住××省××县××镇××街××号。

被告：李××（弟），男，××××年××月××日出生，汉族，系××省××市××县××镇个体工商户。现住××省××县××镇××街××号。

诉讼请求：

两被告驾车将我撞伤后又逃逸，侵犯了我的人身权和健康权，并给我造成了财产损失。请求法院保护我的合法权益，判令两被告道歉并赔偿我因住院治疗、误工和损坏的自行车等费用共10000元及精神损害赔偿5000元，共计15000元。

事实与理由：

××××年××月××日晚上8点多钟，我骑自行车回家。离××镇大概还有4里地的时候，忽然听到后面有汽车鸣喇叭，急忙避让，不料被汽车从后面撞倒，连人带车栽到路边的沟里。当时我全身受了伤，想爬爬不起来，想喊喊不出来。只见汽车停了，下来一个人四处看了看又上车走了。对于他们的这种交通肇事后逃逸的行为我十分气愤。当时借着车上的照明设备，大概辨认出汽车是一辆装西瓜的东风141汽车，车牌号为××××××。后我挣扎着爬出来，又幸亏遇到××县公安局的王××和孙××两位同志驾车路过，将我送至医院又报了案。后来交警队的同志接到报案后将两被告的肇事车截获。

经××县交警队制作的《事故认定书》（附后）认定，两被告在“交通肇事驾车将人撞伤后又逃逸，情节恶劣，应对交通事故负全部责任。”我因撞伤后住进了医院，经医院鉴定（鉴定书附后），有“轻微脑震荡，左臂粉碎性骨折，右股开放性骨折，全身大面积瘀血”等外伤，住院两个多月。出院后在县公安机关的主持下我和两被告进行了调解，但两被告拒绝支付有关费用，没有达成任何协议。我很气愤，无奈之下只好起诉，请求法院依照事实和法律，作出公正判决，保护我的合法权益。

证据和证据来源，证人姓名及住址：

有关这起交通事故的具体情况，书证有××县交警队的《事故认定书》和勘验笔录，证人证言有××县公安局的王××和孙××的证人笔录；有关我所受伤害的情况，有书证××县人民医院出具的医疗鉴定书。其中王××住在××镇××街××号，孙××住在××镇××街××号。

此致

××省××市××县人民法院

起诉人：王××

××××年××月××日

附：本诉状副本2份，××县交警队的《调解终结书》和××县人民医院出具的医疗鉴定书各一份。

上诉状

第一审普通程序结束后，若当事人不服，可在一审法院判决书生效以前向其上级人民法院提起上诉，从而进入第二审程序。如何写上诉状呢？

民事上诉状有以下三部分组成：

1．首部。在这部分，要写明标题；当事人的姓名，法人的姓名及其代理人的姓名，或者其他组织的名称及其主要负责人的姓名；一审法院的名称，案件的编号和案由。

2．正文。在这部分要写清上诉的请求和理由。

3．尾部。在这部分写明呈送的机关、附项、上诉人的签名、上诉日期等。

写上诉状应注意的是，上诉人必须是当事人及其法定代理人，别人无权上诉；上诉是针对第一审裁判不服而提起的，其请求和理由必须针对第一审裁判不当之处提出；上诉应在法定的期限内将上诉状递交给原审法院或其上一级法院。提出上诉，则一审裁判不发生效力。

现举实例如下：

上诉状：

上诉人（一审被告）：××市××养鸡场。

所在地址：××市××区××乡。

法定代表人姓名：张××，场长。电话：××××××

企业性质：集体。工商登记核准号：××××××××

经营范围和方式：饲养成鸡、鸡雏；销售肉鸡、鸡蛋。

开户银行：工商银行××分理处，账号：××××××

被上诉人（一审原告）：苗××，男，××年××月××日出生，汉族，××省××市××区××乡人，农民，现住××省××县××镇××街××号。

上诉人因苗××要求我单位赔偿其财产损失一案，不服××省××市××区人民法院××××年××月××日××民初字第××××号民事判决，现提出上诉。

上诉请求：

一审判决认定事实有误，请求法院撤销原判决中要求我单位赔偿苗××全部损失的裁定，依据事实和法律重新判决。

上诉理由：

原判决认定，××××年1月3日晚发生的交通事故是由于我单位的赵××同志开车不慎，疏忽大意的过错造成的，所以我单位应对事故负主要责任。而事实情况是当时苗××对其驾车的牲口看管不当，造成马匹受惊后狂奔。在××街拐角处与赵××开车相遇，由于当时路滑天黑，加上距离太近，造成赵××刹车不及，将马撞死的交通事故。

我方认为，赵××固然负有一定责任，但苗××对其驾车的牲口看管不当，是造成这次事故的重要原因，我单位不负主要责任。这次事故的全过程，路过的工人王××和陆××全都看到了，可以为我方作证。

希望法院能在查明事实的基础上公正地作出判决。

此致

××省××市中级人民法院

上诉人：××市××养鸡场

××××年5月25日

（公章）

二审程序及判决

道路交通事故损害赔偿纠纷的当事人，包括原告、被告、共同诉讼人、有独立请求权的第三人和法院判决承担民事责任的无独立请求权第三人，如果对未生效的一审判决和裁定不服，在法定期限内，有权向上一级法院提出上诉，从而进入二审程序。对判决不服的，上诉期限为15日，对裁定不服的，上诉期限为10日。二审法院认为符合条件予以受理的，可组成合议庭开庭审理，也可以进行判决。依照《民事诉讼法》第一五三条，二审一般有如下处理结果：

1. 判决驳回上诉，维持原判；

2. 原判决适用法律错误，依法改判；

3. 原判决认定事实错误，发回重审，或查清事实后判决；

4. 原判决违反法定程序，可能影响案件正确判决的，裁定撤销原判决，发回重审。

二审的判决和裁定，具有终审的法律效力，一经宣告或送达当事人就具有法律效力。对此裁判，当事人不能再起诉或上诉，只能提起申诉。

举案说法

无证驾驶撞人保险公司赔偿之诉

2007 年 8 月 30 日，山东某市陈东无驾驶证，驾驶三轮摩托车去本市郊区去取货，在郊外路过交叉路口时，陈东与骑自行车的杨某相撞，致杨某受伤、三轮摩托车被损坏。交警部门认定陈东承担事故全部责任。

当即，杨某被送往医院治疗，后被评定为八级伤残。肇事车辆投保了机动车交通事故责任强制险。在向保险公司申请赔偿时，保险公司认为陈东属无证驾驶为由，拒绝赔付。杨某遂将陈东和保险公司告上法庭。

法院经审理认为：陈东无证驾驶三轮摩托车。根据《机动车交通事故责任强制保险条例》相关规定，在驾驶人未取得驾驶资格的情况下发生道路交通事故，保险公司不承担赔偿责任。但对受害人人身伤亡损失，并未规定保险公司免责。故法院判决被告某保险公司赔偿原告杨某医疗费、伤残补助金等共计三万余元，同时判决被告陈东承担相应赔偿责任。

本案评析：

对于无证驾驶致人伤害的，保险公司应否赔偿？这就涉及机动车交通事故责任强制保险的赔偿范围和免责事由。对于无证驾驶造成受害人人身伤亡的，保险公司应当在交强险责任限额范围内承担赔偿责任，理由如下：

第一，《道路交通安全法》第七十六条机动车发生交通事故造成人身伤亡、财产损失的，由保险公司在机动车第三者责任强制保险责任限额范围内予以赔偿。

《机动车交通事故责任强制保险条例》第二十二条有下列情形之一的，保险公司在机动车交通事故责任强制保险责任限额范围内垫付抢救费用，并有权向致害人追偿：

1. 驾驶人未取得驾驶资格或者醉酒的；

2. 被保险机动车被盗抢期间肇事的；

3. 被保险人故意制造道路交通事故的。

有前款所列情形之一，发生道路交通事故的，造成受害人财产损失，保险公司不承担赔偿责任。但从《机动车交通事故责任强制保险条款》看，该合同并未将无证驾驶人无证驾驶发生交通造成的人身伤亡列为免责事由。本案中投保人与保险公司亦适用该文本，且双方无特别的约定。因此，保险合同中明确约定的免责事由不能构成拒赔依据，这也是法律对保险合同的基本要求。

第二，机动车交通事故造成的损害无非两部分：人身伤亡和财产损失。根据条例二十二条，驾驶人未取得驾驶资格发生道路交通事故的，造成受害人财产损失，保险公司不承担赔偿责任，该规定免除了无证驾驶情况下发生交通事故时，保险公司对财产损失的赔偿责任。因此，要求保险公司对人身损害进行赔偿符合法律的规定。

综上，本案中对于陈东无证驾驶发生交通事故造成的杨某人身损害，保险公司应予赔付，法院判决合理、合法。

单位连带赔偿之诉

2008 年 2 月 23 日，正值春节期间，吉林长春某卷烟厂的驾驶员于某私自开本厂轿车拉着母亲、妻子和孩子串亲戚，在回家的路上当轿车行至解放大路路口时，突然遇到了驾驶三轮车横过道路的孙某，于某一时避让不及，将孙某撞倒在地。孙某被送入吉林省第一人民医院急救，保住了性命，最终被诊断为颅脑重度损伤，经交通事故鉴定会鉴定为二级伤残。

此次事故经交警认定，于某夜间行驶未保持安全车速，而孙某横过道路不注意观望，双方都存在交通违法行为，故于某和孙某对事故负同等责任。

2008 年 6 月 8 日，孙某的妻子起诉至法院，要求于某和长春某卷烟厂共同赔偿孙某医疗费、护理费、伤残补助金、精神损害抚慰金等各项损失合计六十余万元。法院经过开庭审理后。判决于某承担赔偿责任，判决长春某卷烟厂承担连带赔偿责任。

本案评析：

从这起交通事故看，于某未经单位批准，擅自使用单位车辆，从事与职务无关的行为致孙某重度颅脑外伤人身损害，应当承担赔偿责任。而作为车辆的所有人长春某卷烟厂，疏于管理，理应当对孙某承担连带赔偿责任。但好在法庭主持下，双方当事人达成调解协议，使这起不该发生的交通事故的受害人得到赔偿。长春某卷烟厂由于管理上的不当，而承担连带赔偿责任的这一教训也为一些企业敲响警钟。

醉酒驾车发生事故致同乘身亡赔偿案

2007 年 8 月 20 日，北京某汽车公司的职工苏某聚其三个朋友在饭店饮酒后，苏某驾驶着一辆小客车由南向北行驶到北京北四环主路红领巾桥东北匝道处时，车左侧撞到了匝道北侧的护栏桥，后冲出护栏坠落桥下，造成苏某自己及车内包括严某在内的三名乘车人员全部死亡。8 月 29 日，交通支队作出事故认定：司机苏某系酒后驾驶及超速，（苏某血液中酒精含量 117. 2mg/100ml，且小客车瞬间时速高于 85 公里），苏某醉酒后驾车和超速行驶是发生事故的全部原因。

死者周某的父母将苏某的单位北京某汽车公司起诉到一审法院，认为苏某醉酒后超速行驶，应负事故全部责任，而作为苏某的雇主北京某汽车公司，应承担赔偿的责任。因此要求北京某汽车公司赔偿丧葬费、死亡赔偿金及生活费共计五十万余元。

庭审中，被告北京某汽车公司提出，事故发生在下班时间，苏某在事故发生时也并非执行公司职务，且周某及其他同乘人与公司无任何关系，苏某完全是在私人时间内和朋友聚会大量喝酒后发生的事故，因此事故应由苏某承担赔偿责任。此外，周某等三人作为乘车人，明知苏某饮酒仍然乘坐，也有部分过错。

一审法院判决后，北京某汽车公司公司不服，上诉到北京市二中院。

北京市二中院经审理后认为：1. 苏某酒后驾驶机动车，造成重大人身伤亡事故，应对事故负全部责任；2. 北京某汽车公司作为苏某的雇主及肇事车辆的所有者疏于对员工及车辆管理，与损害后果的发生有因果关系，该公司的行为与苏某的违章行为结合发生了人身伤亡的事故后果，两个行为构成共同侵权，故北京某汽车公司应对事故承担连带赔偿责任；3. 死者周某在明知苏某醉酒的情况下仍乘坐肇事车辆，其个人对事故发生存在重大过失，亦应承担部分责任。

据此北京市第二中级人民法院终审判决：驳北京某汽车公司上诉，维持一审法院作出北京某汽车公司赔偿周父母二十余万元死亡赔偿金及五百余元交通费的判决。

本案评析：

上述案例对如何确定交通事故损害赔偿诉讼主体和责任人作了明确的认定，在实践中，还根据车辆运营支配和运营利益的归属来确定交通事故赔偿责任的责任主体，具体应注意以下几方面的问题：

1. 法人或其他组织的司机在执行职务中发生交通事故的，应由司机所在的单位承担民事责任，并作为被告。但就由肇事车辆的所有者疏于对员工及车辆管理，与损害后果的发生有因果关系，构成共同侵权，也应对事故承担连带赔偿责任。

2. 所有人自己驾驶私车辆发生交通事故的，应由车辆所有人承担民事责任。

3. 私有车辆的所有人雇佣的司机开车肇事的，因雇主应承担转承责任，由雇主即车辆所有人承担民事责任。

4. 借用他人车辆发生交通事故的，民事责任应由借用人承担。

5. 承包、出租的车辆，承包人或承租人自己驾驶或其雇佣的人驾驶发生事故的，应由承包人或承租人作为被告承担民事责任。

6. 驾驶盗窃的机动车辆肇事的，造成受害人损失的，由肇事人作为被告承担损害赔偿责任，机动车辆的所有人不承担损害赔偿责任。

农民车祸身亡赔偿标准之诉

2006 年 10 月 17 日，家住浙江某市经济开发区刘家村的农民刘某酒后驾驶两轮摩托车沿某市金阳路由西向东行驶时，与停放在路上的大货车追尾相撞，刘某当场死亡。交警部门认定刘某负事故的主要责任；大货车驾驶员王某负次要责任。双方对该责任认定结果无异议，但对按照农村居民还是城镇居民的标准计算赔偿金产生争执。后刘某的近亲属向区人民法院提起诉讼，要求王某的雇主按照城镇居民标准赔偿损失十二余万元。王某的雇主则拒绝按照城镇居民标准赔偿损失，认为刘某系农村居民，应按照农村居民的标准计算死亡赔偿金。法院经过审理判决王某的雇主按城镇居民标准进行赔付，赔偿死者刘某的近亲属死亡赔偿金、精神损害抚慰金等各项损失近七万元（按照 30% 的赔偿比例）。

本案评析：

最高人民法院《关于审理人身损害赔偿案件适用法律若干问题的解释》针对农村居民和城镇居民分别确定了不同的赔偿标准，这是结合当前我国城乡差别的实际情况而制定的。但随着浙江省城镇化水平的提高，城乡差别逐步缩小，特别是现在山东省已经取消了户口性质的划分，而统一实行城乡户口统一登记管理，因此，从最大保护受害者利益的角度出发，在两种赔偿标准交叉存在的情况下，法院按照就高不就低的原则，即对农村居民按照城镇居民标准计算死亡赔偿金。最后，法院判决王某的雇主赔偿死者刘某的近亲属死亡赔偿金、精神损害抚慰金等各项损失近七万元（按照 30% 的赔偿比例）。

借用车辆发生交通事故赔偿案

2006 年 9 月 5 日 19 时许，原告白某在吉林市昌邑区 A 路段行走时，被被告王某驾驶的吉 B22445 号轿车撞伤，（该车属被告吉林市松花江贸易有限公司所有）后被送到吉林市第一人民医院治疗。后原告白某之伤经法医鉴定为九级伤残。原告向区人民法院提起诉讼，要求被告吉林市松花江贸易有限公司和被告王某承担原告医疗费、误工费、护理费、交通费、伤残赔偿金、精神损失费共计人民币十二余万元。

第一被告辩称：

对发生交通事故的事实和交通事故责任认定无异议，但王某驾驶的吉 B22445 号车是其向吉林市松花江贸易有限公借用的；吉林市松花江贸易有限公司所出借的该车机械性能完好；借用人即被告王某具有驾驶执照；松花江贸易有限公司出借该车后，并没有从中获得任何利益；松花江贸易有限公司在本案中没有任何过错。故不应承担赔偿责任。

第二被告辩称：

对发生交通事故的事实和交通事故责任认定无异议，吉 B22445 号车是我向松花江贸易有限公司借用的。原告要求的有些赔偿费用无法律依据和事实依据，不应该主张。

经人民法院审理判决：

一、由被告王某在判决生效后 10 日内赔偿给原告白某因交通事故受伤而应获得的医疗费、交通费、伤残赔偿、精神损失费和服装费共计 78000 元；

二、被告吉林市松花江贸易有限公司在此次交通事故中，不承担赔偿责任；

三、驳回原告白某的其他诉讼请求。

本案评析：

公民的生命、健康权是公民最重要、最基本的权利，受国家法律保护。本案中，2006 年 9 月 5 日 19 时发生的这起交通事故，被告王某驾驶其向松花江贸易有限公司借用的吉 B22445 号桑塔纳轿车从吉林市昌邑区 A 路段方向行驶到 B 路段时，与在横行道上行走的原告接触后冲上公路边的人行道上，造成车辆受损和原告受伤的交通事故的事实成立，原告合理的损失依法应该受到法律的保护。由于被告王某驾驶的车辆是向松花江贸易有限公司借用，松花江贸易有限公司在此次交通事故中既不是受益人，也不存在过错。故原告之伤应该由被告王某承担赔偿责任，对原告要求松花江贸易有限公司承担赔偿责任的请求，法院不予支持是符合法律相关规定的。

交通肇事逃逸案

2006 年 10 月 3 日晚 8 时许，被告人林某持伪造的驾驶证驾驶鲁C06869号解放牌货车在某市区外环路由东向西行驶，当行至市区与郊区宋庄村村口处，与农民韩某驾驶的三轮摩托车相撞，但造成伤亡和财产损失不大。撞车后，林某又驾车继续往西行驶，当行至郭庄村附近，其货车前部又与由东向西靠路边行驶的严某驾驶的人力三轮车后部相撞，造成严某及其父二人受伤。肇事后，林某立即下车将货车牌照取下拿走，然后弃车逃回家。晚 8 时 30 分左右，当地交警支队接到报案后赶到现场，将伤者送医院治疗，严某抢救无效死亡，经尸检系严重颅脑损伤死亡。严父受重伤。经市交警七大队认定，被告人林某负事故的全部责任。严父受重伤，构成七级伤残，其人力三轮车报废。

案发以后，林某被刑事拘留，于 2006 年 11 月某区人民检察院以林某犯交通肇事罪提起公诉，严父向区人民法院提起刑事附带民事诉讼，要求被告林某赔偿各项经济损失。区人民法院经公开审理后认为，被告人林某无视交通运输管理法规，伪造驾驶证，发生重大事故，造成一人死亡，一人重伤，其行为已构成交通肇事罪，且在肇事后弃车逃逸，应予严惩。公诉机关指控的罪名成立，予以支持。该院依照《中华人民共和国刑法》第一三三条、第六十一条、第三十六条第一款和《中华人民共和国民法通则》第一一九条的规定，作出刑事附带民事判决如下：

一、被告人林某犯交通肇事罪，判处有期徒刑 5 年；

二、被告人林某赔偿附带民事诉讼原告人死亡补偿金及伤残补助费 120000 元，三轮车款 650 元，共计人民币 120650 元。

宣判后，当事人均未提出上诉，人民检察院也未提出抗诉，判决已发生法律效力。

本案评析：

被告人林某对自己由于不遵守交通法规，对其造成的交通事故付出了巨大的代价。林某不担伪造驾驶证，而且在事故发生之后摘掉牌照逃逸。他的犯罪行为给附带民事诉讼原告人造成了人身伤害和经济损失。根据我国《刑法》第一三三条规定："违反交通运输管理法规，因而发生重大事故，致人重伤、死亡或者使公私财产遭受重大损失的，处三年以下有期徒刑或者拘役；交通运输肇事后逃逸或者有其他特别恶劣情节的，处三年以上七年以下有期徒刑；因逃逸致人死亡的，处七年以上有期徒刑。"由此可见，我国刑法对交通事故逃逸作了比较严格的规定。林某无视交通法规的后果使本人不但失去人身自由，而且还对给被害人造成的经济损失给予了赔偿，这应验了人们常说的一句话，一枪两眼吧。

交通紧急避险的损失赔偿之诉

司机小杨开着一辆小货车在公路上行驶，在一拐弯处，突然超车驶入了对面的车道。恰在此时，迎面驶来了一辆小型客车。眼看就要相撞，小型客车司机立即猛向右打方向盘避让小货车，结果导致小型客车侧翻，造成车辆受损，一名乘客重伤，一名乘客轻伤。

经过交警现场查勘，认定小型货车司机小杨对此事故承担全部责任。于是，小杨便向保险公司报了案，要求保险公司按照第三者责任险的有关条款赔偿这次车祸造成的 2 万元损失。保险公司接到报案后，审查了事故的全过程后，认为事故中两辆车并没有发生碰撞，第三者的损失不属直接损毁，因而向小杨提出拒赔。小杨不服，便向法院起诉，要求保险公司履行保险责任。

法院审理认为：小型客车司机在两车就要发生相撞的危险时刻，采取了紧急避险的措施，致使自己的车辆及人员遭受了重大损失，而这个损失完全是由于保险车辆的过错而造成的结果。根据《民法通则》的相关规定，这个损失应该由被保险人承担。而这个损失又属于被保险人投保的机动车辆第三者责任险范围。法院判决：保险公司按合同约定承担赔偿责任。

本案评析：

我国《保险法》第四十九条规定："责任保险是指以被保险人对第三者依法应负的赔偿责任为保险标的的保险。"机动车第三者责任险是责任保险的一种，其保险责任是：被保险人或他所允许的驾驶员在使用车辆过程中发生意外事故，致使第三者遭受人身伤亡或财产直接损失，依法应由被保险人承担的赔偿责任，保险人予以承担。

本案的焦点问题在于两车未碰撞、第三者的损失并不是由被保险人直接造成的，保险公司是不是赔偿。在我国《保险法》中虽然没有规定对于紧急避险行为所造成的损失保险人应不应该承担赔偿责任，但在我国《民法通则》中却作了明确的规定。《民法通则》第一二九条规定："紧急避险造成损害的，由引起险情的人承担民事责任。"这就很明确的规定，小客车翻车所造成的损失应由小杨承担。而小杨的这一赔偿责任是在使用保险车辆过程中发生的，他对这一责任投了保，所以，按《保险法》第四十九条的规定，应该由保险公司承担这次翻车事故所造成的2万元损失的赔偿责任。

交通事故伤残赔偿案

2007年6月10日上午，被告林某驾驶的黑A92066号小轿车，因忽视行人安全将原告许女士撞伤，经交警部门认定，被告林某应承担本次交通事故的全部责任，经司法鉴定，原告左腕、左膝伤残各十级。被告除支付原告的住院治疗费用外，对造成原告后期治疗费及其他损失45018.11元拒不赔偿。原告许女士无奈将被告诉之法院。

原告诉称：被告除支付原告的住院治疗费用外，赔偿原告后期治疗费及其他损失45018.11元。

被告辩称：本次事故中交警虽然划分了事故责任，但原告系乱摆摊点占道经营过程中受伤，应当负部分责任，同时认为原告出院后需要2个月陪护不真实，后续康复治疗费在司法鉴定后应当不存在，误工费用不能证明其工资和误工的真实情况，交通费用过高。

一审法院开庭审理后判决：

被告赔偿原告医疗费、误工费、护理费、交通费、住院伙食补助费、残疾赔偿金、衣服损失共计28970．49元；

驳回原告关于后期治疗费及其他损失的诉讼请求。

本案评析：

根据我国道路交通安全法和《最高人民法院关于审理人身损害赔偿案件适用法律若干问题的解释》规定的造成人身损害赔偿项目和标准计算，人身损害赔偿的项目主要有：医疗费；误工费；住院伙食补助费；护理费；残疾者生活补助费；残疾用具费；丧葬费；死亡补偿费；被抚养人生活费；交通费；住宿费等等。

本起交通事故责任划分明确，被告承担全部责任这是无可非议的。交通事故损害赔偿多处伤残的具体计算方式应该从以下几方面进行计算：

1．关于误工费的计算方式包括两部分，一是当事人在看病、住院期间不能上班造成的误工费，二是因处理交通事故善后事宜的误工费。误工费根据受害人的误工时间和收入状况确定。误工时间根据受害人接受治疗的医疗机构出具的证明确定。受害人因伤致残持续误工的，误工时间可以计算至定残日前一天。受害人有固定收入的，误工费按照实际减少的收入计算。受害人无固定收入的，按照其最近3年的平均收入计算；受害人不能举证证明其最近3年的平均收入状况的，可以参照受诉法院所在地相同或者相近行业上一年度职工的平均工资计算。

2．关于护理费的计算方式应根据护理人员的收入状况和护理人数、护理期限确定。护理人员有收入的，参照误工费的规定计算；护理人员没有收入或者雇佣护工的，参照当地护工从事同等级别护理的劳务报酬标准计算。护理人员原则上为一人，但医疗机构或者鉴定机构有明确意见的，可以参照确定护理人员人数。护理期限应计算至受害人恢复生活自理能力时止。受害人因残疾不能恢复生活自理能力的，可以根据其年龄、健康状况等因素确定合理的护理期限，但最长不超过20年。受害人定残后的护理，应当根据其护理依赖程度并结合配制残疾辅助器具的情况确定护理级别。

3. 关于交通费的计算方式应该是根据受害人及其必要的陪护人员因就医或者转院治疗实际发生的费用计算。交通费应当以正式票据为凭；有关凭据应当与就医地点、时间、人数、次数相符合。

4. 关于残疾赔偿金的计算方式。本案应依据鉴定书结论，根据《道路交通事故受伤人员伤残评定 GB18667-2002》附录 B2 中，关于对多等级的综合计算方法规定，原告的两个十级伤残的赔偿系数应该是 0.11（即当发生多个伤残时，赔偿系数取中级别最高的伤残系数为基数，本案中增加一个十级伤残赔偿系数即应增加 1%，但所有伤残系数累计不得超过 100%），所以本案原告的残疾金为计算的一年基数 ×20 年 ×0.11。

5. 关于继续治疗的费用问题，应该以继续治疗后实际发生的金额另行起诉。

上班途中遇交通事故的工伤赔偿之诉

张某是某市物资供应有限责任公司员工，2006 年 8 月 13 日早上，在上班的途中，张某所驾驶的汽车与迎面驶来的一辆货车相撞，张某受重伤。经该市劳动能力鉴定委员会鉴定，张某属于六级伤残；经该市劳动局认定：张某在上班时间被撞，属于工伤。

由于该物资供应有限责任公司已按时为张某缴纳了工伤保险费，因此张某要求物资供应有限责任公司为其报销所有的医疗费用，并按相关规定向其支付伤残补助金。张某的要求被物资供应有限责任拒绝。张某则认为物资供应有限责任公司拒绝无理，于是向该市劳动争议仲裁委员会申请仲裁。劳动争议仲裁委员会审理后也认为张某只能选择人身意外伤害保险或社会保险中的一种，不能同时主张两种保险的赔偿金。张某不服，向法院提起了诉讼。

庭审中原告张某诉称：劳动部门已认定我为工伤，我向物资供应有限责任公司要求报销医疗费，支付伤残补助金属于合法要求。恳请法庭给予支持。

被告物资供应有限责任公司辩称：张某早在事故发生前半年就以自己为被保险人向该市一家保险公司投了人身意外伤害保险，并且在事故发生后已经向该保险公司领取了保险赔偿金。同时存在以张某为被保险人的工伤保险和人身意外伤害保险，任何一种都可以对张某的损失给予补偿，因此两者张某只能选择其一；在其已经领取人身意外伤害保险赔偿金的前提下，其不应再享受社会保险待遇。法院经审理认为：本案物资供应有限责任公司为张某投的保险属于社会保险，张某自己投的人身意外伤害保险属于商业保险，两者并不矛盾，故判决物资供应有限责任公司应依法向张某支付医疗费用，并按相关规定向其支付伤残补助金。

本案评析：

社会保险和商业保险无论在保险对象，实施目的、基金来源、管理体制、保障水平、实施方式上都不相同，分别属于两个体系，具有不同的性质，不能互相取代。

根据我国相关法律规定：社会保险采取的是强制保险原则，即用人单位必须依法按时为劳动者缴纳社会保险费用。而商业保险是保险公司与投保人签订合同，由投保人自愿向保险公司支付保险费，保险人对于合同约定的事故所造成的财产损失承担赔偿保险金责任，或者当被保险人死亡、伤残、疾病或者达到合同约定的年龄、期限时承担给付保险金责任的一种商业性险种，是以盈利为目的的，不具有福利性质。商业保险采取的是自愿原则，投保人有权利选择是否购买。

本案中张某虽然已经获得了人身意外伤害保险的赔偿金，但他仍有权利按相关规定享受社会保险待遇。

无照驾驶他人车辆发生交通事故赔偿案

2005 年 6 月 6 日 11 时 30 分左右，肖某在河北廊坊市城区人民路无证驾驶微型客车由北向南行驶，因躲闪行人，操作不当导致车辆失控，将正路上行驶的吴某、李某撞伤，经鉴定，吴某经抢救无效，死亡，李某构成重伤。肇事司机肖某涉嫌交通肇事罪于 2005 年 6 月 10 日被刑事拘留，6 月 15 日被逮捕，7 月 2 日，人民检察院向区人民法院提起公诉，在诉讼过程中，受害人吴某之父及李某同时提起附带民事诉讼，要求肇事司机肖某和车主王成承担民事赔偿责任。

一审法院审理判决：肖某违反《道路交通安全法》，无证驾驶车辆发生交通事故，致一人死亡、一人重伤，情节严重，已构成交通肇事罪，车主王某明知肖某无驾驶证，仍将车子擅自借给肖某，对此后果应承担连带赔偿责任，遂判决无证司机肖某有期徒刑二年六个月，肇事司机肖某和王某在保险公司赔偿限额之外承担连带赔偿责任。

本案评析：

本案中肖某无驾驶证而驾驶微型客车，发生重大交通事故理应承担民事责任无疑，而肇事车主王某是否也应当承担相应的责任。

车主王某应当与肖某一起就该事故造成的损害承担连带赔偿责任。理由如下：

第一，车主王某承担损害赔偿责任以其出借机动车的过失行为造成的。这种过失是成为这一民事过错赔偿的要件。所谓过失，是行为人对自己的行为的后果应该预见却未预见，或者虽然预见却轻信损害后果不会发生。我们认为，车主王某在出借机动车时的过失行为，即在于王某出借机动车时本应该注意到可能影响行车安全导致交通事故发生主要因素，就是应该预见，但由于疏忽大意没有注意到或虽然注意到但轻信不会发生交通事故。

对于机动车是一种高速运输工具，其运行必然会给人们的生命和财产安全带来危险性。判决让出借人承担必要赔偿义务是合理的，这不仅是基于为借用人的安全考虑，也是整个社会安全和警示他人的需要。车主王某在出借机动车时确有过错，则应在交通管理部门确认的借用人承担责任范围内承担与其过错相当的赔偿责任。也就是说借用人不具备使用车辆的资格和能力，则应由机动车所有人与借用人连带承担赔偿责任。

第二，最高人民法院《关于审理人身损害赔偿案件适用法律若干问题的解释》第三条第二款规定："二人以上没有共同故意或者共同过失，但其分别实施的数个行为间接结合发生同一损害后果的，应当根据过失大小或者原因力比例各自承担相应的赔偿责任。"

本案中车主王某在明知肖某无证驾驶的情况下让其把车子开走，肖某驾车造成一人死亡、一人重伤的结果。这说明车主王某在主观方面存在过失，没有尽到相应的管理和注意义务，为被告驾车肇事提供了条件，导致本案交通事故的发生。因此，应当同肖某一起就该起事故造成的损失承担连带赔偿责任是正确的。

酒后驾车身亡家属状告同车酒友索赔案

2008年2月2日晚6点，张某请来在一起做生意的三个老乡刘某、肖某、林某一起到自家喝酒，到当晚11时张某要自己的司机驾驶一辆小客车送三位朋友回家。在客车行至A地B区一路口处，司机停车下车上便所，刘某立即坐到驾驶位，开车继续前行，在丁字路口至拐弯处，冲出路面，驶入路沟受伤，同车另二人受轻伤，刘某受重伤，经医院抢救无效于10天后死亡。经交管部门认定，刘某为酒醉驾车，应当承担全部责任。

在事故处理与调查中，刘某之妻徐女士认为，事故发生路段为丁字形路口，主要是由于路口没有丁字标记、没有设置安全桩、又没有安装路灯，这一系列的设施不完善，是导致刘某交通事故发生原因之一。

徐女士同时认为发生此起交通事故的另一个原因是张某几个人在一起喝酒造成的。张某几个人在一起吃饭喝酒，又不停地给刘某劝酒，在明知刘某已经醉酒的情况下，仍然让其开车，应当负有一定责任。

基于以上两个原因，徐女士把与该路段有关的三个部门，市供电局、市政管理委员会、市路政局以及张某、肖某、林某作为共同告上法庭，要求上述被告共同赔偿各类损失45万余元。精神抚慰金10万元。张某、肖某、林某对徐女士的诉讼请示予以否认，他们均提出与刘某是朋友和老乡关系，朋友之间喝酒是正常的，对于事故的出现，完全是刘某的个人行为。因此，刘某开车掉入沟内，刘某应负全部责任。刘某是完全民事行为能力人，擅自酒后驾车必须承担后果。张某的司机还证实，送刘某回家的途中，因为是自己上便所，刘某是酒后擅自开车的。

与张某、肖某、林某一起被告上法庭的三家单位也不同意赔偿刘某损失，认为事发路段不是自己的管理范围，没有维护义务。

法院于2008年5月12日公开宣判了此案：刘某醉酒后，擅自驾驶他人车辆，对因此产生的后果因当自担责任。据此法院判决驳回了刘某之妻徐女士诉讼请求。

本案评析：

《中华人民共和国道路交通安全法》第二十二条机动车驾驶人应当遵守道路交通安全法律、法规的规定，按照操作规范安全驾驶、文明驾驶。

饮酒、服用国家管制的精神药品或者麻醉药品，或者患有妨碍安全驾驶机动车的疾病，或者过度疲劳影响安全驾驶的，不得驾驶机动车。

任何人不得强迫、指使、纵容驾驶人违反道路交通安全法律、法规和机动车安全驾驶要求驾驶机动车。

从上述的道路交通安全法条文中，我们可以明确地看到《道路交通安全法》对饮酒驾车作出非常明确强制性的规定，那就是酒后严格禁止驾车。结合本案中的刘某是在醉酒后在借司机下车上便所之机，醉酒擅自驾车，并没有有强迫、指使、纵容其酒后驾驶车辆。在驾车过程中，不注意瞭望，在意志不清的情况下，未发现路边的路沟，直接驶入路边沟内，是造成此次交通事故直接原因。对因此引发的民事法律后果，刘某完全应当承担全部的责任；法院判决驳回了刘某之妻徐女士诉讼请求，是完全符合法律规定的。

打工女被撞身亡赔偿标准之诉

2007年2月16日14时许，在某县城张华驾驶肖春江所有的汽车从县城前往城郊，途经水上公园以南200米处时从右侧道路超车时，撞倒了在机动车道右侧边线行走的行人白女士，白女士送往医院抢救无效于次日死亡。此次肇事事故经交警部门认定，张华负主要责任，白女士负次要责任。死者的丈夫及8岁的女儿将肇事司机张华、车主肖春江、（肇事小车在安洋财产保险股份有限公司投保了机动车强制保险和不计免赔的第3者责任险20万元）安洋财产保险股份有限公司告上法庭，要求3被告按城镇居民死亡赔偿标准赔偿经济损失42万余元。

庭审当中被告安洋财产保险股份有限公司方代理人辩称：对原告的诉讼请求要求过高，赔偿42万元证据不充分。被告肇事司机张华、车主肖春江辩称：白女士生前为农业户口，既然是农民，就应按照“农村居民人均年收入”赔偿标准计算。法庭经过审理判决：被告安洋财产保险股份有限公司按80%赔偿死者白女士家属经济损失24万余元。

本案评析：

一审法院依照城镇居民死亡赔偿标准，对进城务工的白女士进行了赔偿，这一判决体现国家对农民工保护的具体体现。从庭审调查中我们看到了白女士虽系农村户口，但其自1992年就一直在县城居住和务工，已经有稳定的经济收入和固定居所。无论从在生活方式上还是个人支出等方面，与城镇居民已没有差异。白女士以务工收入在县城的生活与消费，完全符合城镇居民的消费特征，从生产和消费方式上已经等同城市居民。简单地以户口固定身份不公平的，应根据实际生活的区域来认定是城镇居民还是农村居民。如果按照农村居民标准给予赔偿，显然不能合理的补偿经济损失，有失公平、公正，其死亡赔偿金及小孩抚养费的计算均应参照其当地统计部门公布的年度城镇居民标准计算，才更符合社会妥当性和社会公平，死者白女士在事故中具有一定过错，由被告承担80%的赔偿责任是适宜的。因此，法院作出了以上的公平判决。

交警部门做出事故认定书的期限

案情简介：

许某，某公司职工，2004年11月10日20点，在北京北二环封闭机动车道行驶时，将翻越马路护栏并欲横穿马路的彭某（21岁，河北农民在北京某区市政公司打工）撞伤。彭某当晚被送到北京市急救中心，不到十日，医疗费近八万多元。该区交警11月10日进行事故现场勘验，酒精检测，并委托清华大学进行车辆车速鉴定，时隔近一个月，事故责任认定书迟迟不出。许某无力再垫付药费，自己不知到底要承担多大责任。

本案评析：

《公安部道路交通事故处理程序规定》第四十六条规定，公安机关交通管理部门对经过勘验、检查现场的交通事故应当自勘查现场之日起10日内制作交通事故认定书。交通肇事逃逸的，在查获交通肇事逃逸人和车辆后10日内制作交通事故认定书。对需要进行检验、鉴定的，应当在检验、鉴定或者重新检验、鉴定结果确定后5日内制作交通事故认定书。上述规定可以看出交警做出事故认定是有时限的，除非有法定理由经上级公安部门批准可以延长。

本案许某遇到的情况在交通事故处理的实践中时有发生，通常有如下几种原因：一是事故重大复杂，需要做检验、鉴定、询问、调查等；二是事故认定交警已经做出，但秘而不宣，其目的是如果责任认定一旦宣布不利于肇事司机对受害人垫赔，此举稳定受害家人情绪，缓解社会矛盾；三是有些交警怕一宣布案子就“飞”了，因为按新交法调解必须事故双方当事人自愿申请，交警调解不是事故赔偿的必经程序，某些办案人员依旧法习惯首先主持赔偿调解后认定责任；四是有些公安交通管理部门警力不足压案现象严重，忙不过来；五是有些案件办案交警争议较大，向上级事故处理部门或法制部门请示备案需要一个过程。在律师办案过程中经常遇到事故认定迟迟不出但送达到手时认定日期却是在法定的时限内，这说明要么迟延宣布，要么倒签日期。不管怎样，先调解后认定、迟延宣布事故认定都构成程序违法，程序违法可能会导致实体错误，也就是事故认定的错误。

遇到这种情况怎么办？多与事故处理交警联系，问明迟迟不做出的原因，如其不能自圆其说的，也可以向其上级事故处理部门、信访部门、法制办、公安督查部门反映。现实生活中肇事司机在交警面前总感觉犯了错误，低人一等，不敢力争，结果不能最大化地行使法律赋予自己的权利。

交通事故“私了”的原则

案情简介：

刘先生前不久驾驶汽车与一辆出租车追了尾，出租车“破了相”，自己车的前杠也变了形。刘先生心想找交警怕麻烦，自己又有保险公司赔，就赔了对方1500元，自己把车开到维修站修理。结果维修站一查，水箱都坏了，全修好要花2000多元，他理直气壮地通知了保险公司。保险公司称要有交警出具的《交通事故认定书》才能理赔。刘先生赶到事故大队，要求开具《交通事故认定书》时，交警却说：“按照规定，事故另一方也必须到事故大队接受调查，我们才能为你出具认定书。”刘先生傻了眼，“我到哪里去找那个出租车司机啊？”像刘先生遇上的这种情况，在各地都比较普遍。道路交通事故现场快速处理方便了事故双方，也有效地缓解了因交通事故造成的交通堵塞。但是，部分驾驶员由于对“事故快速处理”程序及规定不了解，以为只要由责任方掏钱“私了”就完了，连交警都不通知到现场，结果在理赔时跑了很多冤枉路。

本案评析：

交通事故“私了”也叫快速处理，从2005年6月1日开始，北京地区《关于快速处理交通事故的通告》（以下简称《通告》）已率先开始实施，规定33种情况当事人可以进行私了，但是酒后驾车、无证驾驶以及单方发生交通事故等，当事人不能自行协商解决。

根据规定发生符合“私了”规定的33种交通事故后，事故驾驶员应主动出示驾驶证，对事故事实无争议的，填写《当事人自行解决交通事故协议书》（以下简称《协议书》），各执一份，并按规定将事故车辆移至不妨碍交通的地点，开启危险报警闪光灯，设置警告标志，夜间还须开启示宽灯和尾灯，协商赔偿事宜。

根据北京地区《通告》规定，事故当事人所驾车辆属在北京市保险公司投保第三者责任保险的，各方持《协议书》，驾驶事故车共同到肇事人的保险公司办理索赔手续。保险公司按规定赔付后，免赔金额由肇事赔偿义务人承担。如果肇事赔偿义务人所驾车辆未在北京保险公司投保第三者责任险，或者虽已投保但自愿放弃到保险公司索赔，当场达成赔款或者修车协议的，应当在《协议书》中写明赔偿金额、给付日期或者车辆修复日期，并由各方当事人签字。赔偿权利人收到赔款或者车辆修复后，应当在各方当事人所持的《协议书》中签字。

当事人达成赔偿协议后，赔偿义务人拒不履行的，或者对事故事实无争议，但对赔偿数额达不成协议的，赔偿权利人可持《协议书》到交通事故发生地或赔偿义务人住所地人民法院提起民事诉讼。

通常，交通事故"私了"后又到法院解决的主要有三种情况：一是当事人对事故事实无争议，仅就损害赔偿达不成协议；二是达成协议后一方反悔；三是迟迟不履行协议。

笔者建议交通事故当事人，如果是受损车后果轻微的交通事故，赔偿义务人最好积极到保险公司理赔，或自己一次性赔偿，早赔晚赔都免不了。但是，赔偿必须合理合法，在"私了"的交通事故中，由于事故现场双方签订的"当事人自行解决交通事故协议书"中，并没有记载详细的车损情况，一些车辆被撞的司机借机在修车时玩"猫腻"，明明被撞了保险杠却借机把其他已损部位也稍带修一下，无形中加大了赔偿义务人的赔偿责任。

还有如果肇事车没有第三者险，保险公司就不会定损，这样就有可能由当地有资质的物价局价格认证部门来定损，修理厂修理。他们都是以营利为目的，定损时或修理时过程与环节也应多加关注。

一般来说，处理事故的方式有两种：一种是事故在道路上发生，未造成人身伤亡，当事人双方对事实及成因无争议，并决定"私了"，双方可以先可撤出事故现场，迅速恢复交通。由责任方通知保险公司进行定损，双方写明事故经过，并带上驾驶证、行驶证、保险公司定损单及其复印件，共同前往交警支队（大队）处理。交警部门对事故进行核实后，即可通知保险公司进行赔付。而另一种是当事人对交通事故事实及成因有争议，需要交警协调解决的，双方要做的是迅速报警，交警进行现场勘查后，当场做出事故认定，撤出事故现场，恢复交通。由责任方通知保险公司做出车辆损失鉴定，然后事故双方共同前往交警部门，提供驾驶证、行驶证、定损单的原件及其复印件，写出事故经过。然后由责任方赔偿损失，无责方将事故维修费用发票交给责任方，在交警部门对责任方造成事故的违法事实做出处罚后，交警部门会对责任方出具有效凭证，责任方依据该凭证找保险公司理赔。现实生活中有些司机肇事后声称离开现场协商，结果一离开就翻脸不认。所以这里提醒大家，发生碰撞后，如果不会造成交通堵塞，最好保护现场并报警，有照相机的最好拍下事故现场后再离开。

另外，本来交通事故“私了”能够减少很多麻烦，但不要草率“私了”，否则徒增环节“劳民伤财”。律师提醒如下：

第一，肇事车辆自行撤出交通事故现场后，驾车逃离或隐瞒事故真相嫁祸于人的，应记清对方的车号、车型，及时拨打“122”报警电话，或到事故发生地的交通支队报案。

第二，“私了”的前提是当事人在现场就事故事实及责任达成一致，根据《通告》精神，有下列情形之一的，当事人应立即向公安机关报案，保护现场，等候处理，不能“私了”：

1. 对事故事实有争议的；
2. 造成人员伤亡的；
3. 车辆不能行驶的；
4. 一方驾驶员属酒后、无证驾驶、驾驶无号牌机动车辆的；
5. 碰撞固定物的单方交通事故；
6. 肇事人所驾车辆为外省市号牌，且不能当场赔付的。

第三，及时就基本事实及责任写成书面材料并签字，有条件的也可以用相机拍照，对事故的时间、地点、当事人姓名、驾驶证号、联系方式、机动车牌号、保险凭证号，交通事故发生的情形由当事人签字共同确认。

交通事故人身伤害伤残鉴定之诉

案情简介：

林某是承德在京打工的农民，2005 年 1 月 5 日因交通事故被马某驾车撞伤。为了早日解决交通事故的赔偿问题以回家过年，林某在治疗尚未终结的情况下就向公安交通管理部门申请伤残鉴定，结果被拒绝。于是林某擅自到河北某市法医鉴定中心做了伤残鉴定，伤残等级为 V 级，随即向法院起诉。马某对林某的伤残鉴定持怀疑态度，认为其伤残级别为 VI 级，马某遂咨询河北某市的法医鉴定中心的鉴定是否有效。

本案评析：

交通事故伤残指因道路交通事故损伤所致的人体残疾。包括：精神的、生理功能的和解剖结构的异常及其导致的生活、工作和社会活动能力不同程度丧失。根据道路交通事故受伤人员的伤残状况，将受伤人员伤残程度划分为 10 级，从第 1 级（100%）到第 10 级（10%），每级相差 10%。

办理交通事故人身伤残评定的程序一般如下：

1. 被评定人应携带加盖办案单位公章和办案人签字的伤残评定申请书；

2. 携带县级以上医院的诊断证明，检查结果以及损伤初期和治疗终结后的 CT、X 片及诊断报告；

3. 从治疗医院借阅复印有关手术病历和检查记录；

4. 对被抚养人的劳动能力进行评定时，还应携带评定人的身份证及户籍证明和有关政府部门的说明；

5. 评定时应以事故直接所致的损伤或确定的并发症治疗终结为准，对治疗尚未终结，因调解需要提供赔偿依据的，在申请书中说明；

6. 评定者需要亲自接受检查并缴纳规定的评定费用。

公安部《交通事故处理程序规定》第四十条：“当事人因交通事故致残

的，在治疗终结后，应当由具有资格的伤残鉴定机构评定伤残等级。具有资格的检验、鉴定、评估机构应当向省级人民政府公安交通管理部门备案，公安交通管理部门可以向当事人介绍符合条件的检验、鉴定、评估机构由当事人自行选择。”

由此看出伤残鉴定的时间是在治疗终结时，应有出院诊断证明，应向公安交通管理部门提出申请，由公安部门推荐鉴定机构供当事人自行选择。

本案林某委托河北某市法医鉴定中心鉴定存在以下问题：一是没有治疗终结，没有医院的出院及诊断证明；二是没有向公安交警部门申请，自己到河北某地法医鉴定中心鉴定，如果公安机关或马某对此结果无异议，则该鉴定结论有效，如有异议则可以申请由公安机关推荐的鉴定机构重新鉴定。

伤残鉴定确实是交通事故人身损害赔偿一个重要程序，准确地说是事故处理程序中一个很重要的环节，不同的伤残级别赔偿数额会差别很大，对赔偿权利人和义务人都很重要。如果觉得鉴定结果差异太大可申请重新鉴定。申请重新鉴定有两种方式：一是在法院诉讼中，鉴定结论作为证据，可以申请法院重新鉴定，二是当事人提起重新鉴定。

伤残评定是在客观检验的基础上，评价确定道路交通事故受伤人员伤残等级的过程。评定人指办案机关依法指派或聘请符合评定人条件，承担道路交通事故受伤人员伤残评定的人员。评定结论指评定人根据检验结果，按照伤残评定标准，运用专门知识进行分析所得出的综合性判断。评定书指评定人将检验结果、分析意见和评定结论制成的书面文书。治疗终结指临床医学一般原则所承认的临床效果稳定。

评定必须以人体伤后治疗效果为依据，认真分析残疾与事故、损伤之间的关系，实事求是地评定。评定时机以事故直接所致的损伤或确因损伤所致的并发症治疗终结为准。对治疗终结意见不一致时，可由办案机关组织有关专业人员进行鉴定，确定其是否治疗终结。作为评定人应当由具有法医学鉴定资格的人员担任。评定人要全面、细致、科学、客观地对道路交通事故受伤人员进行检验和记录，正确及时地做出评定结论，回答办案机关所提出的与评定有关的问题，保守案件秘密，严格遵守国家法律法规和有关回避原则的规定，妥善保管提交评定的物品和材料。

交通事故的当事人因伤致残的，在治疗终结、病情稳定后，可以向公安机关申请伤残评定。公安机关应当根据医院证明和公安部关于道路交通事故伤残评定的标准，在接到伤残评定申请书后评定伤残等级或者向当事人推荐鉴定机构由当事人自行选择。当事人对伤残评定不服的，可以在接到评定书后，申请重新评定，也可以在法院诉讼中由法院委托重新评定。

起诉索赔的金额之诉

案情简介：

2004 年 8 月 30 日，李某驾驶擅自拆卸防护栏的大货车从漳平市城区和平路交通岛往交通岛涵洞方向行驶，驶至涵洞路口，在超越与其相同方向行驶的由杨某驾驶的摩托车时，两车发行刮擦，造成杨某当场受伤、摩托车损坏的交通事故，漳平市某交警大队认定：李某负本起事故的全部责任。

杨某被送进医院经抢救脱离危险，住院 54 天后出院，共花费医疗费 9 万余元、护理费 8451 元、交通费 849 元、住院伙食补助费 3210 元、住宿费 960 元、营养费 1967 元。经手术治疗康复后仍留有一定后遗症（经鉴定为 7 级伤残）。双方经协商不成，于是杨某诉至人民法院，请求法院判令李某赔偿医疗费、护理费、营养费、住院伙食补助费、残疾赔偿金、交通费、住宿费、精神损害抚慰金等各项经济损失 57. 5437 万元，其中精神损害赔偿占 40 万元。

本案评析：

在司法实践中经常遇到一些交通事故的当事人在起诉时把赔偿金额要得很高，以为在法院诉讼中会讨价还价，这样就会获得高额的赔偿，其实这是一个误区。法院在确定赔偿数额时会考虑多方面的因素，其中最重要的就是证据，其次还有受害方受害情况和被告人的家庭经济状况，以及当地人们的生活水平等等。所以，赔偿的诉讼请求并不是像我们平常购物时讨价还价一样，要的高一些法院就会判得多一些，有时甚至会恰恰相反，毫无依据的漫天要价，会因导致诉讼成本无端增大，从而增加了诉讼风险，甚至可能导致赢了官司赔了钱的情况发生。在实践中影响诉讼成本的因素主要有以下几个方面：法院的诉讼费、聘请律师的费用、执行费、保全费等必要的费用支出。人民法院的诉讼费收费标准有的是根据案件数量收费（如财产总额不超过1万元离婚案件），有的是按照争议财产的金额收费的。一般情况下交通肇事赔偿案人民法院都是按照受害人要求的赔偿数额来收取诉讼费，因此受害人要求赔偿的数额越高要交纳的诉讼费也就越高，这样赔偿请求一旦得不到全部支持，受害方就要承担巨额的诉讼费用。

下列是人民法院的诉讼费的收费标准供读者参考：财产案件根据诉讼请求的金额或者价额，按照下列比例分段累计交纳：

1. 不超过1万元的，每件交纳50元；
2. 超过1万元至10万元的部分，按照2.5%交纳；
3. 超过10万元至20万元的部分，按照2%交纳；
4. 超过20万元至50万元的部分，按照1.5%交纳；
5. 超过50万元至100万元的部分，按照1%交纳；
6. 超过100万元至200万元的部分，按照0.9%交纳；
7. 超过200万元至500万元的部分，按照0.8%交纳；
8. 超过500万元至1000万元的部分，按照0.7%交纳。

如果当事人聘请律师的话还需支付一定的律师费用，现在的律师事务所的收费也多是按照双方的争议金额来收取的，各地的具体收费标准虽有所不同，但是随着当事人争议金额的增加其聘请律师需要支付的费用也必然会增加。因此，如果受害方“要价”过高，则其诉讼费、律师费必然会随之增加。

另外，在交通事故损害赔偿纠纷中，受害人是否应该提出精神损害赔偿以及提出多大数额的精神损害赔偿也是必须具体考虑的问题。首先要搞清楚是否能提出精神损害赔偿的请求，对此可以参考2001年《最高人民法院关于确定民事侵权精神损害赔偿责任若干问题的解释》的规定（见法律依据部分）。因为如果不符合提出精神损害赔偿的条件，受害方提出请求后肯定不会得到人民法院的支持，而人民法院仍会按照受害方要求的赔偿数额收取诉讼费，这样就增大了受害方的诉讼成本，受害方会白白的多交出一部分诉讼费，因很多律师事务所按诉讼标的收费，同样也可能多支付一部分本来可以省下的律师费。

如果符合提起精神损害赔偿的条件提出精神损害赔偿请求时，也要注意不要漫天要价，要根据多种因素来确定赔偿数额，这些因素包括：1. 侵权人的过错程度；2. 侵害的手段、场合、行为方式、造成后果等具体情节；3. 侵权人的获利情况及承担责任的能力；4. 当地的生活水平。只有全方位考虑，才能够既不多交不必要的诉讼费和律师费又能获得足额的赔偿，从而降低诉讼风险。

另外还要考虑医疗费、误工费、交通费等其他费用是否有单据、票证等证明，对各种费用是否有重复计算的情况。因为如果没有相应的证据能够证明被害人提出的以上费用合理的话，法院是不会给予支持的。例如：有些受害人提出高额的误工费，要求对方补偿，但是却不能够提供有效的纳税凭证证明其所要求的高额误工费的合理性，这样不但不能得到其所预期的赔偿数额，而且还会因为其提出的赔偿数额过高而多交一部分诉讼费。

当事人打官司还要考虑到对方的实际支付能力，以及自己为此而付出的时间成本等等多种因素，只有在全方位考虑多种因素的基础上提出的赔偿请求才会最符合实际，才会把诉讼风险降到最低，使自己实际获得的赔偿最大化。

本案中杨某在遭遇车祸后花费医疗费 9 万余元、护理费 8451 元、交通费 849 元、住院伙食补助费 3210 元、住宿费 960 元、营养费 1967 元，此外还有残疾赔偿金根据当时标准计算为 7.4 万余元，这些共计 175437 余元，是有证据支持的，因而应该获得足额的赔偿。但是对于受害方要求的 40 万元的精神损害赔偿，其显然没有对当地人民生活水平和对方的支付能力等因素给予足够的考虑，导致要求的数额过高，法院根据客观情况判决给予其 5 万元的精神损害赔偿。

打交通事故官司的证据

案情简介：

2003年7月16时20分许，孟某驾车沿某市共青团路由北向南行驶至兴村附近时，骑自行车的任某误入机动车道，被撞倒受伤，在医院治疗50天后出院。

经交警部门认定，任某对这起事故负全部责任。事后任某向法院提起诉讼，要求孟某支付医疗费、误工费、护理费、交通费、住宿费、住院伙食补助费和残疾赔偿金等共计155833.40元。

在法庭审理中任某提出司机孟某是酒后驾车对此次事故也应负一定的责任，而不应该由自己负全部责任，并出具了当时交警对孟某的酒精测试纪录。法院经过审查查明虽然受害人任某违反了交通规则存在过错，但司机孟某酒后驾车也违反了交通规则同样存在过错，因此没有采用交警部门事故认定书中关于任某负全部责任的责任认定，对于任某提出的残疾赔偿金赔偿请求，因为没有证据证明，不予支持，法院最后判决孟某赔偿任某医疗费、误工费、护理费、交通费等共计97877.50元。

本案评析：

在我国法官审理案件所遵循的一个基本原则就是“以事实为根据，以法律为准绳。”我国《民事诉讼法》第六十三条规定了民事证据的7种形式：书证；物证；视听资料；证人证言；当事人的陈述；鉴定结论；勘验笔录。在打交通官司中最常见的证据有以下几种：

1. 交通事故认定书。交通事故认定，是公安机关在查明交通事故原因后，根据当事人的违章行为与交通事故之间的因果关系，以及违章行为在交通事故中的作用，对当事人的交通事故责任加以认定的行为。根据公安部《道路交通事故处理程序规定》交通事故当事人的责任分为：全部责任、无责任、主要责任、次要责任、同等责任及责任无法认定6种。交通事故认定书在交通事故处理中位置至关重要，它影响到交通事故法律责任的承担，如：民事赔偿、行政处罚甚至刑事责任，因此交通事故认定书在交通官司中是非常重要的证据。

2. 伤残鉴定书。伤残鉴定是指符合评定人条件，承担道路交通事故受伤人员伤残评定的人员在客观检验的基础上，根据检验结果，按照伤残评定标准，运用专门知识进行分析所得出的综合性判断。中华人民共和国《道路交通事故受伤人员伤残评定标准》把伤残划分为10个等级，从10级伤残到1级伤残依次加重，1级伤残最为严重。伤残鉴定是民事赔偿的重要依据之一，尤其是在要求对方支付残疾赔偿金时，更是必不可少的证据。否则，将由于没有相应证据的支持而无法获得应有的赔偿。

3. 当事人支付医疗费、护理费、交通费等各种费用的票证和单据。这些费用的单证是要求赔偿义务人赔偿必不可少的证据，也是法院支持自己赔偿请求的依据，否则当事人如果没有相关证据支持而漫天要价，结果只会白白多交一部分诉讼费，是没有任何实际意义的。

4. 除了以上几种重要的证据外，诉讼中常见的证据还有车损物损证明，误工证明，受害人死亡的还要有死亡证明以及受害人被抚养人情况证明等一系列诉讼证据，只有把各种证据都搜集起来才能够最大限度地证明自己的主张，从而获得最大限度的赔偿。

本案中虽然交通事故认定书认定任某对这起事故负全部责任，但是值得注意的是公安交通管理部门的事故认定书只是民事诉讼证据的一种。在当事人共同申请的交警调解中该认定书是当然的依据；在法院的民事赔偿诉讼中，事故责任认定书仅是比较重要的证据之一，已经不再是法院审理案件的全部依据。法院根据当事人各方举证证明的事实，完全可能做出不同于责任认定书载明的责任分担比例的判决。也就是说法院对赔偿责任的划分，是基于举证质证的情况，根据相关法律的规定做出判决，而不仅是依据交通事故认定书。所以，本案中法院根据当事人任某出具的当时交警对孟某的酒精测试纪录证明司机孟某酒后驾车的事实，认为司机孟某也存在过错，没有采纳公安交通管理部门的事故认定书的责任认定是正确的。本案中任某提供的证据起了决定性的作用。另外根据2003年《中华人民共和国道路交通安全法》第七十六条第二款："机动车与非机动车驾驶人、行人之间发生交通事故的，由机动车一方承担责任。"的规定，机动车一方应当全额赔偿受害人的损失。由于任某在事故发生后没有及时申请做伤残鉴定，在法庭审理时无法提供证据来证明自己提出的伤残赔偿金的合理性，因此任某的伤残赔偿金请求没有得到法院的支持，只能就此项赔偿另案起诉。这也从侧面反映出证据在打官司中的重要作用，正所谓在法庭上没有证据就寸步难行！

证据对于肇事的一方来讲同样具有重要的意义，它涉及影响到肇事一方交通事故民事赔偿、行政处罚甚至刑事责任，因此交通事故发生后交通事故当事人要尽力保护现场的原始状态，包括其中的车辆、人员、牲畜和遗留的痕迹、散落物不随意挪动位置。当事人在交通警察到来之前可以用绳索等设置保护警戒线，防止无关人员、车辆等进入，避免现场遭受人为或自然条件的破坏。为抢救伤者，必须移动现场肇事车辆、伤者时，应在其原始位置做好标记等等，通过以上方法固定证据，可以为以后在诉讼或调解中实现自己的主张增加砝码。

在交通事故损害赔偿诉讼中，谁掌握有更多的支持自己诉讼请求的证据谁就是法庭上的强者，所谓"用事实说话"在法律上也就是"用证据说话"，因此当事人应该具备搜集证据的意识。常常有一些当事人为了图一时方便不去主动收集证据，结果导致诉讼中的巨大损失。例如本案中任某为了省去几百元的伤残鉴定费用，便没有去做伤残鉴定，结果导致本来可以获得的几万元的伤残赔偿由于没有证据支持而被法院驳回。

在诉讼中并不是所有证据都是不可推翻的，如在本案中在对方拥有交通事故认定书认定任某负完全责任的有力证据情况下，任某主动提出了对方酒后驾车的证据，推翻了交警部门认定书的责任认定，获得了赔偿。

司机与车主承担连带赔偿责任案

案情简介：

2005年1月23日凌晨6时25分，杨某雇请的驾驶员叶某驾驶出租车从龙马潭区驶往江城方向，当车行至沱一桥路段时，将正在从事清洁工作的罗某撞伤，叶某随后将罗某装上车，拉至沱二桥附近抛弃后驾车逃逸，罗某于当日上午9时30分左右被“120”急救中心送往医院住院治疗129天，产生医疗费用17577.2元。

公安交通管理部门对该事故做出的认定：叶某驾车忽视对路面情况观察，未能确保安全通行，且肇事后逃逸，违反了《中华人民共和国道路交通安全法》相关规定，负事故全部责任；罗某不负事故责任。

罗某出院后，向法院提起诉讼，要求被告酒城宾馆有限公司（车主杨某的车辆挂靠该公司）、被告叶某、被告杨某及第三人保险公司，共同赔偿其误工费、交通费、残疾赔偿金、被抚养人生活费等各项费用损失共计80412.22元。

案件审理中，法院根据当事人的申请，委托相关鉴定机构对原告罗某的伤情进行鉴定，结论为：原告罗某上肢、下肢均丧失部分功能，其伤残等级分别为九级、十级。审理中同时查明：被告酒城宾馆有限公司与第三人保险公司签订的保险合同中约定，保险车辆肇事逃逸保险人不负赔偿责任。原告罗某在诉讼中将要求赔偿的金额变更为81772.48元。

本案评析：

原告罗某受伤系因被告的过错所致，被告应当承担相应的赔偿责任，具体应由被告（车主）杨某承担还是由司机叶某承担？被告酒城宾馆有限公司作为挂靠单位从中受益应承担什么样的责任？依据我国相关法律法规分析如下：叶某系杨某之雇工，雇工在劳动过程中造成他人的伤害，雇主应承担赔偿责任，雇工有重大过失的雇主可以向其追偿。所以被告叶某在本案中不对罗某承担民事赔偿责任，但其刑事责任不可免除，如果罗某伤情达到重伤则叶某则可能涉嫌交通肇事犯罪。第三人保险公司因与被保险人即被告酒城宾馆有限公司，在保险合同中约定了保险车辆肇事逃逸保险人不负赔偿责任，故第三人保险公司不应当承担赔偿责任。被告酒城宾馆作为挂靠单位从车辆中受益，根据风险利益原则应承担相应的赔偿责任。

此案法院判决：1. 被告杨某在判决生效后10日内赔偿原告罗某医疗费、误工费、护理费、残疾赔偿金、后期医疗费和精神抚慰金等费用损失共计69402.8元，同时赔偿原告被抚养人生活费1327.2元。2. 被告酒城宾馆有限公司承担连带赔偿责任。3. 被告叶某和第三人保险公司对原告不承担赔偿责任。判决后，双方当事人均未上诉，判决已发生法律效力。

事故损害赔偿标准纠纷之诉

案情简介：

林某是北京一大型国有企业的技术人员，2005年10月10是其妻子小青的生日，他一下班便骑车带着早已订做好的生日蛋糕往家赶。其妻小青已经到了预产期请假在家，林某七十岁的母亲专程从老家赶来悉心照顾。

带着下班了的喜悦，眼看要到家了，这时适有孟某驾驶三菱越野车疾驰而来，人车相撞，造成林某重伤，后送进急救中心，因医治无效当晚死亡。孟某是车友会业余赛车手，认为自己驾驶技术娴熟，连北京哪个地方有电子眼全部记得清楚，所以在没有探头的地方常超速行车，这是他本年度第二次引发交通事故。

公安交通部门按普通程序处理了此事故，经过车速检测认定孟某事故发生时车速为80公里/小时，当时事发地段限速为60公里/小时，显然是超速行驶。并且孟某驶入非机动车道是发生此起事故的全部原因，因此认定孟某负事故全部责任。公安机关以涉嫌交通肇事罪对孟某采取了刑事拘留。

林某家人在责任认定、尸体检验结束后向单位提出了职工因工死亡的相关待遇，遭拒绝，理由是林某死于交通事故，应由肇事司机赔偿。

这时正好林某家人也接到法院刑庭电话，称孟某涉嫌交通肇事案现在检察机关已经提起公诉，受害人家属在法定期间内可以选择提起刑事附带民事诉讼，也就是林某家人可以提起刑事附带民事诉讼，也可以单独提起交通事故损害赔偿的民事诉讼。

什么是刑事附带民事诉讼？是指在追究孟某刑事责任（交通肇事罪）的同时要求其对受害人林某亲属承担相应的民事赔偿责任。

本案评析：

本案林某家人在律师的建议下选择了刑事附带民事诉讼。因为刑事责任对孟某来讲压力最大，孟某又有赔偿能力，所以选择这种方式有利于有效地尽快获得赔偿。于是代理人向法院递交刑事附带民事诉状，在前往法院途中突然接到小青从医院打来的电话，她分娩了一个女儿，这是她与林某的婚生子女，这就涉及孩子抚养费的问题。于是变更了诉讼请求，在诉讼请求中加了一项被抚养人的生活费。

整个赔偿项目包括：

1. 林某的死亡赔偿金 35 万元（林某系城镇户口），上年度城镇居民人均可支配收入 17500 元按 20 年计算。

2. 丧葬费：受诉法院地上年度 6 个月平均工资共 16000 元。

3. 被抚养人生活费：孩子，一年 12000 元算 18 年，因由夫妻其养再除以 2，即 108000 元。老母 70 岁以上按 5 年计算，60000 元。

4. 抢救费：凭票据为 36000 元。

5. 自行车、衣服、眼镜、蛋糕等共 2000 元。

以上共计 57 万元。

因是刑事附带民事诉讼所以没有提起精神损害赔偿的诉请。

开庭时，孟某委托了辩护人，辩护人对被害人家属提出的民事赔偿提出了异议，主要是孩子的抚养费。辩护人认为事故发生时孩子并未出生，被抚养人是林某死亡之时的被抚养人，而不是死亡之后的被抚养人，所以其孩子的抚养费不应由被告承担。

另林某之母不具备被抚养人的条件，作为被抚养人必须是一无劳动能力，二无其他生活来源，本案林某之母是退休干部，每月有近3000元的退休金，是不需要林某来抚养的。

被抚养人应包括受害人死后出生的子女。在损害赔偿中受害人可以就因侵权行为造成的直接损失要求致害人赔偿，也可以就其因侵权行为导致的现实可得利益的减少要求赔偿。本案林某之女因为被告孟某的肇事行为导致其丧失了其父将会为其提供的生活费用，丧失的利益是现实的、可得的，也就是说在正常情况下都可以得到。所以被告应赔偿被抚养人的生活费。

肇事司机转移财产躲避赔偿案

案情简介：

2005年国庆长假，北京的赵某驾车带同事孙某到郊区玩，归来途中发生车祸，赵某的车与路边大树相撞，造成坐副驾驶的孙某重伤，交警部门认定赵某承担本次事故全部责任。孙某在医院做了高位截肢手术，治疗终结后经法医鉴定伤残级别为1级伤残，赔偿系数为100%。

赵某垫付了孙某住院的近10万元医疗费后，知晓了伤残鉴定结果，经大约估算按照北京的赔偿标准残疾赔偿金35万元，护理费36万元，加上误工费、交通费、住院伙食补助费、后期康复费、器具费、被抚养人生活费等少说也得赔偿八九十万元。赵某一下懵了，自己工作也才两年，虽说年收入可观，这起事故加上前期治疗费近百万赔偿，他无论如何也无能为力。

按道理说，赵某应当积极筹款，积极赔偿，但他考虑到赔十万也是赔，赔百万也是赔，反正没钱了。于是他以低于市场价的价格将自己的车卖了，银行的存款全部取出存入老母亲名下，并办理了销户手续，贷款所购住房因与银行有按揭合同，变更手续复杂，就搁置起来。

孙某及家人认为赵某是公司同事，又是好友在赔偿问题上不会有分歧。但当孙某父母持相应票据找赵某核报时，赵某以无钱为由断然拒绝。

孙某及家人陷入困境。

为获得赔偿维护自身权益，孙某准备了起诉状、事故认定书、伤残评定书、病历及诊断证明等，向赵某所在地的人民法院提起了交通事故人身损害赔偿诉讼。

法院发传票传了赵某，赵某如期应诉，对孙某提供的所有证据都无异议，法院最后判决公民的生命健康权应受法律保护，赵某于判决生效后 7 日内支付孙某残疾赔偿金、护理费、器具费、康复费、住院伙食补助费、营养费、交通费、误工费、精神损害赔偿金等共计 85 万元。判决送达后赵某与孙某均未上诉。

胜诉的判决给孙某家人带来了一丝快乐，他们日夜企盼 15 天上诉期过后能顺利拿到巨额的赔偿款。

然而，15 天过去了，7 天又过去了。孙某父母主动找到赵某索赔时赵某以没钱这一理由拒绝了。孙某家人十分失望，在律师的建议下持生效判决到法院申请强制执行，并向法院提供了赵某的工作单位、住所、个人所有车辆的车牌号码。

法院向赵某送达了《执行通知书》，要求其按执行通知履行法律文书确定的义务。赵某先说回去筹钱，一拖再拖，结果在规定期限内仍未履行赔偿义务。执行法官在公安交通管理部门查封赵某的车辆时发现在两个月前此车辆已经过户给一个外地人。于是又到银行查找赵某存款，发现其工行、建行的银行卡上已无分文。之后法官又到赵某购房按揭的农业银行，银行称赵某名下的房屋已抵押，银行是抵押权人，抵押权是物权，从民法上讲物权优先于债权，即便使将赵某房屋拍卖，优先获偿的仍是银行。最后找到赵某工作的公司，公司说赵某在一个前已经辞职现去向不明。

最终法院执行了赵某卖车款 20 万元，其余从其工资中每月扣除 3000 元至还清为止。

本案评析：

本案孙某维权与索赔历程可谓艰难，其实本案中孙某应当事先申请诉讼保全。保全赵某车辆，申请法院查封其银行账号等，这样就不至于到后来如此被动。那么什么是财产保全呢？

财产保全是指为了及时地、有效地保护利害关系人或者当事人的合法权益，人民法院在诉讼前或者做出判决前，根据利害关系人、当事人申请或主动依职权采取的限制有关财产处分或转移的强制性措施，它又分为诉讼财产保全和诉前财产保全两种形态。财产保全应当具备以下条件：1. 必须是情况紧急，不采取财产保全将会使申请人的合法财产权益受到难以弥补的损害；2. 必须由利害关系人向财产所在地的人民法院提出申请，法院依职权主动采取财产保全措施；3. 申请人必须提供担保否则法院将驳回申请；4. 案件必须有给付内容，属给付之诉；5. 必须是由当事人一方的行为可能使判决难以执行的；6. 必须在诉讼过程中提出申请。法院在必要时也可以依职权裁定采取诉讼财产保全措施；7. 申请人提供担保。法院未责令提供担保的不在此限。

财产保全需依照什么样的程序呢？1. 申请。诉前财产保全，由利害关系人在起诉之前向受诉法院提出申请。人民法院接受申请并裁定保全的，申请人在 15 日以内不起诉的即解除财产保全。诉讼财产保全可以在起诉时申请也可以在起诉以后申请。2. 担保。人民法院可以责令申请人提供担保，申请人不提供担保的，驳回申请。3. 裁定。当事人申请诉前保全的，人民法院接受申请后须在 48 小时内，做出裁定，裁定一旦做出即发生法律效力，当事人不服不得上诉，可申请复议一次，复议期间不停止对裁定的执行。4. 解除。财产保全裁定的效力至生效法律文书执行时止，如果诉讼过程中需要解除保全措施的，法院应及时做出裁定解除保全；如财产保全的原因和条件发生变化，不需要保全的；被申请人提供相应担保的；诉前保全的申请人在 15 日内未提起诉讼的等。5. 赔偿。如果当事人申请财产保全有错误，被申请人因财产被保全而遭受损失的，申请人应当承担赔偿责任。

一般情况下，原告到法院打官司，其目的就是请求法院判定被告履行一定的义务，如支付欠款及利息、返还物品等。而打官司是需要时间的，从人民法院受理民事案件到做出生效判决需要经过一段时间，在这段时间内，被告可能会转移或隐匿相关资金或财物，或将其财产挥霍一空，从而使得生效判决难以执行或无法执行，判决书成为一张空头支票。这样原告官司即使胜诉，也是竹篮打水一场空，不仅起诉目的彻底落空，而且还白白花费了很多时间和精力。财产保全就是法律为了解决这一问题而制定的一种制度，它大大降低了判决在将来得不到执行的风险。

交通事故的精神损害赔偿之诉

案情简介：

2004 年 11 月 10 日，沈阳市中级人民法院对曲某诉张某的道路交通事故人身损害赔偿案做出终审判决，判决张某赔偿曲某医疗费、误工费、残疾人生活费等 13 项费用共计 2342353 元人民币，其中精神抚慰金 70 万元。对于原告提出的 100 万元的精神抚慰金，法院认为，因张某过错，致使曲某不仅失去了正常人的生活自理能力，更无法从事他喜欢的足球运动，结合张某的经济能力，判决 70 万元精神抚慰金是适当的。

2004 年 9 月，备受关注的北京奥拓车二环撞死行人案公开宣判。北京市宣武区人民法院判决肇事的奥拓车司机刘某赔偿死者曹某的家属各项损失费共计 15.69 万元，其中包括精神抚慰金 4 万元。法院认为，曹某的行为违反了道路交通安全法有关规定；刘某对于事故的发生也负有一定责任。根据曹某、刘某在交通事故中的过错，二人应承担事故的同等责任。

2002 年 9 月，南京市雨花台区法院受理的一起案件中，妻子在丈夫被撞致使性功能障碍（六级伤残）后，为维护自己的性权利，以第二原告身份将肇事者告上法庭，该院一审判决责任人除向其丈夫赔偿医疗费、残疾者生活补助费、残疾赔偿金等各项费用共计 109207 元外，还应当支付该妻子精神损害赔偿金 10000 元。

2001 年 6 月，深圳市龙岗区人民法院审理的一起交通事故索赔案，判决肇事方赔偿死者家属 28 万余元，其中有 10 万元是精神损害赔偿。法院认为，死者年仅 20 岁，作为家中的主要经济来源，其死亡给原告（其父母）带来了巨大的精神痛苦，原告诉请的精神损害赔偿金 10 万元，符合相应的法律规定，应予支持。肇事司机与车主单位承担连带清偿责任。

本案评析：

在道路交通事故人身损害赔偿案件中如何确定精神损害赔偿的数额，是一个十分复杂的问题，它需要平衡各方利益，体现法律的权威性和公正性。精神损害不同于财产损害，无法适用等价赔偿的原则来衡量，不是赔得越多越好，也不是越少越好。确定精神损害赔偿数额应在坚持一定原则的基础上，依照具体的案件情况，综合考虑各种相关因素，参照一定的标准使其赔偿数额适当合理。在此建议考虑以下参照标准：

1. 侵权人的过错程度及侵害的手段、场合、行为方式等

应考虑侵权人的侵权原因、主观动机、过错程度、侵权的具体情节，包括侵权的手段、行为方式、侵权的场合和次数、持续时间，致害人的认识态度以及对恢复受害人的权益的态度，侵权人的获利情况、经济状况及承受能力等各种因素。如肇事后逃逸，交通事故发生后二次碾轧等，都属侵权恶劣情节，精神赔偿数额应相对提高。

2. 侵权行为所造成的后果

应考虑侵权人的行为给受害人造成的损害是短期的，长期的，还是永久性的，是否给受害人的生活、工作、学习带来影响以及影响程度。影响较为严重的，其赔偿数额应相对较高。该损害还应结合受害人的受伤情况、伤残等级评定，等级越高，赔偿数额越高；反之，赔偿数额低。如交通事故造成受害人成为植物人、瘫痪人、孕妇胎儿死亡等严重精神损害的情况，应作为特殊情况考虑提出相对较高的赔偿数额。

3. 双方责任因素

在交通事故精神损害赔偿中，在推定机动车驾驶方过错的情况下，按照《民法通则》一二三条规定，如果证明被害人是故意的，可以免除驾驶方的责任；受害人对损害事实和损害后果的发生有过错的，可以根据其过错程度减轻和免除侵权人的精神损害赔偿责任。此外，交通事故责任认定书中认定的双方在该次事故中的责任划分，也是确定精神损害赔偿数额的考虑因素。

4. 侵权人承担责任的经济能力

应考虑侵权人的身份、社会地位、知名度、性别、年龄、职业情况、家

庭状况、经济能力等各种因素。同时考虑赔偿义务人为自然人或单位、法人，赔偿的支付能力和判决后实现执行的可能性等。

5. 受诉法院所在地平均生活水平

目前我国各地区经济发展水平差异较大，在贫困地区支付一定的精神损害赔偿金就可以弥补受害人的精神创伤，对加害人可起惩罚和教育作用；而在经济十分发达的地区必须支付数倍或十多倍的金额，才能起到上述的作用。因此，受诉法院所在地经济发展状况亦应作为因素予以考虑。

6. 最高赔偿限额因素

在审判实践中，法院在审理精神损害赔偿方面，因法律没有明确规定，主张赔偿数额不宜过高。因此在受诉地法院对精神损害赔偿有最高赔偿限额的情况，如无特殊情况，所提的赔偿数额不宜超过此限。而没有限额规定的地区，可以参照最高法院推出的案例所认定的交通事故损害伤情、伤害情节及所判精神赔偿金额为上限标准，自行比照，逐级递减，但一般不应低于1000 元。

7. 参照相关保险条款

在商品经济的条件下，如果机动车主购买了商业保险，保额和赔偿额是有赔付标准的。目前我国的各种机动车商业保险中也有“交通事故精神损害赔偿险条款”，在索赔时也可以此作为申请赔偿的参照标准。

精神损害赔偿是对人的利益更高意义上的保护和尊重。随着法制的不断完善，道路交通事故精神损害赔偿必将是人们越来越关注的问题，在依法治国进程的推进和法制不断健全、完善的过程中，相信道路交通事故精神损害赔偿有关法律问题也将得到不断完善和解决。

交通事故中残疾用具费赔偿案

案情简介：

2003 年 7 月 17 日 15 时 20 分左右，原告胡某乘坐由驾驶员张某驾驶的、被告朱某挂靠在被告某汽车公司的渝 B× ×771 货车发生交通事故。公安部门经交通事故责任认定张某负事故全部责任。胡某起诉要求二被告赔偿损失。一审判决后，被告某汽车公司对残疾用具（假肢）费不服提出上诉。该公司认为假肢更换周期不应按人均寿命主张，某医科大学无假肢鉴定资格，残疾人生活用具费不应与残疾生活补助费同时主张，最多考虑首次配置费用。

本案评析：

《道路交通安全法》第七十六条规定了损害赔偿的责任主体和损害赔偿的责任，但对损害赔偿的范围和计算方法却没有规定。而同时道路交通事故处理办法的一些规定已经不合时宜。在这种情况下，可以依据最高人民法院《关于审理人身损害赔偿案件适用法律若干问题的解释》对损害赔偿的范围和计算方法做出的规定。

《最高人民法院关于审理人身损害赔偿案件适用法律若干问题的解释》第十七条第二款规定，受害人因伤致残的，其因增加生活上需要所支出的必要费用以及因丧失劳动能力导致的收入损失，包括残疾赔偿金、残疾辅助器具费、被抚养人生活费，以及因康复护理、继续治疗实际发生的必要的康复费、护理费、后续治疗费，赔偿义务人也应当予以赔偿。

《最高人民法院关于审理人身损害赔偿案件适用法律若干问题的解释》已于2004年5月1日起施行。因此，该解释生效后起诉至法院的交通事故可以同时主张残疾辅助器具费（残疾用具费）与残疾赔偿金（残疾者生活补助费）。

保险公司拒赔案

案情简介：

案例一　2003年3月，李某驾驶保险车辆在高速公路上与一辆小客车相撞，造成两车损毁、李某重伤、小客车司机死亡的重大交通事故。交警部门认定小客车司机负事故全部责任。李某向保险公司索赔。保险公司要求李某先向第三方责任人（即小客车一方）索赔，或是凭法院受理通知书向保险公司提出书面赔偿请求。李某认为，发生属于保险责任范围内的事故，有权直接要求保险公司赔偿，小客车司机已死亡，很难获得赔偿。双方产生争议。

案例二　2002 年 4 月 14 日晚 12 时，车主王小姐驾驶投保了足额保险的私家车在岔路口被一辆闯红灯的大货车撞上，车辆严重毁损，王小姐当场昏迷，大货车司机肇事后逃逸。事故发生后，经车辆损失评估机构评估，认定该车车损为 67600 元。王小姐向保险公司索赔 67600 元。但保险公司以合同约定为由，只同意赔付 33800 元。

案例三　2001 年 5 月 14 日，林某在驾驶途中车辆坠入山崖，严重毁损。保险公司勘查后，认为地形险要，打捞困难，同意按推定全损处理，但要扣除报废车辆的残余价值 8000 元。林某认为，地势险要，全部毁损的车辆根本无法打捞，是保险公司的问题，8000 元扣得不合理。

案例四　2002 年 8 月，陈某向当地一保险公司足额投保了车损险和 10 万元的第三者责任险。10 月 28 日，该车在外地与一解放牌货车相撞，致使两车均有损毁。但保险公司与当地车辆损失鉴定部门定损金额有差异，双方产生争议。陈某向事故发生地人民法院起诉，保险公司以双方已经在保险合同里约定由被告所在地人民法院管辖为由提起管辖异议。

案例五　2002 年 10 月许某在驾车回公司途中，因方向盘失灵，将对面开来的一辆中巴车撞入路旁河中。为打捞车辆，抢救车内人员，许某花费了 9500 元。中巴车定损为 28000 元，因对车上受伤人员的赔偿双方达不成一致意见，受害人将许某告上了法院索赔 8 万元。为此，许某花费了诉讼费及律师费 6800 元。许某向保险公司要求理赔时，保险公司对责任限额内的 5 万元没有异议，但认为施救费用过高，且没有经过其同意，只同意赔付 1500 元。诉讼费及律师费按 5 万元的比例承担，其余部分不予赔付。

案例六　2004 年 2 月 8 日，周某在高架桥上行驶途中，突然撞向路边隔离栏，造成交通事故。事发后，周某立即向交警大队报案。3 天后经交管部门作出交通事故认定书，认定周某负全责。周某在拿到事故认定书后立即通知保险公司。但保险公司接到报案后，认为周某没有在合同约定的 48 小时内通知保险公司，现已无法确定损失及损失扩大部分，拒绝赔偿。

本案评析：

上述案例全部是交通事故当事人在交通事故发生后保险理赔时遭拒赔的情况，概括起来保险公司拒赔的理由包括以下几项：

1. 单方规定必须先向第三方索赔，强制被保险人提起诉讼。如某保险公司拟定的格式合同条款为："保险车辆发生保险责任范围内的损失应当由第三方负责赔偿的，被保险人应当向第三方索赔，如果第三方不予赔付，被保险人应提起诉讼或仲裁。"保险公司上述条款限制了被保险人直接从保险人获得保险赔偿的权利，同时，强制被保险人提起诉讼，违反了《民事诉讼法》的诉讼自愿原则，加重了被保险人的责任。根据《合同法》的规定，提供格式条款一方免除其责任、加重对方责任、排除对方主要权利的，该条款无效。

2. 任意设置免赔率，转嫁经营风险。如这样的条款："保险车辆因第三方造成损坏应当由第三方负责赔偿的，但确实无法找到第三方的，保险人予以赔偿，但在符合赔偿规定的金额范围内实行绝对免赔率50%。"上述条款不管被保险人是否有过错，一律实行绝对免赔率，实质上是将自身的经营风险转嫁给被保险人。根据《合同法》规定，该条款属于提供格式条款一方免除自身责任，排除对方主要权利，应属无效。

3. 残车折旧不当，加重被保险人责任。如"保险车辆因保险事故受损，应当尽量修复。不能修复的折价赔偿，残余部分协商作价归被保险人，并在赔款中扣除。"该条款笼统地规定保险车辆遭受损失后的残余部分归被保险人，并在赔款中扣除残余部分价值，实质上是强制规定将残车卖给被保险人。

4. 单方规定管辖法院，限制被保险人选择权。如下列保险条款："投保人和被保险人对本保险合同内容或理赔与保险人有争议不能协商解决时，可以在合同约定的下列方式中选择一种解决：一、提交被告所在地仲裁机构仲裁；二、依法向被告所在地人民法院提起诉讼。"根据《民事诉讼法》有关规定，合同当事人可以协商确定管辖法院，但保险公司在格式条款中，限定了被保险人的选择范围。

5. 降低施救等费用的法定最高限额标准。如下面这一保险条款："经保险人同意的，由被保险人支付第三者的抢救费、施救费、仲裁及诉讼费、律师费赔偿的总数额在保险单载明的责任限额以外另行计算，最高不超过责任限额的 30%。”保险公司的上述规定意味着不论被保险人支付的施救等费用是否必要合理，一律限定最高不超过责任限额的 30%，远远低于《保险法》规定的最高限额标准，实践中将会损害被保险人的合法权益。

6. 任意设置拒赔和合同解除条款。如下面这一条款：“保险车辆发生保险事故后，被保险人应当在公安交通管理部门对交通事故处理结案之日起 10 天内向保险人提交本条款第二十九条规定的或保险人要求能证明事故原因、性质、责任划分和损失确定等各种必要单证。投保人、被保险人不履行上述义务的，保险人有权部分赔偿或全部不予赔偿或解除保险合同且不退还未到期保险费。”根据这一规定只要被保险人未在保险人规定的报案、报损时间内履行相关义务，保险人就有权扣减赔款甚至拒绝赔偿或者解除合同，属于保险人自设条件，免除其自身责任、加重对方责任、排除对方主要权利的条款，根据《合同法》的规定，当属无效。

保险公司告知义务之诉

案情简介：

2003 年 4 月 28 日，某公司为其车辆向某保险公司投保，保险公司承保。双方约定保险期限自 2003 年 5 月 1 日至 2004 年 5 月 1 日，保险的险别为车辆损失险（全部损失）、第三者责任险、玻璃单独破碎险、车上责任险（车上人员）、车辆损失险（部分损失）、全车盗抢险、车上责任险（驾驶员）等。在一年的保险期限内，被保险的车辆未出险。2004 年 4 月 27 日，双方同意续保一年，约定的保险期限从 2004 年 5 月 1 日至 2005 年 5 月 1 日，保险险别与原保单相同。

2004 年 11 月 13 日，被保险的车辆出险，某公司为此遭受的损失共计 24 万余元。后某公司依据保险单多次向保险公司要求赔付，保险公司审核后仅同意赔付 9 万余元。双方差距较大，某公司遂以保险理赔纠纷为由诉至法院要求保险公司履行赔付义务。

本案评析：

本案争议的焦点主要是保险理赔的适用标准问题。从2004年5月1日起，关于道路交通安全的新的法律解释开始施行，包括《中华人民共和国道路交通安全法》、最高人民法院《关于审理人身损害赔偿案件适用法律若干问题的解释》等。同时《中华人民共和国道路交通事故处理办法》失效。对于投保了第三者责任险的肇事车辆的车主来说，适用的法律不同，保险公司赔付的标准也不同。如适用新的法律保险公司赔付的数额高，如适用旧的法律保险公司赔付的数额低。新法实施后，对于未到期的机动车第三者责任保险合同如何确定理赔依据的问题，最高人民法院曾以向保监会发函的形式做出答复：保险合同的当事人既可以继续履行2004年5月1日前签订的机动车第三者责任保险合同，也可以协商依法变更保险合同。

据此，保险公司的代理人认为：订立保险合同时，保险公司已将保险条款交付给投保人，并且明确向投保人说明了车辆出险后涉及第三者责任险的理赔依据是《中华人民共和国道路交通事故处理办法》，况且，新法实施后，双方又未协商变更保险合同，因此应当按照《中华人民共和国道路交通事故处理办法》即以较低的标准予以赔付，也就是说最高人民法院《关于审理人身损害赔偿案件适用法律若干问题的解释》虽然对人身损害赔偿的范围、项目、标准等有所提高，但并不必然增加保险公司的赔偿范围。保险公司如何赔偿、赔偿多少应严格按照保险合同的规定办理，即如果保险合同中已经对保险人如何赔偿及赔偿范围作出了明确的规定，当事人就应该严格地按照合同内容履行，不管有关法律法规是否有效。因为这是当事人对计算赔偿数额的选择，与有关法律法规是否有效无关。

而律师作为投保车主即被保险人的代理人则认为，2004年5月1日，双方形成的新的保险合同关系时，法律法规的适用已经发生改变，而保险公司仍依据原来的保险格式条款当中的规定主张按照已失效的法律作为理赔依据，对被保险人是显失公平的。另外，在法律法规已经发生改变的情况下，保险公司未向被保险人明确告知理赔标准的变化，违背了合同法中的诚实信用基本原则。在被保险的车辆发生车损给第三人造成人身财产损失的情况下，被保险车辆的车主是按照新法适用较高的标准向第三者赔付的，在向保险公司理赔时，保险公司要求适用旧法即较低的标准理赔不合情理，法院最终支持了被保险人的诉请，判决被告保险公司依法按新法理赔。

对于订立保险合同前保险人的明确说明义务，《中华人民共和国保险法》第十八条规定：“保险合同中规定有关于保险人责任免除条款的，保险人在订立保险合同时应当向投保人明确说明，未明确说明的，该条款不产生效力。”此外，最高人民法院也在一个批复中提到：“明确说明”是指保险人对于保险合同中的免责条款，除了在保险单上提示投保人注意外，还应当对有关免责条款的概念、内容及其法律后果等，以书面或口头形式向投保人作出解释，以使投保人明了该条款的真实含义和法律后果。从以上规定可以看出，法律关于保险人的如实告知义务及明确说明义务的范围仅限于保险合同中的免责条款，而非保险合同的所有条款。

保险人的明确说明义务符合《中华人民共和国合同法》的“诚实信用”“公平原则”等民法的基本原则。保险合同从本质上也是合同，《合同法》中关于订立合同当事人之间权利义务的一般法律规定同样适用于保险合同。但从另一个方面来说，由于保险合同的特殊性，鉴于保险公司作为非银行金融机构的垄断地位、双方在信息获取渠道不对等等原因，使得保险合同的双方当事人的地位存在事实上的不平等。在保险实务操作当中，保险代理人以虚假陈述、故意隐瞒合同主要条款等形式误导投保人的现象比比皆是。尤其是在财产保险当中，被保险人往往在出险后理赔遭拒时，才被告知保险合同中的有关减轻或免除保险公司责任的有关条款，而类似的保险条款通常是保险公司事先单方拟定的格式条款，未与投保人事前协商。合同条款内容中的理赔的依据、保险理赔的专业术语等也非一般的自然人能完全理解的。因此，就造成了保险合同双方当事人在订立合同时法律地位的不平等、信息占有的不平等。被保险人作为合同的一方明显处于弱势地位，他只能选择在哪一家保险公司投保，对于具体的保险条款却没有权利讨价还价。

另一方面，对于保险公司如实告知的范围，保险法只规定了保险合同的免责条款，而非保险合同的全部条款。而实际上，保险合同条款一般是由各保险公司事先单方拟定。故在实践中，如保险合同的双方当事人对保险合同所使用的语言文字的含义有不同的理解或认识，或者随着社会观念的发展，保险合同所使用的语言文字的含义不清楚而存在有两种以上的解释的情形时一般应遵循和适用对保险人“不利解释”的原则。

所谓的“不利解释”是指在保险人和被保险人对保险合同的内容有争议时，应当对保险合同所用文字或者条款作有利于被保险人而不利于保险人的解释。对保险合同作不利于保险人的解释，原因在于目前的保险合同已基本实现格式化。格式保险合同由保险人事先拟定，极少反应投保人、被保险人或受益人的意志，投保人在订立保险合同时，一般只能被动接受或者不接受该保险人事先拟就的格式条款。甚至有的保险公司的保险业务人员在办理保险业务时，并不向被保险人交付保险条款，或故意对保险条款作误导宣传、虚假陈述，使得投保人对于原本就晦涩难懂的合同条文更加不知所云。其次，由于保险条款合同术语的专业化，保险合同所引述的语言非普通老百姓所能完全理解，这在客观上使得投保人的弱势地位更加突出。为了保护被保险人或受益人的利益，各国在长期的保险实务中总结出了“不利解释原则”，以使被保险人或受益人得到救济。我国的《保险法》第三十条也规定：“对于保险合同的条款，保险人与投保人、被保险人或受益人有争议时，人民法院或仲裁机关应当做出有利于被保险人和受益人的解释。”由此可见，不利解释原则同时也是合同法中公平原则的具体体现。

可以看出：保险公司的如实告知及明确说明义务是有着深刻的法理基础的。但我国的《保险法》将上述履行义务的范围仅限于保险合同的“免责条款”，我们认为这种限制性的规定不利于全面的保护被保险人的合法权益。建议在《保险法》的修改中，将上述的明确告知范围扩大至保险合同（保险条款）的全部内容。其中，对于相关的保险专用术语、保险理赔的依据、法律适用等条款尤其应当做出通俗易懂的说明和解释。而上述说明义务在保险合同订立之时，保险人应当明确告知被保险人或受益人，否则将导致“不利解释”原则的适用。由此所引发的争议，也应当按照“有利于被保险人”这一保险法的基本原理来处理。

交通事故保险理赔案

案情简介：

周某驾车与另一货车发生交通事故，肇事货车事后逃逸，交警随后赶到现场，认定肇事货车司机负主要责任，但是同时认为周某本人在此案中注意力不集中，存有疏忽大意的情节，负一定的责任，需要赔偿受害人一定的损失。事故处理结束后，周某带上相关资料到保险公司申请理赔，但保险公司认为单凭交警出具的情况证明不能进行理赔。周某随即来到交警部门，希望能够提供更多的资料，而交警部门认为所提供的资料可以理赔，若保险公司认为材料不全，可以去交警部门调查情况，但保险公司一直没有前往交警大队调查，致使周某至今还没有得到任何理赔。对此，周某认为保险公司是故意刁难客户拒绝理赔。

本案评析：

类似周某这种情况在交通事故保险理赔中经常发生，由于保险人与被保险人对交通事故损害赔偿理解存在分歧导致理赔延误。有的被保险人之所以迟迟不能办理理赔，是因为没有按照保险公司的要求提供相应的保险资料。本案周某仅仅提供了交警部门出险证明、责任认定书、医疗费用收据这几项资料。而依据保险条款规定，还需要治疗医院出具的住院、出院证明，伤残的还需要有伤残鉴定书等其他必要的证明或费用收据原件。

《保险法》第二十二条规定：“保险事故发生后，依照保险合同请求，保险人赔偿或者给付保险金时，投保人、被保险人或者受益人应当向保险人提供其所能提供的与确认保险事故的性质、原因、损失程度等有关的证明或资料。保险人依照保险合同的约定，认为有关的证明和资料不完整的，应当通知投保人、被保险人或者受益人补充提供有关的证明和资料。”

所以事故当事人申请理赔必须有相关的证明或者资料。从周某的事件中不难看出，由于当事人没有针对事故本身提供相应的符合理赔的资料，从而延误了自己的理赔。而且，保险事故性质不同，保险公司在理赔资料方面的要求也不同。没有人员伤亡的交通事故申请理赔，只需提供出险通知书（盖章或签字），出险证明（交通管理部门盖章），修车发票原始件，修理、更换部件清单和其他必要的证明或费用收据原件；而存在人员伤亡的交通事故当事人申请理赔除提供上列文件外，还需要伤者诊断证明（县级以上医院），残鉴定证明，死亡者死亡证明，抢救、治疗费收据，事故责任认定书，事故调解书等其他必要的证明。

因此，被保险人在申请理赔时，首先应该判断属于何种事故性质，再按照相关的要求递交理赔材料。其次，车主或被保险人，应在车辆修复或事故结案后尽快到保险公司将以上索赔单证交予保险公司理赔人员，否则，保险公司将不负责赔偿。向保险公司提供的索赔单证、项目、印章必须齐全，书写规范，数额计算必须准确，内容必须真实、合法、有效。若手续齐备后，保险公司应在 10 天内一次结案赔偿。领取赔偿款时，有的还要求携带私章、车主或领款人身份证等有效证件。

交通事故致人死亡逃逸案

案情简介：

2004 年 6 月 10 日 23 时许，西安市某区居民何某在酒后驾驶一辆大货车上路，行驶到一路口附近时，其所驾车辆前部将骑自行车正常行驶的于某撞倒并碾轧，造成于某当场死亡。正好路过此地的曾某看到了事故的全过程。何某本欲逃逸，见状只好下车与曾某商量，让他不要告诉别人，更不能举报，何某将给曾某一笔不少于 1 万元的“掩口费”，在互留了联系方式后，何某驾车逃逸。曾某不但没有向公安交通部门举报，反而以威胁告发的手段先后 3 次从何某处敲诈勒索财物共计 1.5 万元。几天后，曾某在事故地点发现了被害人于某亲属发布的悬赏寻找事故目击者的广告，悬赏金额 3 万元，曾某看到后，十分激动，为得到这笔赏金，又向公安机关报了案。

法院根据案情，对何某肇事逃逸案和曾某敲诈勒索案作出判决。司机何某酒后驾驶，造成1人死亡的重大交通事故，犯交通肇事罪，肇事后逃逸，属于加重情节，判处有期徒刑5年，并赔偿附带民事诉讼原告人经济损失（交通费、鉴定费、误工费、丧葬费、死亡赔偿金）共计人民币20.42万元；目击者曾某犯敲诈勒索罪，判处有期徒刑10个月，退还何某1.5万元。

本案评析：

《道路交通安全法》第七十一条规定："车辆发生交通事故后逃逸的，事故现场目击人员和其他知情人员应当向公安机关交通管理部门或者交通警察举报。举报属实的，公安机关交通管理部门应当给予奖励。"可见，车辆发生交通事故后，当事人没有报案反而逃逸的，现场目击证人和其他知情人有举报的义务。但是要注意：一、法律并没有规定目击证人和其他知情人未举报的，是否因违反义务要受到处罚，所以对未举报者不可加以法律制裁，最多只能是予以道德谴责；二、举报后，一旦查证属实，公安交通机关应当给予举报者奖励。举报者作为案件的目击证人或其他知情人员（如肇事者曾亲口告诉他该案件），他的举报对有关机关查清案件事实，发现事故肇事者具有至关重要的作用，但目击证人、其他知情者可能会因为事不关己，或怕得罪人，甚至如本案曾某想敲诈肇事者而不愿意报案。法律规定应对查证属实的举报者进行奖励，就是为了鼓励举报。现实中曾有公安机关交通管理部门没有对查证属实的举报者给予奖励，这是错误的，既影响了公安机关的形象，又打击了人民群众的积极性，因此举报者可以提起行政诉讼，要求公安机关交通管理部门履行法律规定的职责。相反，知情者不仅未举报反而敲诈勒索肇事者，应受到法律制裁。

交通事故简易程序处理

案情简介：

司机小马经常从距市区25公里的生猪饲养场开货车拉活猪送往市郊的一

个屠宰场。2004 年 8 月的一天，小马又拉了满满一车活猪赶往屠宰场。在途中经过一个十字路口时，小马看到自己这方是绿灯，就一踩油门准备通过，没想到在距路口不到 3 米远的地方，他突然发现一辆面包车从右首的马路上左转过来，由于马路上有绿色隔离带挡住了视线，小马在看到这辆面包车时两车相距只有 5 米左右，小马虽然拼命地踩刹车，但还是与面包车撞上了，面包车车头撞在货车的保险杠上，面包车前机箱盖撞坏，车玻璃撞碎，货车的保险杠撞坏。面包车司机对自己闯红灯的行为表示道歉，声称有些急事需要赶路，本来以为对面没车，谁知临拐弯时，才发现了小马的车，并愿意赔偿小马修车的费用，双方留下姓名和电话等联系方式后各自继续赶路。小马到屠宰场后，与工人一起卸货时发现，由于急刹车有几头猪受伤，受伤的猪又受到其他猪的践踏，有一头已经死了，屠宰场对这几头猪要求降价收购，无奈小马只好答应，又损失了两千多元。小马回来后就与面包车司机联系，让他赔偿修保险杠和贱卖猪的损失。面包车司机声称当时小马没提出猪的损失，现在才提出，肯定有诈，拒绝赔偿，无奈小马只好于第二天到交警队报案。

交警队接到报案后，查看了双方车辆的受损情况，采用简易程序当场出具了《交通事故认定书》。面包车闯红灯，造成小马的货车保险杠和部分生猪受损，对事故的发生负全部责任。二人在接到事故认定书后，又请交警就赔偿事宜进行调解，交警提出赔偿修理保险杠费用 1000 元和生猪贱卖损失 1800 元共 2800 元的赔偿标准，面包车司机表示接受，交警于是在事故认定书上记录了调解结果，双方当事人签字。

本案评析：

我国《道路交通安全法》第七十条第二款和第三款对可以由当事人自行协商解决交通纠纷的情况予以了规定。该条第二款规定：“在道路上发生交通事故，未造成人身伤亡，当事人对事实及成因无争议的，可以即行撤离现场，恢复交通，自行协商处理损害赔偿事宜；不即行撤离现场的，应当迅速报告执勤的交通警察或者公安机关交通管理部门。”第三款规定：“道路上发生交通事故，仅造成轻微财产损失，并且基本事实清楚的，当事人应当先撤离现场再进行协商处理。”可见当事人可自行协商解决的交通事故纠纷指没有造成人身伤亡，仅造成财产损失，当事人双方对事实和成因无争议，并愿意自行协商处理的情况。

本案当事人双方在发生交通事故后，决定自行协商处理的，应当填写交通事故协议书，协议书应记录交通事故发生的时间、地点、天气、当事人姓名、机动车驾驶证号、联系方式、机动车牌号、保险凭证号、交通事故形态、碰撞部位、赔偿责任人等内容，双方没有制式协议书的，应当有类似的文字记录，共同签名后立即撤离现场，双方共同协商赔偿数额和赔偿方式。如果当事人已办理机动车第三者责任强制保险的，可以根据记录交通事故情况的协议书向保险公司索赔。当事人对损害赔偿事宜发生争议，自行协商不成的，可以报警，并向交通警察提供有当事人签名的交通事故文字记录材料，交通警察采取简易程序处理该事故。当事人共同请求调解的，交通警察应当当场进行调解，并在事故认定书上记录调解结果，由当事人签名，交付当事人。

非道路交通事故的处理

案情简介：

2004 年 9 月 7 日，村民莫某从本村人队会计办公室出来，骑自行车回家，还没有走出大队的院门，村干部刘某驾驶一辆摩托车从后面撞上莫某。在莫某家人将其送往医院急救期间，肇事摩托车被刘某派人弄走。办完住院手续后，莫某家人向交通管理部门报案。但对方听了肇事经过后说这事他们不管，理由是事故发生在村大队院里，不属交警管辖；事故现场已被破坏，到现场没有意义。后来莫某家人多次找到县交警大队报案，该大队于 9 月 24 日对当事人双方做了询问笔录，于 25 日作出了《不能确认道路交通事故责任通知书》，写明了摩托车与自行车相撞的事实，但认为责任无法查明，建议双方当事人向法院起诉解决赔偿问题。肇事者刘某虽然口头上承认自己是酒后驾车撞人，但拒不赔偿，莫某申请交警大队调解赔偿事宜，交警大队没有调解。于是莫某向法院起诉请求法院判决刘某赔偿莫某的医疗费和经济损失。

法院经审查认为：莫某在该村大队院内骑自行车向院外正常行驶，被告刘某骑摩托车从后面撞倒莫某，且刘某承认是酒后驾车撞人，事故的责任在刘某，莫某不负任何责任。判处刘某承担莫某的事故损失，医疗费、误工费、交通费、营养费等共计4500元。

本案评析：

根据《道路交通安全法》第七十七条的规定："车辆在道路以外通行时发生的交通事故，公安机关交通管理部门接到报案的，参照本法有关规定办理。"该法第一一九条规定："'道路'，是指公路、城市道路和虽在单位管辖范围但允许社会机动车通行的地方，包括广场、公共停车场等用于公众通行的场所。"根据最高人民法院、公安部《关于处理交通事故案件有关问题的通知》的规定，公路是指经公路主管部门验收认定的城市间、城乡间、乡间能行驶汽车的公共道路（包括国道、省道、县道和乡道）。

在现实生活中，在道路以外发生的交通事故，有其特殊性，取证、鉴定和处理都有一定的困难，某些交通管理部门可能嫌麻烦不愿受理。但是《道路交通安全法》明确规定，只要发生交通事故，无论发生地点是否在道路上都须按照本法有关规定处理，这样才能全面地解决由交通事故引发的纠纷。保护当事人的合法权益。

当事人不服交通事故认定书案

案情简介：

徐某驾驶一两轮摩托车在山东省枣庄市某区行驶，将由东向西横穿公路的王某撞倒，王某被送往医院，经抢救无效死亡。事故发生后，枣庄市公安局某分局交通警察大队进行了现场调查、勘验，并作出了交通事故认定，王某、徐某对本次交通事故负同等责任。王某之女谢某以公安机关交通事故认定事实不清、证据不足、适用法律法规错误为由向枣庄市某区人民法院提起行政诉讼，要求撤销交警部门的交通事故认定书，并对该次交通事故重新进行认定。

法院认为：被告枣庄市公安局某分局交通警察大队的交通事故认定书，对原告的权利、义务不产生实际影响，故裁定对原告许某的起诉不予受理。

本案评析：

根据《道路交通安全法》第七十三条规定："公安机关交通管理部门应当根据交通事故现场勘验、检查、调查情况和有关的检验、鉴定结论，及时制作交通事故认定书，作为处理交通事故的证据。交通事故认定书应当载明交通事故的基本事实、成因和当事人的责任，并送达当事人。"其目的是通过对上述材料的分析、判断，查明交通事故的基本事实、成因以及当事人的责任大小，为人民法院审理交通事故损害赔偿案件，确定当事人的民事责任提供依据。

当事人双方任何一方对公安机关作出的交通事故认定书所认定的结论不服的，无权向上级公安机关交警部门申请复议，因此也只能以对方当事人为被告直接向人民法院提起民事诉讼。根据最高人民法院、公安部法发（1992）39 号《关于处理道路交通事故案件有关问题的通知》第四条，当事人对做出的行政处罚提起行政诉讼或就损害赔偿问题提起民事诉讼的，以及人民法院审理交通肇事刑事案件时，人民法院经审查认为公安机关所作出的责任认定、伤残评定确属不妥，则不予采信，以人民法院认定的案件事实作为定案的依据，人民法院在审理中，发现公安机关作出的交通事故认定书确有不妥之处，应以法院认定的事实为依据做出判决。

交警调解未果，法院判决定案

案情简介：

2004 年 3 月的一天下午 2 点多，郝女士因接到父亲病危的消息后骑自行车匆匆赶去看父亲，谁知祸不单行，在公路上突然被一辆出租车撞倒在地。交通警察赶到现场，询问了双方事故发生的经过和郝女士的伤情，认为伤情不严重，可以适用简易程序处理，就当场出具了《责任认定书》，出租车负事故全部责任。经双方同意，交警就赔偿数额进行了调解，由出租车驾驶员赔偿郝女士410元。

一下午郝女士的腰部越来越痛，不得已只好离开父亲，到医院看急诊，原来郝女士已被撞成压缩性骨折，就此住院治疗，花去医疗费用共计7800余元。10月，郝女士委托其丈夫与出租车公司交涉，要求赔偿全部医疗费用，遭到拒绝。于是，郝女士向法院提起诉讼，要求出租车公司和司机赔偿医疗费用，并进行精神损害赔偿。

出租车公司到庭应诉，主张双方已在交警调解下就赔偿数额410元达成协议，调解协议是双方真实意思的表示，自愿合法，一次了结，不同意再追加赔偿费用。郝女士反驳，由于当天她的父亲病危，心情急迫，被撞后自己是硬撑着站起身来，并请求出租车司机让她先回家，再去就医，治疗后好确定赔偿费用，但遭拒绝，无奈之下，只好忍着疼痛，签下调解书。

出租车公司认为事故发生在下午2时许，郝女士到下午5时许才到医院就诊，在此期间，可能会有其他原因导致骨折，表示在事故发生至郝女士就诊这几个小时，端水擦地板都有可能造成骨折。

法院审理查明：调解书是双方自愿签署的，但事发当日郝女士父亲确系病危，当时其急于与司机了结纠纷，回家探视父亲病情，未能预见伤后病情发展的严重性，属于“重大误解”，出租车公司不能以调解书已了结纠纷作为不再赔偿的理由。郝女士3个小时后去医院就诊，情有可原，出租车公司也未能举证证明在此期间郝女士有其他原因导致骨折，应当认定郝女士骨折原因是被出租车撞击所致。郝女士受到无辜损害，在家养伤期间，父亲病故，被告一方应给予一定的精神抚慰金以抚慰原告。由此，法院一审判决出租车公司和驾驶员赔偿郝女士医疗费用7800余元和精神抚慰金2000元。

本案评析：

通常，民事侵权赔偿的解决途径不外乎3种：当事人自行和解、由第三方调解和由法院判决。交通事故的侵权解决途径也不例外。双方当事人依据《交通事故认定书》确定的责任，可以自行协商确定赔偿标准和数额，也可由第三方调解。而在交通事故的调解中，最合适的人选莫过于处理这起交通事故的交警部门了，他们了解案件事实、双方责任和相关法律、法规，对于赔偿标准、赔偿数额和赔偿方式都有比较清楚的认识，因此《道路交通安全法》第七十四条规定了这种调解方式。该条第一款对当事人双方无法协商解决赔偿问题的，提出了两条解决途径："对交通事故损害赔偿的争议，当事人可以请求公安机关交通管理部门调解，也可以直接向人民法院提起民事诉讼。"交通警察的调解是在双方同意的情况下进行的，并且不具有法律强制力，该条第二款规定："经公安机关交通管理部门调解，当事人未达成协议或者调解书生效后不履行的，当事人可以向人民法院提起民事诉讼。"即，双方在调解中仍然没有达成协议或是在达成协议后反悔，拒不执行协议内容的，该调解协议不具有强制执行的效力，当事人只能向人民法院提起民事诉讼。

但是根据《道路交通安全法实施条例》第九十六条和《交通事故处理程序规定》第十八条有几种情况公安机关交通管理部门不受理调解或终止调解。《道路交通安全法实施条例》第九十六条规定的情形为：（一）对交通事故损害赔偿的争议，当事人向人民法院提起民事诉讼的，公安机关交通管理部门不再受理调解申请；（二）公安机关交通管理部门调解期间，当事人向人民法院提起民事诉讼的，调解终止。《交通事故处理程序规定》第十八条规定的情形为：（一）当事人提供不出交通事故证据，因现场变动、证据灭失，交通警察无法查证交通事故事实的；（二）当事人对交通事故认定有异议的；（三）当事人拒绝在事故认定书上签名的；（四）当事人不同意由交通警察调解的。

提起民事诉讼的法律程序

案情简介：

某县农民信某于2004年5月24日19时，驾驶自家的二轮摩托车在301

国道上由东向西行驶，与迎面而来的某市一名叫马某的农民驾驶的载客面包车相撞，造成信某重伤，经医院抢救无效死亡。县交通警察大队民警经过现场勘查，于同年5月28日作出《道路交通事故认定书》，认定信某负此次事故全部责任，马某无责任。信某是独子，他的死对老年丧子的信某父母来说无疑是沉重地打击。面对信家的不幸遭遇，善良的当事人马某向信父提供了一个重要情况："在信某的摩托车与我开的车相撞之前，由于还有一辆农用四轮车超越中心双实线行驶，摩托车为躲避该违章车辆才出的车祸。我当时就追回了这辆车，并告诉了交警，车主是某市某乡的李某。"信某父亲了解到这个并未被交警在交通事故认定书上记录的情况后，决心一定要查出事情的真相，讨回公道。他在律师的帮助下，于2004年7月6日，向某县人民法院提起民事诉讼，被告为某市某乡的农民李某，要求他承担此次事故的全部责任。

法院经审理认为：本案中，被告李某所开农用四轮车在会车时越过道路中心双实线侵占了信某所驾驶的二轮摩托车的正常行驶路线，导致信某为避免碰撞不得不向一侧避让，是造成信某与马某驾驶的面包车相撞并死亡的原因。因此，县市两级交通警察大队作出的道路交通责任认定书认定被害人信某负全部责任，属事实不清，证据不充分，不予采信。被告李某对信某的死亡负有主要责任，应赔偿原告各种损失合计15.2万元。李某不服，上诉到某市中级人民法院。法院经审理，维持原判。

本案评析：

当事人向法院提起民事诉讼的原因可能有两种：一是交警部门对事故的成因和责任作出了交通事故认定书，当事人对认定书无异议，但是对损害赔偿有争议，经交警部门调解无效或未经调解，其中一方当事人以另一方当事人为被告向法院提起民事诉讼，请求确定损害赔偿问题；二是当事人向交警部门报案后，由于多种原因，交警部门无法查清事故的事实及成因，无法作出交通事故认定书，从而告知当事人双方向法院起诉解决纠纷。在第二种情况下，法院首先要查清案件事实和成因，确定双方当事人的责任，才能作出判决。

分期付款车辆肇事的责任主体

案情简介：

2004 年 3 月，刘某按照分期付款的方式买了一辆海南马自达小轿车，期限 3 年，3 年内将余款付清，刘某取得车辆所有权；在此之前，机动车销售中心保留车辆所有权。为此，车辆的行驶证和在车管部门登记的车主都是机动车销售中心。2005 年 1 月，刘某开车时与突然从岔路拐出的自行车相撞，发生交通事故，自行车骑车人付某两腿骨折，交警部门认定刘某因车速太快，与自行车骑车人负同等责任，须支付一半的治疗费用。刘某以自己并非车主为由，拒不执行。付某向法院起诉，请求刘某和机动车销售中心赔偿自己所受损失。

法院经审理认为，刘某虽不是机动车的登记所有人，但是事实上，车辆归他支配，机动车销售中心虽获得刘某不断支付的车款，但这是销售机动车的正常收入，不能算做机动车利益的归属者，真正的归属者应是刘某。刘某既是机动车的支配者，又是运行利益的归属者，故判决刘某承担付某所有损害赔偿费用的一半。

本案评析：

最高人民法院《关于购买人使用分期付款购买的车辆从事运输因交通事故造成他人财产损失保留车辆所有权的出卖方不应承担民事责任的批复》规定："采取分期付款方式购车，出卖方在购买方付清全部车款前保留车辆所有权的，购买方以自己名义与他人订立货物运输合同并使用该车运输时，因交通事故造成他人财产损失的，出卖方不承担民事责任。"

该批复对机动车的所有人不承担民事责任作了非常严格的限制。不过，根据该批复的原则，此规定除了适用于上述特定情形外，还可适用于以下情形：分期付款买卖中，出卖方在购买方付清全部车款前保留车辆所有权，购买方使用该车致他人人身、财产损害的，出卖方均不承担民事责任。当然，如果购买方为出卖方利益而使用该车并致人损害的，则另当别论。

尚未过户的车辆肇事责任

案情简介：

1998年，安徽省淮南矿务局某化工厂以2.6万元的价格将厂里一辆东风大货车卖给某县农民汤某某。由于该厂后来改制以及法定代表人频繁更换等原因，车辆一直未办理过户手续。7年后的2005年12月16日，汤某某驾驶该大货车从淮河的淮南市田家庵区段拉沙子，当车由北向南行驶到淮河大坝与学院路交会处时，与由南面驶来向右拐的无牌照三轮车侧面相撞，致两车受损，三轮车车主程某某右腿受伤。程某某被送往淮南市第一人民医院治疗，经诊断为：右小腿毁损伤，右腿裂伤。2006年1月5日，医院对程某某在硬膜外麻醉下行“右大腿中1/3截肢术”。后经鉴定，程某某为五级伤残。经淮南市公安局交警一大队交通事故认定书认定，汤某某负主要责任，程某某负次要责任。2006年4月程某某起诉要求汤某某、化工厂两被告赔偿30万元。

法院经审理查明：汤某某在从事交通运输中因违反《道路交通安全法》有关规定致原告程某某伤残，造成原告经济损失和精神损害，应予赔偿。由于汤某某负事故的主要责任，依法应赔偿原告各项损失的70%即9万余元。化工厂将车辆卖给汤某某后未办理车辆变更登记手续，系该车的法定车主，依法应与实际车主承担连带赔偿责任。

本案评析：

法律规定机动车的买卖应当办理相应登记，因为机动车作为一种有相当危险性的运输工具，必须要定期查验车辆的安全性能，和机动车第三者责任强制保险情况，同时对机动车的驾驶员要定期检验，看其是否仍然符合机动车驾驶员的条件，必要时需接受安全驾驶的教育，而准确、及时地确认机动车的当前所有人，是机动车管理机关对机动车进行安全管理的前提，如果机动车经转卖后未作登记，机动车的安全管理在一定程度上就处于失控状态，是具有危险性的。因此法律强制机动车的所有者在转卖车辆后，必须与买受人一同到车管部门办理所有权变更登记。如果没有办理变更登记，根据公安部交通管理局 1990 年 11 月 18 日《关于车辆转卖未过户发生事故经济赔偿问题的批复》的规定，发生事故后，由交通事故责任人和车辆所有人或所属单位负责损害赔偿。实践中二者往往承担连带责任。

免费搭车人受伤害赔偿案

案情简介：

2005 年 1 月 23 日，刘某某和张某某二人搭乘朋友范某驾驶的长安铃木小轿车去往北京玩耍。车辆行驶至京津唐高速公路北京方向 54 公里处时，因范某驾车超速，避让大车不及时，致使汽车失控，在撞掉十几米护栏后翻入路边的沟里。经河北高速公路交通支队某大队认定，范某负事故全部责任。刘某某和张某某两人在此次事故中均不同程度受伤。张某某经医院诊断为多处软组织挫伤，右肩骨折。刘某某经医院诊断为膝关节创伤性关节炎、急性鼓膜炎（创伤性）、多处软组织挫伤。二人为讨损失，将范某告上了法庭，要求范某赔偿医疗费、营养费、误工费、精神抚慰金等共计 14 万余元。刘、张二人称，在事发后，范某不仅没有及时护送伤者就医，而且向交警隐瞒了张某某的伤势。对于医疗费用，范某只是承担了极少的前期费用而已。范某在庭审中称，自己让二人无偿搭车出自一片好心，在事发后又托朋友护送其去医院治疗，并支付了医疗费，甚至按照张某某要求为其买了必要生活品，尽到了足够的照顾义务，对张某某的伤情不存在隐瞒。范某及其代理人在庭审中表示极度愤慨，认为好心帮忙反而被告上法庭，让自己承担巨额损失，是没有道理的。

法院经审理查明：范某邀请刘、张二人无偿搭乘汽车去北京，在途中范某超速驾驶导致交通事故的发生，致使刘、张二人不同程度受伤。无论同乘者是有偿还是无偿乘坐其车，范某作为车辆的驾驶员都有义务保证同乘者的人身安全，不能因为同乘者是免费搭车就降低驾驶员应承担的注意义务，因为人身利益是高于一切的。判决范某赔偿刘某某和张某某医疗费、营养费、误工费等各项损失47697元。

本案评析：

免费搭乘他人机动车的人在法律上应分为两种：一种是善意同乘者，另一种是恶意同乘者。善意同乘者是指无偿的好意同乘，包括同乘人本人要求同乘和驾驶员好意邀请同乘，以及同乘人未明告驾驶员招来第三人无偿同乘，都属于搭便车。我国关于善意同乘者的赔偿目前没有法律的明确规定。在司法实践中，判法不一，有的判负事故全部责任的车辆所有者承担善意同乘者的全部赔偿费用，如本案的做法；有的根据具体情况，减轻车辆所有人的赔偿责任。

对善意同乘者的赔偿问题应比照我国《合同法》第三〇二条关于客运合同的承运人对经许可的搭乘人的人身保护义务来确定。运输合同是双务合同，承运人负责将旅客或货物运送到指定地点，托运人给付票款。承运人对旅客的人身安全有保护义务，并对此承担无过失责任，即使旅客是按照规定免票、持优待票或经允许的搭车人，承运人也一样承担保护义务。因此对于从事商业运输经营的机动车所有者而言，即使是无偿搭乘者，只要经其同意就需对其人身安全负无过失责任。

如果机动车所有人并不是从事商业运输经营者，在对经其同意的无偿搭乘者造成人身损失时，应比照商业运输经营者对经其同意的无偿搭乘者的义务，也对其负有保护义务，不过可适当降低对其要求的程度，令其承担过失责任，即只在对无偿搭乘者的人身损失有过失时，才承担赔偿责任，因为毕竟其并非专业从事运输业务者，对其要求可略有降低。

恶意同乘者即强迫驾驶员无偿运送者，因交通事故造成其损害后果的，应由恶意同乘者自己负责。

擅自改变机动车结构发生交通事故案

案情简介：

2005 年 1 月 2 日，某建筑公司司机梁某受公司指派驾驶重型运货卡车到某市的钢厂运钢筋。公司为此提前向交通主管部门申请了超长通行证。为运输需要，张某将驾驶的卡车作了改装，又将一节四轮车架与车后架连接。梁某驾驶该经过自行改装的卡车于 2 日晚间到达钢厂，装上了长达 25 米的钢筋。装货后，梁某为赶时间，连夜返回公司。当其行至一个十字路口时，于某正好骑自行车通过该路口。由于天黑，路口又没有照明设备，视线模糊，于某见卡车车头已过，误认为该车已全部通过，就骑车从该卡车后面横穿马路，不慎撞在车架与加长的自接车架的结合部。由于惯性，于某连人带车倒在卡车的车轮下，被自接车架的右侧两轮碾轧，于某当场死亡。经当地的机动车检测部门检测，证实该肇事车辆的安全机件不合格，所载的超长钢筋未按有关规定配置警示灯。于某的家人向法院起诉要求司机梁某和所在的公司承担民事赔偿责任。梁某在法庭上辩称，公司在出车前已经申请了超长通行证，自己没有过失，是于某不认真看路，自己撞在车上，造成了死亡的结果，自己不应负责任。

法院经审理认为：司机梁某虽然持有公安机关交通主管部门颁发的超长通行证，但该车属于未经登记的擅自改装车辆，且其非法改装车辆的行为与此次交通事故的发生之间有直接的联系，所以，此次交通事故的责任应当由机动车驾驶人和所有人承担。作为机动车的驾驶人，梁某在明知自己驾驶的是经过非法改装的车辆，安全性能差的情况下，本应当更加注意，谨慎行驶，但其未对路边的自行车骑行人于某加以注意，没有采取确保安全的措施，对此次交通事故应负全部责任。

本案评析：

本案梁某驾驶擅自加长的车辆运输超长钢筋在夜间行驶，车辆加长部分没有配置相应的警示灯，存在严重违法行为。《道路交通安全法》第十条规定："准予登记的机动车应当符合机动车国家安全技术标准。"第十六条规定："任何单位或者个人不得有下列行为：拼装机动车或者擅自改变机动车已登记的结构、构造或者特征……"未经公安机关车辆管理部门审批和登记的非法改装的车辆，车辆的安全性能差，存在严重的事故隐患。表面上看，自行车骑行人于某在此次交通事故中也有疏忽大意的过失，但其过失是由于该加长车辆在搭载的超长货物上未按规定设置警示灯造成的。由于该车未按规定在加长部分安装警示灯，于某误以为机动车已经通过，才横穿马路，恰好撞在车后架与四轮车架的结合部，这说明于某按照自己的常识，对车辆结构作出的判断是正确的，由于天黑，又没有照明设备，他没有注意到该车超长这一特殊情况属于正常现象，不存在过失，不应承担责任。司机梁某擅自改变机动车结构，在行驶的过程中，未对可能出现的险情采取必要的措施，造成了交通事故的发生，应负事故的全部责任。

摩托路上被绊，建委承担责任案

案情简介：

2004 年 12 月 14 日，广西柳州市居民林某某驾驶摩托车带着妻子郝某，行驶至静兰大桥西头路段时，摩托车的前轮驶进该路段道路中间的凹槽内，造成摩托车失去平衡倒地。林某某及郝某均受伤，林某某经抢救 22 天无效而死亡。经公安机关认定，道路存在凹槽，致使摩托车失去平衡而翻倒是造成事故的直接原因；林某某驾车无违法行为、无过错行为，该事故不涉及第三方的损失，系交通意外事故。林某某的妻子将这段道路的管理者柳州市建委告上了法庭。

柳州市某区法院审理认为：道路、桥梁等人工建造的构筑物因维护、管理瑕疵致人损害的，由所有人或管理人承担赔偿责任。柳州市静兰大桥两头路段出现凹槽，可以认定作为该路段管理人的被告柳州市建委在管理、维护上存在瑕疵，又不能证明自己没有过错，应当赔偿由此给原告造成的损失。

依照《民法通则》的有关规定，法院判决：柳州市建委应赔偿原告郝某、林某（分别系林某某的妻子和儿子）医药费、丧葬费、死亡赔偿金、交通费、精神损害抚慰金合计253241.78元。

本案评析：

本案林某某驾驶摩托车正常行驶，并未违章，却造成一死一伤的重大交通意外事故，只是因为道路上存在一个凹槽。此凹槽并非自然原因形成，而是由于道路的管理者没有能够及时发现，或发现后未能及时修补造成的。用于公共通行的道路属于公共财产，国家指派特定的国家机关或事业单位负责建造、管理和养护公路以使它达到并保持该质量和通行状况。如果有关单位未能严格履行职责，使公共设施符合相关的质量和安全要求，对使用者造成损害，应对受损者承担民事赔偿责任。

本案当事人的死亡与交通设施不符合安全要求有直接的因果关系，所以受害人有权主张交通设施的维护者承担侵权赔偿责任。该责任属于一般的侵权赔偿责任，即过失责任，因此受害人需证明侵权人未及时修补该凹槽存在过失。过失证明方法，一般是根据行为人通常应遵守的行为标准，不符合该行为标准的人被认为有过失。而这种行为标准一般都有法律的明确规定，或者是行业惯例，或者是正常情况下人们的通行做法。本案中则是被告柳州市建委需遵守的行政职责。柳州市建委未及时修理道路上存在的凹槽，显然存在管理上的瑕疵，具有过失，应承担民事赔偿责任。

行人横穿马路被撞赔偿之诉

案情简介：

2004年5月9日20时55分左右，行人曹某在宣武区南二环主路菜户营桥东侧步行由北向南进入二环主路横过道路时，适有刘某驾驶奥拓牌小轿车由东向西在主路内左侧数第一条车道内行驶。刘某发现曹某后在采取制动措施过程中，小客车前部撞向曹某，造成曹某当场死亡，小客车受损。曹某的家人以刘某和华泰保险公司为被告向法院起诉要求其承担赔偿责任。

法院认为：首先，曹某穿行二环机动车主路的行为违反了《道路交通安全法》第六十一条“行人应当在人行道内行走，没有人行道的靠路边行走”、第六十二条“行人通过路口或者横过道路，应当走人行横道或者过街设施：……通过没有交通信号灯、人行横道的路口，或者在没有过街设施的路段横过道路，应当在确认安全后通过”的规定，将其自身和他人的生命健康置于极其危险的境地，是事故发生的直接原因。其次，刘某在紧急状态下采取了一系列应变措施，刹车、鸣笛、避让，基本达到了作为机动车驾驶员在遇紧急状况时所应作出的必然反应，但刘某发现行人时与行人相距约 100 米，采取的措施是鸣笛、轻踩刹车而未及时踩死刹车，避让行人时与行人所行方向一致，且在采取措施过程中轻信行人可以快速前行避开其车辆，确有不当之处。曹某行为违法以及刘某采取的应变措施，共同构成减轻刘某应负赔偿责任的条件，应以减轻刘某对曹某之死之责任，承担 50% 赔偿责任为宜。刘某为其所有的奥拓牌小轿车在华泰财产保险股份有限公司投保了保险金额/赔偿限额为 5 万元的第三者责任险，承保刘某车辆的华泰财产保险股份有限公司对死者曹某之近亲属在保险责任限额内具有法定赔偿义务。终审判决奥拓车司机刘某一次性赔偿死者丈夫吴某等 4 人损失共计 10 万余元。刘某反诉请求死者家属赔偿其修车费得到法院支持，获赔修车费 664 元。

本案评析：

非机动车、行人存在过失时适当减轻机动车一方的责任属于过失相抵。我国《民法通则》第一三一条规定：“受害人对于损害的发生也有过错的，可以减轻侵害人的民事责任。”这是我国民事法律对侵权行为法中适用过失相抵的明确规定。过失相抵既可以适用于过错责任，也可以适用于无过错责任。

在《道路交通安全法》第七十六条中规定了无论是机动车之间发生的交通事故，还是机动车和非机动车、行人之间发生的交通事故都可以适用过失相抵。

本案小轿车驾驶人刘某在看到行车道上突然出现行人后采取了一系列应

变措施，刹车、鸣笛、避让，基本达到了作为机动车驾驶员在遇紧急状况时所应作出的必然反应，应当说对于事故的发生没有过失，或即使予以苛责，其过失程度也是很低的，但是曹某却没有反应，仍我行我素，造成了事故的发生。根据无过失责任原则，刘某即使已经尽到注意义务的要求，仍未避免事故的发生，应承担事故责任，但是受害人曹某有严重的违法行为，刘某已经采取了必要的处置措施．可以减轻刘某的责任。

高速公路护网破损引发交通事故案

案情简介：

2003 年 7 月 8 日 15 时 30 分，家住河南省漯河市召陵区某镇的田某某和伊某夫妇之子 6 岁的田某，钻过高速公路 146 公里处的隔离防护铁丝网上的一个破洞，在高速公路上玩耍，被车撞身亡，该车逃逸，未被查获。高速公路该路段当时的经营管理权属某高速公路发展公司，2004 年 9 月转移给中原高速公路公司。田某的父母将某高速公路发展公司告上法庭，要求其承担民事赔偿责任。

一审法院经审理认为：高速公路 146 公里处的隔离防护铁丝网破损，高速公路发展公司作为事故发牛时的经营管理部门，因疏忽大意，未及时修补并提醒他人注意安全，应承担损害赔偿责任。原告作为监护人，未尽到教育及监护义务，导致 6 岁的儿子进入高速公路玩耍而发生交通事故，对其儿子的死亡，也有一定责任。据此，法院判决田某某夫妇所遭受的损失共计 54784.6 元，由高速公路发展公司承担 65%，即赔偿 3.56 万余元。原告在丧失生育能力后失去儿子，其精神上遭受了较大的痛苦，故原告要求精神损害抚慰金 7 万元，应予支持。故高速公路发展公司赔偿田某某夫妇经济损失及精神抚慰金共计 10.56 万余元。

一审法院作出判决后，高速公路发展公司不服，上诉到漯河市中级人民法院。高速公路发展公司认为，被告公司没有违法或过错行为，田某的死亡惨剧是因他的严重违法行为和田某某夫妇未尽到监护职责所造成的。田某某夫妇辩称，高速公路发展公司作为高速公路运营企业，对隔离防护铁丝网有养护职责，被损坏的防护网未及时修补是造成田某死亡事故的主要原因，故被告应当承担赔偿责任。

漯河市中级人民法院认为，田某某夫妇之子在京珠高速公路146公里处玩耍被车撞身亡的出事地点，是隔离防护铁丝网破损后行人踩踏而形成的小路，说明破损时日已久。田某作为幼儿，对高速公路可能出现的危险不能完全识别。高速公路发展公司疏于管理和监护人监护不力两个不同的原因共同导致田某进入高速公路被车撞身亡。原审判决并无不当，予以维持。

本案评析：

本案中对于田某死亡具有直接关系的当事人应当有三方：田某的监护人——他的父母；高速公路发展公司；肇事车的驾驶人。由于肇事车的驾驶人逃逸，未被查获，田某的父母只能起诉高速公路发展公司。高速公路上车辆行驶速度极快，危险性大，所以是严禁行人进入的。但是有些人为了图省事，抱着侥幸心理穿越高速公路，由于他们对高速运行中车辆的行驶速度缺乏有经验的判断，往往造成死伤的惨剧。所以，为了避免发生类似事件，高速公路都是全封闭的。高速公路发展公司负有对高速公路的养护职责，维护隔离防护网的适用性是重要职责之一。如果防护网出现破损，导致有人进入高速公路，高速公路发展公司无权以高速公路严禁行人进入为由，推卸责任。因为相较那些有意或无意的闯入者而言，高速公路发展公司只要做好经常性的维护工作，以少量的成本就能避免事故的发生，而它竟没有去做，这时追究它的责任对于减少未来的损害是最有价值的，相对而言，其他预防措施，如采取大范围的、深度的教育活动，甚至在高速公路周围布置人力等都是成本相当高的。

如果高速公路发展公司已经尽到了防护网的维护职责，仍然发生了行人攀越防护网进入高速公路被撞的事故，它就无须承担责任，因为这时再让它承担责任是没有效率的，它不可能再采取其他措施减少类似事件的发生。如再加高防护网，或派人看守都是耗资巨大、收效甚微的；而让行人承担这种情况下的主要责任，对行人则能够起到较为有效的威慑作用，减少他们翻越防护网的违法行为。

车辆肇事逃逸承担全部责任

案情简介:

2005年3月6日晚9时许，阜阳市某区农民孙某，在公路边上将卸载的棉籽进行打包，陈某骑两轮摩托车带一人行驶至此撞上棉籽包，摩托车翻倒，陈某及乘车人被摔倒在公路上，这时出租车司机郭某强驾驶的出租车驶到，将陈某当场碾轧致死。郭某强见状，赶忙驾车驶离了现场，后被收费站交警截住。此案经交警部门认定，郭某强应承担事故主要责任，受害人陈某及卸载人孙某承担次要责任。因该出租车属车主郭某云所有，因此受害人陈某的妻女父母四人，共同提起道路交通事故人身损害赔偿诉讼，请求被告郭某云、郭某强及孙某共同赔偿各项损失24.8万余元。

法院依法主持调解，原、被告当庭达成协议，由被告方郭某云、郭某强一次性赔偿四原告共计16万元。

本案评析:

车辆肇事后逃逸的，在责任认定时可能存在3种情况:

1. 肇事车辆逃逸，未被查获，责任无法认定。这种情况下，按照有关规定，交警部门可以应受害人的请求出具《交通事故认定书》，记载已经查明的事实，如果受害人有责任的，可载明受害人的责任情况，作为受害人寻求救济途径的根据。

2. 肇事车辆逃逸后被查获，由于某种原因，事故原因无法查明的。肇事者逃逸后，受害人往往因受伤无法自救，时间稍长后就可能造成事故现场被破坏，导致事故原因无法查明，丧失了认定事故责任的事实依据。在这种情况下，应适用《道路交通安全法实施条例》第九十二条:“发生交通事故后当事人逃逸的，逃逸的当事人承担全部责任。”在发生有人受伤或致死的交通事故后，当事人有救助伤者并保护现场的义务，当事人未尽义务而逃离的应当受到处罚；而且肇事者逃离现场的原因绝大多数是认为自己对事故的发生负有责任，害怕承担责任而逃逸，所以推断逃逸者承担全部责任是有道理的。

3. 肇事车辆逃逸后被查获，有证据证明受害人有过错，可减轻逃逸者的责任。即一旦逃逸，逃逸者就应承担责任，事故原因无法查清，则承担全部责任；能够查清，且受害人有过错，无论逃逸者本身有否过错，都只能减轻逃逸者的责任，而无法完全替代逃逸者的责任。

本案属于第3种情况，逃逸者郭某强承担主要责任，陈某未尽到注意义务，孙某在路旁放置障碍物，均应承担次要责任。

机动车与非机动车发生事故责任认定之诉

案情简介：

某部机关事务管理局驾驶员黄某驾驶轿车，在丰管路由东往西行至某市场北口，适有某局离休干部王某骑自行车在汽车前方由东往南左转弯，黄某发现情况即制动。在制动过程中，轿车前部将王某撞起，王某头部碰在轿车挡风玻璃上，自行车被撞出10余米。王某受伤后经送医院检查系重型开放性颅脑损伤、颅内血肿，救治无效身亡。本案经交警部门现场勘查，确定以下事实：1. 现场系东西方向马路，道路平坦，视线良好，发生事故路段设有40km限速标志。2. 轿车头西尾东停于中心线北侧（左前轮压于中心线、左右轮距中心线0.20m），其后方路面上遗有该车28m长的制动印，制动印始点距中心线1.1m，证明发生事故时轿车在路中间偏右行驶。轿车经检验制动合格。为澄清事实，根据轿车遗留28m长的制动印，进行了车速鉴定，办案人员聘请了交通部科学研究院工程技术人员，在发生事故地点用原车利用非接触速度仪进行模拟试验。根据数据综合处理，证明发生事故时，轿车车速不低于82km/h。3. 自行车被撞后头东尾西向右侧于中心线南侧。自行车前叉及后衣架侧均附有轿车上的漆物，说明是受轿车撞击形成的。

交警部门认定：1. 从事故现场的情况分析，自行车转弯时恰恰在轿车停车距离之内，显然在其转弯前未注意避让直行的机动车，属违反《道路交通安全法实施条例》第六十九条“非机动车通过没有交通信号灯控制也没有交通警察指挥的交叉路口，除应当遵守第六十八条第（一）项、第（二）项和第（三）项的规定外，还应当遵守下列规定：有交通标志、标线控制的，让优先通行的一方先行”的规定，直行车与拐弯车辆相比，属于应优先通行的一方。2. 黄某驾驶轿车行至有40km限速路段，如能严格遵守规定速度行驶，发现前方转弯的自行车，紧急制动，该车能在20m之内将车停住以避免事故发生，但因其严重超速行驶，属违反《道路交通安全法》第42条“机动车上道路行驶，不得超过限速标志标明的最高时速。在没有限速标志的路段，应当保持安全车速”的规定。鉴于双方当事人违章行为在交通事故中作用基本相当，因此认定双方当事人负此事故的同等责任。

交警部门根据责任认定作出相应的行政处罚并对损害赔偿进行了调解：1. 黄某驾车因违反交通管理法规造成重大交通事故，负同等以上事故责任，根据有关法规，处以200元罚款，吊销驾驶证；2. 关于事故损失赔偿，按交通事故发生地平均生活费补偿10年为18780元，因王某负事故同等责任，应与对方平均承担，由黄某赔偿死者家属9390元。死者王某有一个15岁的孩子和一个71岁的老母需抚养，按交通事故发生地居民生活困难补助标准，抚养小孩到16周岁，需给1年抚养费。老母需给5年抚养费共计6年。

本案评析：

本案是一起机动车和非机动车之间发生的交通事故。非机动车骑车人王某在左转弯时，没有避让直行车辆，违反了《道路交通安全法实施条例》第六十九条关于转弯的非机动车让直行车优先通行的规定，负有过失；机动车驾驶员黄某在设有限速标准的路段超速行驶，在发生紧急情况时无法迅速制动。交警部门认定双方互负同等责任，因此该案中非机动车的过失相抵率是50%。

交警部门在认定责任后，对违反《道路交通安全法》等有关道路交通法律法规的行为人应当根据有关规定作出行政处罚。本案机动车驾驶员黄某被处以200元罚款、吊销驾驶证的行政处罚。

维护交通安全，对违反交通安全法律法规的行为依法予以行政处罚是公安交通管理机关的职权。当事人对交警部门的处罚决定不服的，可以在处罚决定作出后60日内向其上级机关申请复议，对复议决定仍不服的，可以在法定期限内向人民法院提起行政起诉。

除了行政处罚之外，受害人为了获得民事损害赔偿，可以通过交警部门的调解程序、双方协商或直接向人民法院起诉来获得。对于交通事故的肇事方而言，行政处罚与民事赔偿二者互不相同，不能相互替代。

交通事故费用支付纠纷之诉

案情简介：

2005年1月29日，某地村民徐某驾驶大货车由西向东行驶，在某镇卫生院门口超越停靠在路边的公交车时，将横过公路的丁某某撞倒。徐某一面报警，一面赶快将其送往医院抢救，经医院诊断，丁某某左腿和左臂粉碎性骨折，需预交医疗费1万元，徐某无力支付这笔费用，交警部门给徐某大货车承保机构，平安保险公司该地分公司打电话，要其迅速将医疗费交给医院，以便用于对丁某某的治疗，保险公司经核实后将这笔款交到医院。县公安交通巡逻警察大队民警对现场进行勘查后，又对肇事司机徐某血液中的乙醇含量进行了抽检，发现其为酒后驾车。县交警大队于2005年2月8日作出《道路交通事故责任认定书》，认定在该起交通事故中，驾驶员徐某酒后驾驶，观察不足，违反《道路交通安全法》第二十二条第二款的规定；丁某某系未成年人，横过公路时没有成年人带领，在车辆临近时突然横穿，违反了《道路交通管理条例》第六十四条第一款规定，因此双方应对该起事故承担同等责任。伤者父亲丁某对该认定书不服，依法提起行政诉讼。

一审法院经过审理认为：公安机关认定丁某某在车辆临近时突然横穿公路证据不足，由此作出同等责任认定缺乏事实根据和逻辑推理过程。公安机关在事实认定及法律适用上均有不当之处。依照《中华人民共和国行政诉讼法》判决：1. 撤销县交警大队作出的道路交通事故责任认定；2. 判令县交警大队重新作出道路交通事故责任认定。

本案评析：

根据《道路交通安全法》第七十五条的规定，医疗机构对交通事故中的受伤人员应当及时抢救，不得因抢救费用未及时支付而拖延救治。肇事车辆参加机动车第三者责任强制保险的，由保险公司在责任限额范围内支付抢救费用；抢救费用超过责任限额的，未参加机动车第三者责任强制保险或者肇事后逃逸的，由道路交通事故社会救助基金先行垫付部分或者全部抢救费用，道路交通事故社会救助基金管理机构有权向交通事故责任人追偿。

正常情况下，因保险公司是在保险责任限额内支付抢救费用，所以不发生追偿问题。但如果事故由于一定的原因，不属于保险公司承保的范围，保险公司在垫付这笔费用后，有权向责任者追偿。这体现在《机动车交通事故责任强制保险条例》第二十二条。

在保险公司已经就责任限额支付了抢救费用，或在肇事车未参加机动车第三者责任强制保险以及肇事后逃逸的情况下，由依据《道路交通安全法》设立的道路交通事故社会救助基金先行垫付部分或全部抢救费用和受害人人身伤亡的丧葬费用，救助基金管理机构有权向道路交通事故责任人追偿。同样，如果需要救助基金管理机构垫付抢救费用，公安机关交通管理部门应当通知该地的救助基金管理机构。该机构经核对应当及时向医疗机构垫付抢救费用。救助基金的来源包括：一是按照交强险的保险费的一定比例提取的资金；二是对未按照规定投保交强险的机动车的所有人、管理人的罚款；三是救助基金管理机构依法向道路交通事故责任人追偿的资金；四是救助基金孳息；五是其他资金。

保险公司赔付纠纷之诉

案情简介:

2004年9月20日，李某某骑人力三轮车由北向南行驶，与桂花堂餐饮公司驾驶员苏某某驾驶的金杯客车发生事故。李某某因本次事故受重伤经抢救无效死亡，桂花堂餐饮公司为李某某支付了抢救费、医疗费、丧葬费等共计4.5万余元。此次交通事故经交管部门认定，苏某某承担次要责任，李某某承担主要责任。事故双方在交管部门主持下达成调解协议，双方商定除上述费用外，桂花堂餐饮公司再一次性付给李某某家属5．2万元。桂花堂餐饮公司付款后，交管部门制作了《道路交通事故损害赔偿调解书》。事故发生后，桂花堂餐饮公司通知了该车第三者责任险的承保机构人民保险公司某支公司。调解协议达成后，桂花堂餐饮公司要求人保某支公司理赔，双方因为理赔金额产生争议，桂花堂餐饮公司的请求被拒绝。桂花堂餐饮公司遂将人保某支公司告上法庭。要求人保某支公司在其投保的机动车第三者责任险责任限额10万元内承担赔偿责任。

法院经审理认为：桂花堂餐饮公司与人保某支公司所签订的保险合同是在《道路交通安全法》颁布之后，生效之前，而保险事故是发生在《道路交通安全法》施行之后，在《道路交通安全法》对于交通事故的赔偿处理有明确规定的情况下，应当适用《道路交通安全法》的相关规定。保险公司在交通事故发生后承担保险责任的义务已成为超越了保险合同义务上的法定义务，人保某支公司应当依据《道路交通安全法》的规定在桂花堂餐饮公司投保的机动车第三者责任保险责任限额10万元范围内赔偿李某某因交通事故造成的损失。据此，终审判决如下：中国人民财产保险股份有限公司某支公司给付桂花堂餐饮有限责任公司第三者责任保险金10万元及车辆损失保险金2010元。

本案评析：

交通事故责任强制保险（简称交强险）与商业性第三者责任强制保险有所区别。交强险是由保险公司对被保险机动车发生道路交通事故造成受害人（不包括本车人员和被保险人）的人身伤亡、财产损失，在责任限额内予以赔偿的强制性责任保险。

强制保险又称法定保险，是法律或行政法规的强制性行为规范规定的当事人必须投保的险种，如火车、飞机或轮船的旅客意外伤害保险等。强制保险的投保人有投保的义务，保险人（保险公司）也有承保的义务。

商业机动车第三者责任保险（以下简称“商业三者险”）按照自愿原则由投保人选择购买。在现实中商业三者险投保比率比较低（2005 年约为 35%），致使发生道路交通事故后，因为没有保险保障或致害人支付能力有限，受害人往往得不到及时的赔偿。因此，实行交强险制度就是通过国家法律强制机动车所有人或管理人购买相应的责任保险，以提高商业三者险的投保面，在最大程度上为受害人提供及时和基本的保障。

交强险和商业三者险的差异表现在以下几方面：

一是赔偿原则不同。商业三者险中，保险公司根据投保人或被保险人在交通事故中应负的责任来确定赔偿责任。

二是保障范围不同。交强险的赔偿范围几乎涵盖了所有道路交通责任风险。而商业三者险中，保险公司不同程度地规定有免赔额、免赔率或责任免除事项。

三是具有强制性。机动车的所有人或管理人都应当投保交强险，保险公司不能拒绝承保、不得拖延承保，不得随意解除合同。

四是交强险实行全国统一的保险条款和基础费率，保监会按照其业务总体上“不盈利不亏损”的原则审批费率。

五是交强险实行分项责任限额。对于不同的损害赔偿项目规定了不同的责任限额，在扩大赔付面的同时也保证了保险公司对主要费用的赔付能力，而商业三者险的责任限额并不分项限定，而是根据保险费率和双方约定确定。

《机动车交通事故责任强制保险条例》自 2006 年 7 月 1 日实行，在其实行后，所有机动车都要陆续购买交强险，但是这并不排斥商业三者险的存在，机动车的所有人或管理人可同时购买两种保险，以期提供更为完善的保障。

骑车人全责，保险赔偿案

案情简介：

2005年8月，原告白某骑电动自行车与被告石家庄市某运输有限责任公司雇用的司机黎某驾驶的该公司所有的货车在某地发生交通事故，造成原告受伤，电动自行车损坏。该地公安局交通支队认定原告白某负事故全部责任。原告白某就损害赔偿额问题多次与该运输公司交涉，对方以《交通事故认定书》为依据主张不负责任。白某无奈将运输公司告上法院，请求判令运输公司赔偿各项损失18000余元，并要求第三人即为该公司承保车辆第三者责任险的中国人民财产保险股份有限公司某支公司在第三者责任险5万元范围之内承担赔偿责任。

法院经审理认为：保险公司作为格式合同的提供者，在《道路交通安全法》颁布之后、生效之前，有义务根据《道路交通安全法》的规定，对保险合同的条款作出符合法律要求的调整，以适应新法的实施，减少对合同条款理解上的分歧及履行过程中导致的不符合法律规定的后果。判决被告运输公司赔偿原告白某各项损失合计1.6万余元；第三人中国人民财产保险股份有限公司某分公司在被告车辆第三者责任保险限额5万元内承担上述费用的保险责任，于判决生效之日起7日内直接给付于原告白某。

上述判决作出后，原、被告以及第三人均未对该判决提出上诉，第三人中国人民财产保险股份有限公司某分公司已经按照该判决的要求将赔偿款全额交至法院，由法院代为转交给白某。

本案评析：

本案是在《道路交通安全法》实施后，肇事车辆还在商业性机动车第三者责任保险的保险期限内发生的交通事故。按照商业性机动车第三者责任保险的通常规定，机动车的合法驾驶人只有在对交通事故负有责任时，保险公司才在承保的责任限额内履行对受害人的赔付义务，所以是确定当事人责任在先，保险赔付在后。这与《道路交通安全法》的规定相反，该法的规定是保险赔付在先，在赔付限额之上仍有不足的，按照法律规定的归责原则确定赔偿主体。

本案中白某因交通事故受伤，电动车受损，对方机动车参加了商业性的第三者责任强制保险，若按照该保险条款的规定，只有机动车对被害人的损害负有责任时保险公司才予以赔付，但是根据保监发［2004］39 号通知的规定："各财产保险公司暂时按照各地现行做法，采用公司现有三者险条款来履行《道路交通安全法》中强制三者险的有关规定和要求"，所以保险公司应当首先在责任限额内赔付白某所受损害，因此法院判决中国人民财产保险股份有限公司某分公司在被告车辆第三者责任保险限额 5 万元内承担白某损失的保险责任，而无论承保机动车是否有责任。这样，承担全部事故责任的白某仍能够从被告的保险公司处获得自己的全部事故损失 1.6 万元。

不仅非机动车方负全责时应按照《道路交通安全法》的规定，由保险公司先行赔付非机动车方的事故损失，即使事故责任难以认定，保险公司也不得拒绝先行赔付非机动车和行人方的义务。

交通事故责任强制保险案

案情简介：

2004 年 8 月 8 日，赵某驾驶公司的一辆金杯小型货车，在送货途中发生交通事故，将自行车骑车人王某撞伤，后经抢救无效死亡。事发后，交警部门责任认定为王某负主要责任，赵某负次要责任。经法院审理，赵某按照《道路交通安全法》规定赔付了死者亲属 1 万余元。由于该车已向苏州的保险公司投了 5 万元的第三者责任险，尚在保险期内，赵某认为车辆在保险期内发生车祸，保险公司理应全额赔偿自己的经济损失。但是赵某多次交涉都被保险公司拒绝，保险公司只愿意按照赵某在事故中承担的责任比例，在5万元保险限额内赔偿。赵某只好将保险公司告上法庭，索要赔偿10420元。

法院经审理认为：赵某投保的第三者责任险属于商业三者险，但不容否认的是，由于各地在实施中将该险种的托保作为办理车辆牌照、行驶证和年检通过的前提，所以具有了强制保险的性质。特别是《道路交通安全法》实施后，机动车尚未投保新的交强险之前，该险种承担了按照新法规定的责任赔付的义务。所以根据交强险的赔付责任限额，保险公司应当支付5万元的死亡赔偿费。

本案评析：

交强险责任限额分为被保险机动车在道路交通事故中有责任的赔偿限额和无责任的赔偿限额，具体为：

一、被保险机动车在道路交通事故中有责任的赔偿限额：

死亡伤残赔偿限额：50000元人民币。

医疗费用赔偿限额：8000元人民币。

财产损失赔偿限额：2000元人民币。

二、被保险机动车在道路交通事故中无责任的赔偿限额：

死亡伤残赔偿限额：10000元人民币。

医疗费用赔偿限额：1600元人民币。

财产损失赔偿限额：400元人民币。

无责任的赔偿限额分别按照以上3项限额的20%计算。

根据保监会有关人士的解释，交强险实行的6万元总责任限额方案综合考虑了赔偿覆盖面和消费者支付能力。交强险责任限额过低，将起不到保障作用，而责任限额过高将导致费率大幅度上涨，使消费者难以承受。根据数据分析，在6万元总责任限额下可以解决大部分交通事故的赔偿问题。

交强险的目的是为交通事故受害人提供基本的保障。交通事故受害人获得赔偿的渠道是多样的，交强险只是最基本的渠道之一。交强险实行6万元的总责任限额，并不是说交通事故受害人从所有渠道最多只能得到6万元赔偿。除交强险外，受害人还可通过其他方式得到赔偿，如从商业三者险、人身意外保险、健康保险等均可获得赔偿。除此之外，交通事故受害人还可根据受害程度，通过法律手段要求致害人给予更高的赔偿。

机动车所有人或管理人在购买交强险后，还可根据自身的支付能力和保障需求，在交强险基础之上同时购买商业三者险作为补充。

车辆损失险赔付案

案情简介：

2005 年 6 月 12 日，杭州市一家公司的驾驶员开着本公司的丰田佳美轿车在城市街道高桥路泰和小区的十字路口等绿灯，这时占用机动车道行驶的电动车骑车人董某突然从后面撞了上来，将丰田佳美汽车左后门、叶子板撞坏，产生很长一段难看的凹痕。交警部门作出的事故责任认定书认定董某负事故全部责任，汽车驾驶员无责任。该公司向保险公司报告了车辆受损情况，经保险公司估价车辆修理费 1300 元。但依据双方签订的车辆损失险保险合同的约定，保险公司不能赔付这笔损失。双方经交警部门调解，董某同意按保险公司估价的 1300 元赔偿该公司的损失，但后来董某反悔，只同意赔 200 元。该公司无奈，只好将董某告到了法院。

法院审理后认为：根据我国现行法律的规定，机动车与非机动车、行人发生交通事故，由机动车一方承担责任，但非机动车驾驶人、行人违反法律、法规规定的，减轻机动车一方的责任。本案董某占道行驶，违反道路交通安全法律、法规，负事故全部责任，故依法应减轻机动车一方的责任，董某应承担部分赔偿责任。法院当庭判决，董某赔偿车辆修理费 1300 元的 90%，计 1170 元。

本案评析：

我国的机动车保险险种有十余种。其中，车辆损失险和第三者责任险为基本险。另外还有全车盗抢险、车上责任险、无过失责任险、玻璃单独破碎险、自然损失险、新增加设备损失险、不计免赔特约险、精神损害赔偿险等多种附加险。附加险不能单独投保，而以先投保某种基本险为前提。本案是有关车辆损失险的一个案例。

本案原告价值30多万元的轿车与非机动车一方相撞，原告有两个救济途径可以选择，一是根据该车已经订立的车辆损失险保险合同，请求保险公司赔付车辆的受损额；二是向事故责任人董某请求赔偿机动车损失。但两种途径都不是万无一失的，它们各有一定的限制条件。

首先，车辆损失险是被保险人或其允许的合格驾驶员因碰撞、倾覆、火灾、爆炸等非免赔事项造成保险车辆的损失，保险人负责赔偿的一种商业保险。该险种在发生交通事故情况下赔偿的前提是被保险人或其允许的合格驾驶员对事故的发生负有责任，保险公司按照其责任比例，在赔偿限额内减去免赔额理赔。其典型的保险条款为“保险人依据保险车辆驾驶员在事故中所负责任比例，相应承担赔偿责任”。而理赔的顺序是“事故—定损—修理（付修理款）—理赔”，即发生交通事故后，被保险人应当及时通知保险公司，索赔时向保险人提供保险单、事故证明、事故责任认定书、损失清单和有关费用单据。如经公安交通管理部门调解的，还应当提供相关事故调解书，如经法院判决、调解的，还应当提供民事判决书、调解书。保险公司根据上述单证确定被保险人的损失和保险公司的赔付额，如果车辆能够修理的，在保险公司指定并经投保人认可的修车点进行修理，保险公司支付其在赔付限额内的修理费用，如果无法修理，保险公司才予以赔付。而本案中由于车主无责任，不属于车辆损失险的赔付范围，因此保险公司对其损失不予赔付。

其次，如果主张由事故责任人董某赔偿损失，需符合《道路交通安全法》第七十六条关于民事赔偿责任的规定。本案属于机动车与非机动车之间发生的交通事故，而机动车一方受损。非机动车一方无须投保第三者责任险，所以没有保险公司会替非机动车一方赔付机动车所遭受的损失。那么二者之间按照什么归责原则承担责任呢？应直接适用无过失责任，即由机动车一方承担损失，但是根据过失相抵的规定，如果非机动车一方违反法律、法规的，可以适当减轻机动车一方的责任，本案董某负事故全部责任，过失相抵，法院判令机动车一方只承担10%的责任，董某承担90%的责任。

车辆损失险中的理赔程序

案情简介：

2004年6月18日下午14时50分，楼先生驾驶着心爱的宝马车在浙江省诸暨市某路段行驶，不想因倒车时的一时疏忽造成了交通事故。看到爱车“挂花”，楼先生心痛不已，立即向保险公司报案，保险公司表示由于事故发生地没有该公司的分支机构，故无法到场，要求楼先生直接在当地修理后回沪办理理赔。诸暨市交巡警大队也随即委托价格认证中心对车辆进行鉴定，确认维修费用共计1．27万元，评估费400元。次日，诸暨市某修理厂对楼先生的宝马车进行了维修，修理厂应楼先生的请求还出具了证明材料，载明：“……该事故车辆修复前，应车主及保险公司要求，协助用数码相机拍出损坏部位照片，并发到保险公司提供的电子邮箱内。”

然而，当楼先生手持保险合同准备理赔时，保险公司却拒绝赔偿。楼先生一气之下将保险公司告上法庭，要求其赔偿修理费用。

保险公司答辩称，事故发生后，考虑到宝马车辆只有上海和杭州才有配件，公司曾经要求楼先生将车辆运回上海修理，但楼先生却私自在当地修理，导致损失的扩大。根据楼先生在事故后发给保险公司的车辆照片看，保险公司已于6月21日向车主出具了车损情况简易确认书，确认车辆损失2369.50元，与楼先生的修理支出相去甚远。所以保险公司不同意支付楼先生13120元的诉讼请求。保险公司向法院提供了宝马车特约维修商宝信公司的估价单，根据受损车辆的照片，宝信公司估价确认该车的各类维修费用合计为3765.75元。

法院经审理后认为：被告保险公司提供的宝信公司估价单是依据受损车辆照片所作的评估，并非现场查勘。而原告楼先生提交的价格认证中心鉴定结论书系权威机构作出，其可信性优于宝信公司的估价单。根据《机动车辆损失保险条款》的规定，保险人接到报案后48小时内未进行查勘且未给予受理意见，造成财产损失无法确定的，以被保险人提供的财产损毁照片、损失清单、事故证明和修理发票作为赔付理算依据，原告现已提交相关的理赔材料，被告应当依此进行理赔，故法院支持了原告楼先生的诉讼请求。

本案评析：

本案涉及车辆损失险的理赔程序问题。保险合同对车辆发生事故后如何理赔一般都作出了明确的规定，这便于及时、准确地确定车辆损失情况，公正地确定责任归属和理赔数额，降低理赔成本。目前，由于车辆保险条款已经多样化，不同的保险公司所规定的内容不尽相同，在车辆发生交通事故后，保险人、投保人和被保险人都应当严格遵守双方签订合同时所依据的保险合同条款，法院和仲裁机构在审理案件时也是以双方的合同内容作为初步的判断标准，当然，合同内容本身的合法性也是需要审查的。由于本案是以中国人民财产保险股份有限公司的《车辆损失保险条款》为保险合同的内容，所以就以此为例对保险理赔程序作一介绍。

首先是发生事故后的通知和现场查勘。发生保险事故后，被保险人应当在保险事故发生后 48 小时内通知保险人，并及时采取合理的、必要的施救和保护措施，防止或者减少损失，否则，造成损失无法确定或扩大的部分，保险人不承担赔偿责任。保险人应及时受理被保险人的事故报案，并尽快进行现场查勘。如果保险人接到报案后 48 小时内未进行查勘且未给予受理意见，造成财产损失无法确定的，以被保险人提供的财产损毁照片、损失清单、事故证明和修理发票作为赔付理算依据。

本案楼先生在事故发生后，及时通知了保险公司，但保险公司未能到现场实地查看车辆受损情况，在此情况下，保险公司应给予受理意见，按照楼先生的举证，保险公司作出了受理意见，即同意楼先生就地修理，回沪理赔。

然后是事故处理，认定责任。可以由事故当事人协商处理，然后双方签订协议书，作为理赔依据。也可以由公安机关出具事故认定书，调解协议。或人民法院作出判决或调解。

本案楼先生在发生事故后，公安机关立即对事故责任作出认定，楼先生应负全部事故责任；并由当地的价格认证中心对车辆进行鉴定，确认了维修费用。

接着是定损。被保险人索赔时，应当向保险人提供与确认保险事故的性质、原因、损失程度等有关的证明和资料。如双方的协议书、事故认定书、调解书、判决书、事故证明等。同时，被保险人还应当提供保险单、损失清单、有关费用单据、保险车辆行驶证和发生事故时驾驶人员的驾驶证。保险公司以此确定车辆的损失情况。

楼先生在回沪后，及时向保险公司提交了事故的相关证明，如事故认定书、车辆损失鉴定书，修理费收据等。

最后是保险公司根据损失情况和保险赔偿限额，确定赔偿方式和赔偿金额。总的原则是保险公司依据保险车辆驾驶人员在事故中所负的责任比例，承担相应的赔偿责任，如车辆驾驶人在事故中负 70% 的责任，则保险公司在此比例范围内确定赔偿额。赔偿方式是修理优先于金钱赔偿，因保险事故发生部分损坏的保险车辆，应当尽量修复。被保险人经与保险人协商确定保险车辆的修理项目、方式和费用，可以自行选择修理厂修理，也可以选择保险人推荐的修理厂修理。保险车辆修复后，保险人可根据被保险人的委托直接与修理厂结算修理费用，但应当由被保险人自己负担的部分除外。如果车辆全部损坏，无法修复的，按照预先确定的赔偿公式，确定赔偿额，最高不得超过赔偿限额。

由于楼先生的车属于部分损坏，应当进行修理，由保险公司在赔偿限额内支付修理费。但保险公司以楼先生违反了保险公司要求其回沪修理的指示，拒绝赔付，并依据车辆受损情况的照片确定的修理费用认为楼先生扩大了损失。为此楼先生提供了两样证据予以反驳：一是当地价格认证中心的鉴定结论，一是修理厂的证明，法院采信了这两样证据，作出了支持楼先生诉讼请求的判决结果。

保险理赔标准之诉

案情简介：

2003 年 8 月 8 日，中国人民财产保险股份有限公司某县支公司与该县某运输有限公司职工包某订立了机动车辆保险合同，包某将其所有的大客车进行了保险。2004 年 3 月 9 日，包某雇用黄某驾驶该大客车从事长途客运，当车行至 316 国道 1717km +850m 处时，将一 3 岁幼童丁某某碾死。对于这起交通事故，某县人民法院于 2004 年 9 月 24 日一审判决，包某负责赔偿附带民事诉讼原告人幼童之父的损失费共计 66275. 5 元（已赔付后剩余 33775. 5 元），黄某和某运输公司承担连带责任。同时，依照最高法院新颁布实施的《关于审理人身损害赔偿案件适用法律若干问题的解释》，判决由保险公司赔偿包某人民币 66275. 5 元。

保险公司不服原审判决，上诉至市中级人民法院，称包某依照《关于审理人身损害赔偿案件适用法律若干问题的解释》规定，向受害人承担人身赔偿责任，不是保险合同约定的赔偿责任，应当依据双方合同约定按照《道路交通事故处理办法》的规定进行赔偿。

某中院审理后认为：保险公司与包某订立的机动车辆保险合同，是双方自愿、平等、协商一致达成的协议，是真实意思表示，合法有效，双方当事人应当全面履行合同义务。保险合同约定，保险事故发生后，保险人按照《道路交通事故处理办法》规定的赔偿范围、项目和标准以及本保险合同的约定，在保险单载明的责任限额内核定赔偿金额。故包某主张依《关于审理人身损害赔偿案件适用法律若干问题的解释》规定的赔偿范围、项目和标准，由财保公司承担赔偿责任，不符合合同约定。保险公司上诉理由成立，予以采纳。鉴于包某已按照《关于审理人身损害赔偿案件适用法律若干问题的解释》规定的赔偿范围、项目和标准，向第三人作了赔偿的实际情况，根据公平原则，可由保险公司合理分担。某中院遂依照《中华人民共和国合同法》《中华人民共和国保险法》和《中华人民共和国民事诉讼法》有关条款规定，判决由保险公司赔偿包某人民币 43752. 75 元。

本案评析：

本案包某在与保险公司签订保险合同时，保险合同中约定，按照《道路交通事故处理办法》规定的赔偿范围、项目和标准确定保险公司的理赔额。因双方签订合同时是 2003 年，《道路交通事故处理办法》是当时适用于交通事故处理的行政规章，以此确定保险公司的理赔额与其是衔接的。但当因该起交通事故提起的诉讼由法院受理时，最高人民法院出台了关于人身损害赔偿的新司法解释《最高人民法院关于审理人身损害赔偿案件适用法律若干问题的解释》，该解释于2004年5月1日在各地法院处理该类案件中适用，所以某县法院在审理黄某交通事故案件时根据该司法解释确定了包某一方应支付的民事赔偿费用。

这个争议应如何解决？首先，要明确法律的变更对于合同当事人双方而言都是不可预期的因素，属于制度方面的情势变更。按照有约必守的合同法原则，任何一方不得主张因客观情势发生的变化而变更或解除合同，客观情况变化在多数情况下是当事人应该承担的履行风险，如果允许当事人任意主张这种变更或解除合同的理由，将使合同的稳定性、合同利益的可预见性大为贬损。但是，如果双方当事人就合同的变更在合意一致后重新达成协议，可以按照新的合同履行。本案包某一方主张按照新的司法解释确定赔偿额就是打算变更合同内容的意思表示，但是保险公司拒绝了包某的主张，所以合同不能变更，双方应当按照合同中的约定定损和理赔。

上诉法院在确定了合同必须信守后，又根据“公平原则”（衡平原则）令保险公司对包某作了一定的补偿。

本案中保险合同的条款在内容上也存在问题，双方不应特别约定关于理赔额的确定适用哪个法律的规定，而应仅约定适用理赔当时现行有效的法律即可，使法律适用具有灵活性，以免发生类似的纠纷。

车上责任险的免赔事由

案情简介：

汕头市某出租车公司于2002年8月20日将一辆营运出租车向汕头市一家保险公司投保，其中车上责任险的保险金额是5座位，每位3万元。

2003年5月28日，公司司机罗某驾驶该车载着两名乘客正在路上行走，到一偏僻无人路段后，两名乘客突然凶相毕露，拔刀抢劫。罗某在反抗中被歹徒刺中右上腹和大腿内侧，车辆失控撞到路边大树，导致左腿股骨上段粉碎性骨折，歹徒趁机逃走。案发后，该出租车公司以罗某住院治疗共花去医疗费 30113. 75 元，属车上责任险投保范围为由，要求其投保的保险公司给予赔偿。但保险公司指出双方在机动车保险条款的车上责任条款第二条责任免除中约定："由于以下原因引起的损失，保险人不负责赔偿：……由于驾驶员的故意行为，紧急刹车或本车上的人员因疾病、分娩、自残、殴斗、自杀、犯罪行为所致的人身伤亡、货物损失以及车上的人员在车下时所受的人身伤亡……"认为因犯罪行为所致的人身伤亡属于责任免除范围，不同意赔偿。出租车公司遂将保险公司告上法庭。

一审法院认为：这家出租车公司的司机罗某驾驶投保车辆，发生意外事故，造成人身伤害，属于车上责任险的保险事故。但双方签订保险合同中的机动车辆保险条款约定，由于本车上的人员因犯罪行为所致的人身伤亡，属于保险人免责范围，罗某所受的人身伤害正是本车上的人员因犯罪行为所致，故该出租车公司要求赔偿车上责任险保险金 3 万元的请求应予驳回。这家出租车公司对此判决不服，向汕头市中级人民法院提起上诉。

汕头中院就《机动车辆保险条款》"车上责任险条款"第二条"责任免除"中第四款"本车上的人员……犯罪"，是否指犯罪分子"本人"的问题，专门发函请求中国保险监督委员会予以解释。中国保险监督委员会办公厅答复对此的解释是："由于驾驶员的故意行为，紧急刹车造成车上人员人身伤亡或货物损失，保险人不负责赔偿。由于本车上的人员因疾病、分娩、自残、殴斗、自杀犯罪行为所致的本人的人身伤亡或财产损失，保险人亦不负赔偿责任。"

据此，汕头中院认为，本案中属于车上人员的罗某因他人的犯罪行为而导致受伤，不属于车上责任险条款的免责范围。该保险公司应按《机动车辆保险单》的约定，承担赔偿责任。遂撤销原审法院原相关民事判决，该保险公司应向这家出租车公司支付车上责任险保险金 3 万元。

本案评析：

车上责任险是机动车保险的附加险种，一般只有投保了第三者责任险后，才能投保车上责任险。车上责任险是指被保险机动车在使用过程中，发生意外事故，致使保险车辆车上人员遭受人身伤亡，依法应由被保险人承担的经济赔偿责任，保险人给予赔偿。

车上责任险一般都规定了若干免责条款：（一）因违章搭乘造成的人身伤亡；（二）由于驾驶员的故意行为造成的人身伤亡；（三）本车上的人员因疾病、分娩、自残、殴斗、自杀、犯罪行为所致的人身伤亡；（四）车上人员在车下时所受的人身伤亡等。

本案司机罗某在出租车营运中遭车上乘客抢劫，身体多处受伤，保险公司主张属于免责事由，不负责赔偿。保险公司对犯罪行为造成的人身伤亡采取了扩大解释的方法，即不仅包括犯罪人本人因犯罪行为所致的人身伤亡，还包括车上其他人员因犯罪所遭受的人身伤亡，这种解释是违背该条款原意的。犯罪者因本人严重违法，触犯刑律，要受到法律制裁，保险公司不应保障这种不具有社会正效益的行为，而其他人因犯罪行为遭受人身伤亡，是受害者，保险公司没有理由拒绝赔偿。

为了维护社会公众的正当利益，法律从几个方面对保险合同中的格式条款给予规范。首先，多数险种的保险合同和合同中的主要条款都要由保险业行业协会统一制定标准文本，并经过保监会批准。其次，保监会对这些合同的内容享有解释权，对其执行享有监督权。再次，如果就格式合同的内容出现争议，应当按通常理解予以解释，对格式条款有两种以上解释的，应当作出不利于提供格式条款一方的解释。

附　录

《中华人民共和国道路交通安全法》

第一章　总　则

第一条　为了维护道路交通秩序，预防和减少交通事故，保护人身安全，保护公民、法人和其他组织的财产安全及其他合法权益，提高通行效率，制定本法。

第二条　中华人民共和国境内的车辆驾驶人、行人、乘车人以及与道路交通活动有关的单位和个人，都应当遵守本法。

第三条　道路交通安全工作，应当遵循依法管理、方便群众的原则，保障道路交通有序、安全、畅通。

第四条　各级人民政府应当保障道路交通安全管理工作与经济建设和社会发展相适应。

县级以上地方各级人民政府应当适应道路交通发展的需要，依据道路交通安全法律、法规和国家有关政策，制定道路交通安全管理规划，并组织实施。

第五条　国务院公安部门负责全国道路交通安全管理工作。县级以上地方各级人民政府公安机关交通管理部门负责本行政区域内的道路交通安全管理工作。

县级以上各级人民政府交通、建设管理部门依据各自职责，负责有关的道路交通工作。

第六条　各级人民政府应当经常进行道路交通安全教育，提高公民的道路交通安全意识。

公安机关交通管理部门及其交通警察执行职务时，应当加强道路交通安全法律、法规的宣传，并模范遵守道路交通安全法律、法规。

机关、部队、企业事业单位、社会团体以及其他组织，应当对本单位的人员进行道路交通安全教育。

教育行政部门、学校应当将道路交通安全教育纳入法制教育的内容。

新闻、出版、广播、电视等有关单位，有进行道路交通安全教育的义务。

第七条 对道路交通安全管理工作，应当加强科学研究，推广、使用先进的管理方法、技术、设备。

第二章 车辆和驾驶人

第一节 机动车、非机动车

第八条 国家对机动车实行登记制度。机动车经公安机关交通管理部门登记后，方可上道路行驶。尚未登记的机动车，需要临时上道路行驶的，应当取得临时通行牌证。

第九条 申请机动车登记，应当提交以下证明、凭证：

（一）机动车所有人的身份证明；

（二）机动车来历证明；

（三）机动车整车出厂合格证明或者进口机动车进口凭证；

（四）车辆购置税的完税证明或者免税凭证；

（五）法律、行政法规规定应当在机动车登记时提交的其他证明、凭证。

公安机关交通管理部门应当自受理申请之日起五个工作日内完成机动车登记审查工作，对符合前款规定条件的，应当发放机动车登记证书、号牌和行驶证；对不符合前款规定条件的，应当向申请人说明不予登记的理由。

公安机关交通管理部门以外的任何单位或者个人不得发放机动车号牌或者要求机动车悬挂其他号牌，本法另有规定的除外。

机动车登记证书、号牌、行驶证的式样由国务院公安部门规定并监制。

第十条 准予登记的机动车应当符合机动车国家安全技术标准。申请机动车登记时，应当接受对该机动车的安全技术检验。但是，经国家机动车主管部门依据机动车国家安全技术标准认定的企业生产的机动车型，该车型的新车在出厂时经检验符合机动车国家安全技术标准，获得检验合格证的，免予安全技术检验。

第十一条 驾驶机动车上道路行驶，应当悬挂机动车号牌，放置检验合格标志、保险标志，并随车携带机动车行驶证。

机动车号牌应当按照规定悬挂并保持清晰、完整，不得故意遮挡、污损。

任何单位和个人不得收缴、扣留机动车号牌。

第十二条 有下列情形之一的，应当办理相应的登记：

（一）机动车所有权发生转移的；

（二）机动车登记内容变更的；

（三）机动车用作抵押的；

（四）机动车报废的。

第十三条 对登记后上道路行驶的机动车，应当依照法律、行政法规的规定，根据车辆用途、载客载货数量、使用年限等不同情况，定期进行安全技术检验。对提供机动车行驶证和机动车第三者责任强制保险单的，机动车安全技术检验机构应当予以检验，任何单位不得附加其他条件。对符合机动车国家安全技术标准的，公安机关交通管理部门应当发给检验合格标志。

对机动车的安全技术检验实行社会化。具体办法由国务院规定。

机动车安全技术检验实行社会化的地方，任何单位不得要求机动车到指定的场所进行检验。

公安机关交通管理部门、机动车安全技术检验机构不得要求机动车到指定的场所进行维修、保养。

机动车安全技术检验机构对机动车检验收取费用，应当严格执行国务院价格主管部门核定的收费标准。

第十四条 国家实行机动车强制报废制度，根据机动车的安全技术状况和不同用途，规定不同的报废标准。

应当报废的机动车必须及时办理注销登记。

达到报废标准的机动车不得上道路行驶。报废的大型客、货车及其他营运车辆应当在公安机关交通管理部门的监督下解体。

第十五条 警车、消防车、救护车、工程救险车应当按照规定喷涂标志图案，安装警报器、标志灯具。其他机动车不得喷涂、安装、使用上述车辆专用的或者与其相类似的标志图案、警报器或者标志灯具。

警车、消防车、救护车、工程救险车应当严格按照规定的用途和条件使用。

公路监督检查的专用车辆，应当依照公路法的规定，设置统一的标志和示警灯。

第十六条 任何单位或者个人不得有下列行为：

（一）拼装机动车或者擅自改变机动车已登记的结构、构造或者特征；

（二）改变机动车型号、发动机号、车架号或者车辆识别代号；

（三）伪造、变造或者使用伪造、变造的机动车登记证书、号牌、行驶证、检验合格标志、保险标志；

（四）使用其他机动车的登记证书、号牌、行驶证、检验合格标志、保险标志。

第十七条 国家实行机动车第三者责任强制保险制度，设立道路交通事故社会救助基金。具体办法由国务院规定。

第十八条 依法应当登记的非机动车，经公安机关交通管理部门登记后，方可上道路行驶。

依法应当登记的非机动车的种类，由省、自治区、直辖市人民政府根据当地实际情况规定。

非机动车的外形尺寸、质量、制动器、车铃和夜间反光装置，应当符合非机动车安全技术标准。

第二节 机动车驾驶人

第十九条 驾驶机动车，应当依法取得机动车驾驶证。

申请机动车驾驶证，应当符合国务院公安部门规定的驾驶许可条件；经考试合格后，由公安机关交通管理部门发给相应类别的机动车驾驶证。

持有境外机动车驾驶证的人，符合国务院公安部门规定的驾驶许可条件，经公安机关交通管理部门考核合格的，可以发给中国的机动车驾驶证。

驾驶人应当按照驾驶证载明的准驾车型驾驶机动车；驾驶机动车时，应当随身携带机动车驾驶证。

公安机关交通管理部门以外的任何单位或者个人，不得收缴、扣留机动车驾驶证。

第二十条 机动车的驾驶培训实行社会化，由交通主管部门对驾驶培训学校、驾驶培训班实行资格管理，其中专门的拖拉机驾驶培训学校、驾驶培训班由农业（农业机械）主管部门实行资格管理。

驾驶培训学校、驾驶培训班应当严格按照国家有关规定，对学员进行道路交通安全法律、法规、驾驶技能的培训，确保培训质量。

任何国家机关以及驾驶培训和考试主管部门不得举办或者参与举办驾驶培训学校、驾驶培训班。

第二十一条 驾驶人驾驶机动车上道路行驶前，应当对机动车的安全技术性能进行认真检查；不得驾驶安全设施不全或者机件不符合技术标准等具有安全隐患的机动车。

第二十二条 机动车驾驶人应当遵守道路交通安全法律、法规的规定，按照操作规范安全驾驶、文明驾驶。

饮酒、服用国家管制的精神药品或者麻醉药品，或者患有妨碍安全驾驶机动车的疾病，或者过度疲劳影响安全驾驶的，不得驾驶机动车。

任何人不得强迫、指使、纵容驾驶人违反道路交通安全法律、法规和机动车安全驾驶要求驾驶机动车。

第二十三条 公安机关交通管理部门依照法律、行政法规的规定，定期对机动车驾驶证实施审验。

第二十四条 公安机关交通管理部门对机动车驾驶人违反道路交通安全法律、法规的行为，除依法给予行政处罚外，实行累积记分制度。公安机关交通管理部门对累积记分达到规定分值的机动车驾驶人，扣留机动车驾驶证，对其进行道路交通安全法律、法规教育，重新考试；考试合格的，发还其机动车驾驶证。

对遵守道路交通安全法律、法规，在一年内无累积记分的机动车驾驶人，可以延长机动车驾驶证的审验期。具体办法由国务院公安部门规定。

第三章 道路通行条件

第二十五条 全国实行统一的道路交通信号。

交通信号包括交通信号灯、交通标志、交通标线和交通警察的指挥。

交通信号灯、交通标志、交通标线的设置应当符合道路交通安全、畅通的要求和国家标准，并保持清晰、醒目、准确、完好。

根据通行需要，应当及时增设、调换、更新道路交通信号。增设、调换、更新限制性的道路交通信号，应当提前向社会公告，广泛进行宣传。

第二十六条 交通信号灯由红灯、绿灯、黄灯组成。红灯表示禁止通行，绿灯表示准许通行，黄灯表示警示。

第二十七条 铁路与道路平面交叉的道口，应当设置警示灯、警示标志或者安全防护设施。无人看守的铁路道口，应当在距道口一定距离处设置警示标志。

第二十八条 任何单位和个人不得擅自设置、移动、占用、损毁交通信号灯、交通标志、交通标线。

道路两侧及隔离带上种植的树木或者其他植物，设置的广告牌、管线等，应当与交通设施保持必要的距离，不得遮挡路灯、交通信号灯、交通标志，不得妨碍安全视距，不得影响通行。

第二十九条 道路、停车场和道路配套设施的规划、设计、建设，应当符合道路交通安全、畅通的要求，并根据交通需求及时调整。

公安机关交通管理部门发现已经投入使用的道路存在交通事故频发路段，或者停车场、道路配套设施存在交通安全严重隐患的，应当及时向当地人民政府报告，并提出防范交通事故、消除隐患的建议，当地人民政府应当及时作出处理决定。

第三十条 道路出现坍塌、坑槽、水毁、隆起等损毁或者交通信号灯、交通标志、交通标线等交通设施损毁、灭失的，道路、交通设施的养护部门或者管理部门应当设置警示标志并及时修复。

公安机关交通管理部门发现前款情形，危及交通安全，尚未设置警示标志的，应当及时采取安全措施，疏导交通，并通知道路、交通设施的养护部门或者管理部门。

第三十一条 未经许可，任何单位和个人不得占用道路从事非交通活动。

第三十二条 因工程建设需要占用、挖掘道路，或者跨越、穿越道路架设、增设管线设施，应当事先征得道路主管部门的同意；影响交通安全的，还应当征得公安机关交通管理部门的同意。

施工作业单位应当在经批准的路段和时间内施工作业，并在距离施工作业地点来车方向安全距离处设置明显的安全警示标志，采取防护措施；施工作业完毕，应当迅速清除道路上的障碍物，消除安全隐患，经道路主管部门和公安机关交通管理部门验收合格，符合通行要求后，方可恢复通行。

对未中断交通的施工作业道路，公安机关交通管理部门应当加强交通安全监督检查，维护道路交通秩序。

第三十三条 新建、改建、扩建的公共建筑、商业街区、居住区、大（中）型建筑等，应当配建、增建停车场；停车泊位不足的，应当及时改建或者扩建；投入使用的停车场不得擅自停止使用或者改作他用。

在城市道路范围内，在不影响行人、车辆通行的情况下，政府有关部门可以施划停车泊位。

第三十四条 学校、幼儿园、医院、养老院门前的道路没有行人过街设施的，应当施画人行横道线，设置提示标志。

城市主要道路的人行道，应当按照规划设置盲道。盲道的设置应当符合国家标准。

第四章　道路通行规定

第一节　一般规定

第三十五条 机动车、非机动车实行右侧通行。

第三十六条 根据道路条件和通行需要，道路划分为机动车道、非机动车道和人行道的，机动车、非机动车、行人实行分道通行。没有划分机动车道、非机动车道和人行道的，机动车在道路中间通行，非机动车和行人在道路两侧通行。

第三十七条 道路划设专用车道的，在专用车道内，只准许规定的车辆通行，其他车辆不得进入专用车道内行驶。

第三十八条 车辆、行人应当按照交通信号通行。遇有交通警察现场指挥时，应当按照交通警察的指挥通行；在没有交通信号的道路上，应当在确保安全、畅通的原则下通行。

第三十九条 公安机关交通管理部门根据道路和交通流量的具体情况，可以对机动车、非机动车、行人采取疏导、限制通行、禁止通行等措施。遇有大型群众性活动、大范围施工等情况，需要采取限制交通的措施，或者作出与公众的道路交通活动直接有关的决定，应当提前向社会公告。

第四十条 遇有自然灾害、恶劣气象条件或者重大交通事故等严重影响交通安全的情形，采取其他措施难以保证交通安全时，公安机关交通管理部门可以实行交通管制。

第四十一条 有关道路通行的其他具体规定，由国务院规定。

第二节 机动车通行规定

第四十二条 机动车上道路行驶，不得超过限速标志标明的最高时速。在没有限速标志的路段，应当保持安全车速。

夜间行驶或者在容易发生危险的路段行驶，以及遇有沙尘、冰雹、雨、雪、雾、结冰等气象条件时，应当降低行驶速度。

第四十三条 同车道行驶的机动车，后车应当与前车保持足以采取紧急制动措施的安全距离。有下列情形之一的，不得超车：

（一）前车正在左转弯、掉头、超车的；

（二）与对面来车有会车可能的；

（三）前车为执行紧急任务的警车、消防车、救护车、工程救险车的；

（四）行经铁路道口、交叉路口、窄桥、弯道、陡坡、隧道、人行横道、市区交通流量大的路段等没有超车条件的。

第四十四条 机动车通过交叉路口，应当按照交通信号灯、交通标志、交通标线或者交通警察的指挥通过；通过没有交通信号灯、交通标志、交通标线或者交通警察指挥的交叉路口时，应当减速慢行，并让行人和优先通行的车辆先行。

第四十五条 机动车遇有前方车辆停车排队等候或者缓慢行驶时，不得借道超车或者占用对面车道，不得穿插等候的车辆。

在车道减少的路段、路口，或者在没有交通信号灯、交通标志、交通标线或者交通警察指挥的交叉路口遇到停车排队等候或者缓慢行驶时，机动车应当依次交替通行。

第四十六条 机动车通过铁路道口时，应当按照交通信号或者管理人员的指挥通行；没有交通信号或者管理人员的，应当减速或者停车，在确认安全后通过。

第四十七条 机动车行经人行横道时，应当减速行驶；遇行人正在通过人行横道，应当停车让行。

机动车行经没有交通信号的道路时，遇行人横过道路，应当避让。

第四十八条 机动车载物应当符合核定的载重量，严禁超载；载物的长、宽、高不得违反装载要求，不得遗洒、飘散载运物。

机动车运载超限的不可解体的物品，影响交通安全的，应当按照公安机关交通管理部门指定的时间、路线、速度行驶，悬挂明显标志。在公路上运载超限的不可解体的物品，并应当依照公路法的规定执行。

机动车载运爆炸物品、易燃易爆化学物品以及剧毒、放射性等危险物品，应当经公安机关批准后，按指定的时间、路线、速度行驶，悬挂警示标志并采取必要的安全措施。

第四十九条 机动车载人不得超过核定的人数，客运机动车不得违反规定载货。

第五十条 禁止货运机动车载客。

货运机动车需要附载作业人员的，应当设置保护作业人员的安全措施。

第五十一条 机动车行驶时，驾驶人、乘坐人员应当按规定使用安全带，摩托车驾驶人及乘坐人员应当按规定戴安全头盔。

第五十二条 机动车在道路上发生故障，需要停车排除故障时，驾驶人应当立即开启危险报警闪光灯，将机动车移至不妨碍交通的地方停放；难以移动的，应当持续开启危险报警闪光灯，并在来车方向设置警告标志等措施扩大示警距离，必要时迅速报警。

第五十三条 警车、消防车、救护车、工程救险车执行紧急任务时，可以使用警报器、标志灯具；在确保安全的前提下，不受行驶路线、行驶方向、行驶速度和信号灯的限制，其他车辆和行人应当让行。

警车、消防车、救护车、工程救险车非执行紧急任务时，不得使用警报器、标志灯具，不享有前款规定的道路优先通行权。

第五十四条 道路养护车辆、工程作业车进行作业时，在不影响过往车辆通行的前提下，其行驶路线和方向不受交通标志、标线限制，过往车辆和人员应当注意避让。

洒水车、清扫车等机动车应当按照安全作业标准作业；在不影响其他车辆通行的情况下，可以不受车辆分道行驶的限制，但是不得逆向行驶。

第五十五条 高速公路、大中城市中心城区内的道路，禁止拖拉机通行。其他禁止拖拉机通行的道路，由省、自治区、直辖市人民政府根据当地实际情况规定。

在允许拖拉机通行的道路上，拖拉机可以从事货运，但是不得用于载人。

第五十六条 机动车应当在规定地点停放。禁止在人行道上停放机动车；但是，依照本法第三十三条规定施划的停车泊位除外。

在道路上临时停车的，不得妨碍其他车辆和行人通行。

第三节 非机动车通行规定

第五十七条 驾驶非机动车在道路上行驶应当遵守有关交通安全的规定。非机动车应当在非机动车道内行驶；在没有非机动车道的道路上，应当靠车行道的右侧行驶。

第五十八条 残疾人机动轮椅车、电动自行车在非机动车道内行驶时，最高时速不得超过十五公里。

第五十九条 非机动车应当在规定地点停放。未设停放地点的，非机动车停放不得妨碍其他车辆和行人通行。

第六十条 驾驭畜力车，应当使用驯服的牲畜；驾驭畜力车横过道路时，驾驭人应当下车牵引牲畜；驾驭人离开车辆时，应当拴系牲畜。

第四节 行人和乘车人通行规定

第六十一条 行人应当在人行道内行走；没有人行道的靠路边行走。

第六十二条 行人通过路口或者横过道路，应当走人行横道或者过街设施；通过有交通信号灯的人行横道，应当按照交通信号灯指示通行；通过没有交通信号灯、人行横道的路口，或者在没有过街设施的路段横过道路，应当在确认安全后通过。

第六十三条 行人不得跨越、倚坐道路隔离设施，不得扒车、强行拦车或者实施妨碍道路交通安全的其他行为。

第六十四条 学龄前儿童以及不能辨认或者不能控制自己行为的精神疾病患者、智力障碍者在道路上通行，应当由其监护人、监护人委托的人或者对其负有管理、保护职责的人带领。

盲人在道路上通行，应当使用盲杖或者采取其他导盲手段，车辆应当避让盲人。

第六十五条 行人通过铁路道口时，应当按照交通信号或者管理人员的指挥通行；没有交通信号和管理人员的，应当在确认无火车驶临后，迅速通过。

第六十六条 乘车人不得携带易燃易爆等危险物品，不得向车外抛洒物品，不得有影响驾驶人安全驾驶的行为。

第五节 高速公路的特别规定

第六十七条 行人、非机动车、拖拉机、轮式专用机械车、铰接式客车、全挂拖斗车以及其他设计最高时速低于70公里的机动车，不得进入高速公路。高速公路限速标志标明的最高时速不得超过120公里。

第六十八条 机动车在高速公路上发生故障时，应当依照本法第五十二条的有关规定办理；但是，警告标志应当设置在故障车来车方向150米以外，车上人员应当迅速转移到右侧路肩上或者应急车道内，并且迅速报警。

机动车在高速公路上发生故障或者交通事故，无法正常行驶的，应当由救援车、清障车拖拽、牵引。

第六十九条 任何单位、个人不得在高速公路上拦截检查行驶的车辆，公安机关的人民警察依法执行紧急公务除外。

第五章 交通事故处理

第七十条 在道路上发生交通事故，车辆驾驶人应当立即停车，保护现场；造成人身伤亡的，车辆驾驶人应当立即抢救受伤人员，并迅速报告执勤的交通警察或者公安机关交通管理部门。因抢救受伤人员变动现场的，应当标明位置。乘车人、过往车辆驾驶人、过往行人应当予以协助。

在道路上发生交通事故，未造成人身伤亡，当事人对事实及成因无争议的，可以即行撤离现场，恢复交通，自行协商处理损害赔偿事宜；不即行撤离现场的，应当迅速报告执勤的交通警察或者公安机关交通管理部门。

在道路上发生交通事故，仅造成轻微财产损失，并且基本事实清楚的，当事人应当先撤离现场再进行协商处理。

第七十一条 车辆发生交通事故后逃逸的，事故现场目击人员和其他知情人员应当向公安机关交通管理部门或者交通警察举报。举报属实的，公安机关交通管理部门应当给予奖励。

第七十二条 公安机关交通管理部门接到交通事故报警后，应当立即派交通警察赶赴现场，先组织抢救受伤人员，并采取措施，尽快恢复交通。

交通警察应当对交通事故现场进行勘验、检查，收集证据；因收集证据的需要，可以扣留事故车辆，但是应当妥善保管，以备核查。

对当事人的生理、精神状况等专业性较强的检验，公安机关交通管理部门应当委托专门机构进行鉴定。鉴定结论应当由鉴定人签名。

第七十三条 公安机关交通管理部门应当根据交通事故现场勘验、检查、调查情况和有关的检验、鉴定结论，及时制作交通事故认定书，作为处理交通事故的证据。交通事故认定书应当载明交通事故的基本事实、成因和当事人的责任，并送达当事人。

第七十四条 对交通事故损害赔偿的争议，当事人可以请求公安机关交通管理部门调解，也可以直接向人民法院提起民事诉讼。

经公安机关交通管理部门调解，当事人未达成协议或者调解书生效后不履行的，当事人可以向人民法院提起民事诉讼。

第七十五条 医疗机构对交通事故中的受伤人员应当及时抢救，不得因抢救费用未及时支付而拖延救治。肇事车辆参加机动车第三者责任强制保险的，由保险公司在责任限额范围内支付抢救费用；抢救费用超过责任限额的，未参加机动车第三者责任强制保险或者肇事后逃逸的，由道路交通事故社会救助基金先行垫付部分或者全部抢救费用，道路交通事故社会救助基金管理机构有权向交通事故责任人追偿。

第七十六条 机动车发生交通事故造成人身伤亡、财产损失的，由保险公司在机动车第三者责任强制保险责任限额范围内予以赔偿。超过责任限额的部分，按照下列方式承担赔偿责任：

（一）机动车之间发生交通事故的，由有过错的一方承担责任；双方都有过错的，按照各自过错的比例分担责任。

（二）机动车与非机动车驾驶人、行人之间发生交通事故的，由机动车一方承担责任；但是，有证据证明非机动车驾驶人、行人违反道路交通安全法律、法规，机动车驾驶人已经采取必要处置措施的，减轻机动车一方的责任。

交通事故的损失是由非机动车驾驶人、行人故意造成的，机动车一方不承担责任。

第七十七条 车辆在道路以外通行时发生的事故，公安机关交通管理部门接到报案的，参照本法有关规定办理。

第六章 执法监督

第七十八条 公安机关交通管理部门应当加强对交通警察的管理，提高交通警察的素质和管理道路交通的水平。

公安机关交通管理部门应当对交通警察进行法制和交通安全管理业务培训、考核。交通警察经考核不合格的，不得上岗执行职务。

第七十九条 公安机关交通管理部门及其交通警察实施道路交通安全管理，应当依据法定的职权和程序，简化办事手续，做到公正、严格、文明、高效。

第八十条 交通警察执行任务时，应当按照规定着装，佩戴人民警察标志，持有人民警察证件，保持警容严整，举止端庄，指挥规范。

第八十一条 依照本法发放牌证等收取工本费，应当严格执行国务院价格主管部门核定的收费标准，并全部上缴国库。

第八十二条 公安机关交通管理部门依法实施罚款的行政处罚，应当依照有关法律、行政法规的规定，实施罚款决定与罚款收缴分离；收缴的罚款以及依法没收的违法所得，应当全部上缴国库。

第八十三条 交通警察调查处理道路交通安全违法行为和交通事故，有下列情形之一的，应当回避：

（一）是本案的当事人或者当事人的近亲属；

（二）本人或者其近亲属与本案有利害关系；

（三）与本案当事人有其他关系，可能影响案件的公正处理。

第八十四条 公安机关交通管理部门及其交通警察的行政执法活动，应当接受行政监察机关依法实施的监督。

公安机关督察部门应当对公安机关交通管理部门及其交通警察执行法律、法规和遵守纪律的情况依法进行监督。

上级公安机关交通管理部门应当对下级公安机关交通管理部门的执法活动进行监督。

第八十五条 公安机关交通管理部门及其交通警察执行职务，应当自觉接受社会和公民的监督。

任何单位和个人都有权对公安机关交通管理部门及其交通警察不严格执法以及违法违纪行为进行检举、控告。收到检举、控告的机关，应当依据职责及时查处。

第八十六条 任何单位不得给公安机关交通管理部门下达或者变相下达罚款指标；公安机关交通管理部门不得以罚款数额作为考核交通警察的标准。

公安机关交通管理部门及其交通警察对超越法律、法规规定的指令，有权拒绝执行，并同时向上级机关报告。

第七章 法律责任

第八十七条 公安机关交通管理部门及其交通警察对道路交通安全违法行为，应当及时纠正。

公安机关交通管理部门及其交通警察应当依据事实和本法的有关规定对道路交通安全违法行为予以处罚。对于情节轻微，未影响道路通行的，指出违法行为，给予口头警告后放行。

第八十八条 对道路交通安全违法行为的处罚种类包括：警告、罚款、暂扣或者吊销机动车驾驶证、拘留。

第八十九条 行人、乘车人、非机动车驾驶人违反道路交通安全法律、法规关于道路通行规定的，处警告或者 5 元以上 50 元以下罚款；非机动车驾驶人拒绝接受罚款处罚的，可以扣留其非机动车。

第九十条 机动车驾驶人违反道路交通安全法律、法规关于道路通行规定的，处警告或者 20 元以上 200 元以下罚款。本法另有规定的，依照规定处罚。

第九十一条 饮酒后驾驶机动车的，处暂扣六个月机动车驾驶证，并处 1000 元以上 2000 元以下罚款。因饮酒后驾驶机动车被处罚，再次饮酒后驾驶机动车的，处十日以下拘留，并处 1000 元以上 2000 元以下罚款，吊销机动车驾驶证。

醉酒驾驶机动车的，由公安机关交通管理部门约束至酒醒，吊销机动车驾驶证，依法追究刑事责任；五年内不得重新取得机动车驾驶证。

饮酒后驾驶营运机动车的，处十五日拘留，并处 5000 元罚款，吊销机动车驾驶证，五年内不得重新取得机动车驾驶证。

醉酒驾驶营运机动车的，由公安机关交通管理部门约束至酒醒，吊销机动车驾驶证，依法追究刑事责任；十年内不得重新取得机动车驾驶证，重新取得机动车驾驶证后，不得驾驶营运机动车。

饮酒后或者醉酒驾驶机动车发生重大交通事故，构成犯罪的，依法追究刑事责任，并由公安机关交通管理部门吊销机动车驾驶证，终生不得重新取得机动车驾驶证。

第九十二条 公路客运车辆载客超过额定乘员的，处 200 以下 500 以上罚款；超过额定乘员百分之二十或者违反规定载货的，处 500 元以上 2000 元以下罚款。

货运机动车超过核定载质量的，处 200 元以上 500 元以下罚款；超过核定载质量百分之三十或者违反规定载客的，处 500 元以上 2000 元以下罚款。

有前两款行为的，由公安机关交通管理部门扣留机动车至违法状态消除。

运输单位的车辆有本条第一款、第二款规定的情形，经处罚不改的，对直接负责的主管人员处 2000 元以上 5000 元以下罚款。

第九十三条 对违反道路交通安全法律、法规关于机动车停放、临时停车规定的，可以指出违法行为，并予以口头警告，令其立即驶离。

机动车驾驶人不在现场或者虽在现场但拒绝立即驶离，妨碍其他车辆、行人通行的，处20元以上200元以下罚款，并可以将该机动车拖移至不妨碍交通的地点或者公安机关交通管理部门指定的地点停放。公安机关交通管理部门拖车不得向当事人收取费用，并应当及时告知当事人停放地点。

因采取不正确的方法拖车造成机动车损坏的，应当依法承担补偿责任。

第九十四条 机动车安全技术检验机构实施机动车安全技术检验超过国务院价格主管部门核定的收费标准收取费用的，退还多收取的费用，并由价格主管部门依照《中华人民共和国价格法》的有关规定给予处罚。

机动车安全技术检验机构不按照机动车国家安全技术标准进行检验，出具虚假检验结果的，由公安机关交通管理部门处所收检验费用五倍以上十倍以下罚款，并依法撤销其检验资格；构成犯罪的，依法追究刑事责任。

第九十五条 上道路行驶的机动车未悬挂机动车号牌，未放置检验合格标志、保险标志，或者未随车携带行驶证、驾驶证的，公安机关交通管理部门应当扣留机动车，通知当事人提供相应的牌证、标志或者补办相应手续，并可以依照本法第九十条的规定予以处罚。当事人提供相应的牌证、标志或者补办相应手续的，应当及时退还机动车。

故意遮挡、污损或者不按规定安装机动车号牌的，依照本法第九十条的规定予以处罚。

第九十六条 伪造、变造或者使用伪造、变造的机动车登记证书、号牌、行驶证、检验合格标志、保险标志、驾驶证或者使用其他车辆的机动车登记证书、号牌、行驶证、检验合格标志、保险标志的，由公安机关交通管理部门予以收缴，扣留该机动车，并处200元以上2000元以下罚款；构成犯罪的，依法追究刑事责任。

当事人提供相应的合法证明或者补办相应手续的，应当及时退还机动车。

第九十七条 非法安装警报器、标志灯具的，由公安机关交通管理部门强制拆除，予以收缴，并处200元以上2000元以下罚款。

第九十八条 机动车所有人、管理人未按照国家规定投保机动车第三者责任强制保险的，由公安机关交通管理部门扣留车辆至依照规定投保后，并处依照规定投保最低责任限额应缴纳的保险费的二倍罚款。

依照前款缴纳的罚款全部纳入道路交通事故社会救助基金。具体办法由国务院规定。

第九十九条 有下列行为之一的，由公安机关交通管理部门处200元以上2000元以下罚款：

（一）未取得机动车驾驶证、机动车驾驶证被吊销或者机动车驾驶证被暂扣期间驾驶机动车的；

（二）将机动车交由未取得机动车驾驶证或者机动车驾驶证被吊销、暂扣的人驾驶的；

（三）造成交通事故后逃逸，尚不构成犯罪的；

（四）机动车行驶超过规定时速百分之五十的；

（五）强迫机动车驾驶人违反道路交通安全法律、法规和机动车安全驾驶要求驾驶机动车，造成交通事故，尚不构成犯罪的；

（六）违反交通管制的规定强行通行，不听劝阻的；

（七）故意损毁、移动、涂改交通设施，造成危害后果，尚不构成犯罪的；

（八）非法拦截、扣留机动车辆，不听劝阻，造成交通严重阻塞或者较大财产损失的。

行为人有前款第二项、第四项情形之一的，可以并处吊销机动车驾驶证；有第一项、第三项、第五项至第八项情形之一的，可以并处十五日以下拘留。

第一〇〇条 驾驶拼装的机动车或者已达到报废标准的机动车上道路行驶的，公安机关交通管理部门应当予以收缴，强制报废。

对驾驶前款所列机动车上道路行驶的驾驶人，处200元以上2000元以下罚款，并吊销机动车驾驶证。

出售已达到报废标准的机动车的，没收违法所得，处销售金额等额的罚款，对该机动车依照本条第一款的规定处理。

第一〇一条 违反道路交通安全法律、法规的规定，发生重大交通事故，构成犯罪的，依法追究刑事责任，并由公安机关交通管理部门吊销机动车驾驶证。

造成交通事故后逃逸的，由公安机关交通管理部门吊销机动车驾驶证，且终生不得重新取得机动车驾驶证。

第一〇二条 对六个月内发生二次以上特大交通事故负有主要责任或者全部责任的专业运输单位，由公安机关交通管理部门责令消除安全隐患，未消除安全隐患的机动车，禁止上道路行驶。

第一〇三条 国家机动车产品主管部门未按照机动车国家安全技术标准严格审查，许可不合格机动车型投入生产的，对负有责任的主管人员和其他直接责任人员给予降级或者撤职的行政处分。

机动车生产企业经国家机动车产品主管部门许可生产的机动车型，不执行机动车国家安全技术标准或者不严格进行机动车成品质量检验，致使质量不合格的机动车出厂销售的，由质量技术监督部门依照《中华人民共和国产品质量法》的有关规定给予处罚。

擅自生产、销售未经国家机动车产品主管部门许可生产的机动车型的，没收非法生产、销售的机动车成品及配件，可以并处非法产品价值三倍以上五倍以下罚款；有营业执照的，由工商行政管理部门吊销营业执照，没有营业执照的，予以查封。

生产、销售拼装的机动车或者生产、销售擅自改装的机动车的，依照本条第三款的规定处罚。

有本条第二款、第三款、第四款所列违法行为，生产或者销售不符合机动车国家安全技术标准的机动车，构成犯罪的，依法追究刑事责任。

第一〇四条 未经批准，擅自挖掘道路、占用道路施工或者从事其他影响道路交通安全活动的，由道路主管部门责令停止违法行为，并恢复原状，可以依法给予罚款；致使通行的人员、车辆及其他财产遭受损失的，依法承担赔偿责任。

有前款行为，影响道路交通安全活动的，公安机关交通管理部门可以责令停止违法行为，迅速恢复交通。

第一〇五条 道路施工作业或者道路出现损毁，未及时设置警示标志、未采取防护措施，或者应当设置交通信号灯、交通标志、交通标线而没有设置或者应当及时变更交通信号灯、交通标志、交通标线而没有及时变更，致使通行的人员、车辆及其他财产遭受损失的，负有相关职责的单位应当依法承担赔偿责任。

第一〇六条 在道路两侧及隔离带上种植树木、其他植物或者设置广告牌、管线等，遮挡路灯、交通信号灯、交通标志，妨碍安全视距的，由公安机关交通管理部门责令行为人排除妨碍；拒不执行的，处200元以上2000元以下罚款，并强制排除妨碍，所需费用由行为人负担。

第一〇七条 对道路交通违法行为人予以警告、200元以下罚款，交通警察可以当场作出行政处罚决定，并出具行政处罚决定书。

行政处罚决定书应当载明当事人的违法事实、行政处罚的依据、处罚内容、时间、地点以及处罚机关名称，并由执法人员签名或者盖章。

第一〇八条 当事人应当自收到罚款的行政处罚决定书之日起十五日内，到指定的银行缴纳罚款。

对行人、乘车人和非机动车驾驶人的罚款，当事人无异议的，可以当场予以收缴罚款。

罚款应当开具省、自治区、直辖市财政部门统一制发的罚款收据；不出具财政部门统一制发的罚款收据的，当事人有权拒绝缴纳罚款。

第一〇九条 当事人逾期不履行行政处罚决定的，作出行政处罚决定的行政机关可以采取下列措施：

（一）到期不缴纳罚款的，每日按罚款数额的百分之三加处罚款；

（二）申请人民法院强制执行。

第一一〇条 执行职务的交通警察认为应当对道路交通违法行为人给予暂扣或者吊销机动车驾驶证处罚的，可以先予扣留机动车驾驶证，并在二十四小时内将案件移交公安机关交通管理部门处理。

道路交通违法行为人应当在十五日内到公安机关交通管理部门接受处理。无正当理由逾期未接受处理的，吊销机动车驾驶证。

公安机关交通管理部门暂扣或者吊销机动车驾驶证的，应当出具行政处罚决定书。

第一一一条 对违反本法规定予以拘留的行政处罚，由县、市公安局、公安分局或者相当于县一级的公安机关裁决。

第一一二条 公安机关交通管理部门扣留机动车、非机动车，应当当场出具凭证，并告知当事人在规定期限内到公安机关交通管理部门接受处理。

公安机关交通管理部门对被扣留的车辆应当妥善保管，不得使用。

逾期不来接受处理，并且经公告三个月仍不来接受处理的，对扣留的车辆依法处理。

第一一三条 暂扣机动车驾驶证的期限从处罚决定生效之日起计算；处罚决定生效前先予扣留机动车驾驶证的，扣留一日折抵暂扣期限一日。

吊销机动车驾驶证后重新申请领取机动车驾驶证的期限，按照机动车驾驶证管理规定办理。

第一一四条 公安机关交通管理部门根据交通技术监控记录资料，可以对违法的机动车所有人或者管理人依法予以处罚。对能够确定驾驶人的，可以依照本法的规定依法予以处罚。

第一一五条 交通警察有下列行为之一的，依法给予行政处分：

（一）为不符合法定条件的机动车发放机动车登记证书、号牌、行驶证、检验合格标志的；

（二）批准不符合法定条件的机动车安装、使用警车、消防车、救护车、工程救险车的警报器、标志灯具，喷涂标志图案的；

（三）为不符合驾驶许可条件、未经考试或者考试不合格人员发放机动车驾驶证的；

（四）不执行罚款决定与罚款收缴分离制度或者不按规定将依法收取的费用、收缴的罚款及没收的违法所得全部上缴国库的；

（五）举办或者参与举办驾驶学校或者驾驶培训班、机动车修理厂或者收费停车场等经营活动的；

（六）利用职务上的便利收受他人财物或者谋取其他利益的；

（七）违法扣留车辆、机动车行驶证、驾驶证、车辆号牌的；

（八）使用依法扣留的车辆的；

（九）当场收取罚款不开具罚款收据或者不如实填写罚款额的；

（十）徇私舞弊，不公正处理交通事故的；

（十一）故意刁难，拖延办理机动车牌证的；

（十二）非执行紧急任务时使用警报器、标志灯具的；

（十三）违反规定拦截、检查正常行驶的车辆的；

（十四）非执行紧急公务时拦截搭乘机动车的；

（十五）不履行法定职责的。

公安机关交通管理部门有前款所列行为之一的，对直接负责的主管人员和其他直接责任人员给予相应的行政处分。

第一一六条 依照本法第一一五条的规定，给予交通警察行政处分的，在作出行政处分决定前，可以停止其执行职务；必要时，可以予以禁闭。

依照本法第一一五条的规定，交通警察受到降级或者撤职行政处分的，可以予以辞退。

交通警察受到开除处分或者被辞退的，应当取消警衔；受到撤职以下行政处分的交通警察，应当降低警衔。

第一一七条 交通警察利用职权非法占有公共财物，索取、收受贿赂，或者滥用职权、玩忽职守，构成犯罪的，依法追究刑事责任。

第一一八条 公安机关交通管理部门及其交通警察有本法第一一五条所列行为之一，给当事人造成损失的，应当依法承担赔偿责任。

第八章 附 则

第一一九条 本法中下列用语的含义：

（一）道路，是指公路、城市道路和虽在单位管辖范围但允许社会机动车通行的地方，包括广场、公共停车场等用于公众通行的场所。

（二）车辆，是指机动车和非机动车。

（三）机动车，是指以动力装置驱动或者牵引，上道路行驶的供人员乘用或者用于运送物品以及进行工程专项作业的轮式车辆。

（四）非机动车，是指以人力或者畜力驱动，上道路行驶的交通工具，以及虽有动力装置驱动但设计最高时速、空车质量、外形尺寸符合有关国家标准的残疾人机动轮椅车、电动自行车等交通工具。

（五）交通事故，是指车辆在道路上因过错或者意外造成的人身伤亡或者财产损失的事件。

第一二〇条 中国人民解放军和中国人民武装警察部队在编机动车牌证、在编机动车检验以及机动车驾驶人考核工作，由中国人民解放军、中国人民武装警察部队有关部门负责。

第一二一条　对上道路行驶的拖拉机，由农业（农业机械）主管部门行使本法第八条、第九条、第十三条、第十九条、第二十三条规定的公安机关交通管理部门的管理职权。

农业（农业机械）主管部门依照前款规定行使职权，应当遵守本法有关规定，并接受公安机关交通管理部门的监督；对违反规定的，依照本法有关规定追究法律责任。

本法施行前由农业（农业机械）主管部门发放的机动车牌证，在本法施行后继续有效。

第一二二条　国家对入境的境外机动车的道路交通安全实施统一管理。

第一二三条　省、自治区、直辖市人民代表大会常务委员会可以根据本地区的实际情况，在本法规定的罚款幅度内，规定具体的执行标准。

第一二四条　本法自 2004 年 5 月 1 日起施行。

《中华人民共和国道路交通安全法实施条例》

第一章　总　则

第一条　根据《中华人民共和国道路交通安全法》（以下简称《道路交通安全法》）的规定，制定本条例。

第二条　中华人民共和国境内的车辆驾驶人、行人、乘车人以及与道路交通活动有关的单位和个人，应当遵守道路交通安全法和本条例。

第三条　县级以上地方各级人民政府应当建立、健全道路交通安全工作协调机制，组织有关部门对城市建设项目进行交通影响评价，制定道路交通安全管理规划，确定管理目标，制定实施方案。

第二章　车辆和驾驶人

第一节　机动车

第四条　机动车的登记，分为注册登记、变更登记、转移登记、抵押登记和注销登记。

第五条　初次申领机动车号牌、行驶证的，应当向机动车所有人住所地的公安机关交通管理部门申请注册登记。

申请机动车注册登记，应当交验机动车，并提交以下证明、凭证：

（一）机动车所有人的身份证明；

（二）购车发票等机动车来历证明；

（三）机动车整车出厂合格证明或者进口机动车进口凭证；

（四）车辆购置税完税证明或者免税凭证；

（五）机动车第三者责任强制保险凭证；

（六）法律、行政法规规定应当在机动车注册登记时提交的其他证明、凭证。

不属于国务院机动车产品主管部门规定免予安全技术检验的车型的，还应当提供机动车安全技术检验合格证明。

第六条 已注册登记的机动车有下列情形之一的，机动车所有人应当向登记该机动车的公安机关交通管理部门申请变更登记：

（一）改变机动车车身颜色的；

（二）更换发动机的；

（三）更换车身或者车架的；

（四）因质量有问题，制造厂更换整车的；

（五）营运机动车改为非营运机动车或者非营运机动车改为营运机动车的；

（六）机动车所有人的住所迁出或者迁入公安机关交通管理部门管辖区域的。

申请机动车变更登记，应当提交下列证明、凭证，属于前款第（一）项、第（二）项、第（三）项、第（四）项、第（五）项情形之一的，还应当交验机动车；属于前款第（二）项、第（三）项情形之一的，还应当同时提交机动车安全技术检验合格证明：

（一）机动车所有人的身份证明；

（二）机动车登记证书；

（三）机动车行驶证。

机动车所有人的住所在公安机关交通管理部门管辖区域内迁移、机动车所有人的姓名（单位名称）或者联系方式变更的，应当向登记该机动车的公安机关交通管理部门备案。

第七条 已注册登记的机动车所有权发生转移的，应当及时办理转移登记。

申请机动车转移登记，当事人应当向登记该机动车的公安机关交通管理部门交验机动车，并提交以下证明、凭证：

（一）当事人的身份证明；

（二）机动车所有权转移的证明、凭证；

（三）机动车登记证书；

（四）机动车行驶证。

第八条 机动车所有人将机动车作为抵押物抵押的，机动车所有人应当向登记该机动车的公安机关交通管理部门申请抵押登记。

第九条 已注册登记的机动车达到国家规定的强制报废标准的，公安机关交通管理部门应当在报废期满的2个月前通知机动车所有人办理注销登记。机动车所有人应当在报废期满前将机动车交售给机动车回收企业，由机动车回收企业将报废的机动车登记证书、号牌、行驶证交公安机关交通管理部门注销。机动车所有人逾期不办理注销登记的，公安机关交通管理部门应当公告该机动车登记证书、号牌、行驶证作废。

因机动车灭失申请注销登记的，机动车所有人应当向公安机关交通管理部门提交本人身份证明，交回机动车登记证书。

第十条 办理机动车登记的申请人提交的证明、凭证齐全、有效的，公安机关交通管理部门应当当场办理登记手续。

人民法院、人民检察院以及行政执法部门依法查封、扣押的机动车，公安机关交通管理部门不予办理机动车登记。

第十一条 机动车登记证书、号牌、行驶证丢失或者损毁，机动车所有人申请补发的，应当向公安机关交通管理部门提交本人身份证明和申请材料。公安机关交通管理部门经与机动车登记档案核实后，在收到申请之日起15日内补发。

第十二条 税务部门、保险机构可以在公安机关交通管理部门的办公场所集中办理与机动车有关的税费缴纳、保险合同订立等事项。

第十三条 机动车号牌应当悬挂在车前、车后指定位置，保持清晰、完整。重型、中型载货汽车及其挂车、拖拉机及其挂车的车身或者车厢后部应当喷涂放大的牌号，字样应当端正并保持清晰。

机动车检验合格标志、保险标志应当粘贴在机动车前窗右上角。

机动车喷涂、粘贴标识或者车身广告的，不得影响安全驾驶。

第十四条 用于公路营运的载客汽车、重型载货汽车、半挂牵引车应当安装、使用符合国家标准的行驶记录仪。交通警察可以对机动车行驶速度、连续驾驶时间以及其他行驶状态信息进行检查。安装行驶记录仪可以分步实施，实施步骤由国务院机动车产品主管部门会同有关部门规定。

第十五条 机动车安全技术检验由机动车安全技术检验机构实施。机动车安全技术检验机构应当按照国家机动车安全技术检验标准对机动车进行检验，对检验结果承担法律责任。

质量技术监督部门负责对机动车安全技术检验机构实行资格管理和计量认证管理，对机动车安全技术检验设备进行鉴定，对执行国家机动车安全技术检验标准的情况进行监督。

机动车安全技术检验项目由国务院公安部门会同国务院质量技术监督部门规定。

第十六条 机动车应当从注册登记之日起，按照下列期限进行安全技术检验：

（一）营运载客汽车 5 年以内每年检验 1 次；超过 5 年的，每 6 个月检验 1 次；

（二）载货汽车和大型、中型非营运载客汽车 10 年以内每年检验 1 次；超过 10 年的，每 6 个月检验 1 次；

（三）小型、微型非营运载客汽车 6 年以内每 2 年检验 1 次；超过 6 年的，每年检验 1 次；超过 15 年的，每 6 个月检验 1 次；

（四）摩托车 4 年以内每 2 年检验 1 次；超过 4 年的，每年检验 1 次；

（五）拖拉机和其他机动车每年检验 1 次。

营运机动车在规定检验期限内经安全技术检验合格的，不再重复进行安全技术检验。

第十七条 已注册登记的机动车进行安全技术检验时，机动车行驶证记载的登记内容与该机动车的有关情况不符，或者未按照规定提供机动车第三者责任强制保险凭证的，不予通过检验。

第十八条 警车、消防车、救护车、工程救险车标志图案的喷涂以及警报器、标志灯具的安装、使用规定，由国务院公安部门制定。

第二节 机动车驾驶人

第十九条 符合国务院公安部门规定的驾驶许可条件的人，可以向公安机关交通管理部门申请机动车驾驶证。

机动车驾驶证由国务院公安部门规定式样并监制。

第二十条 学习机动车驾驶，应当先学习道路交通安全法律、法规和相关知识，考试合格后，再学习机动车驾驶技能。

在道路上学习驾驶，应当按照公安机关交通管理部门指定的路线、时间进行。在道路上学习机动车驾驶技能应当使用教练车，在教练员随车指导下进行，与教学无关的人员不得乘坐教练车。学员在学习驾驶中有道路交通安全违法行为或者造成交通事故的，由教练员承担责任。

第二十一条 公安机关交通管理部门应当对申请机动车驾驶证的人进行考试，对考试合格的，在 5 日内核发机动车驾驶证；对考试不合格的，书面说明理由。

第二十二条 机动车驾驶证的有效期为 6 年，本条例另有规定的除外。

机动车驾驶人初次申领机动车驾驶证后的 12 个月为实习期。在实习期内驾驶机动车的，应当在车身后部粘贴或者悬挂统一式样的实习标志。

机动车驾驶人在实习期内不得驾驶公共汽车、营运客车或者执行任务的警车、消防车、救护车、工程救险车以及载有爆炸物品、易燃易爆化学物品、剧毒或者放射性等危险物品的机动车；驾驶的机动车不得牵引挂车。

第二十三条 公安机关交通管理部门对机动车驾驶人的道路交通安全违法行为除给予行政处罚外，实行道路交通安全违法行为累积记分（以下简称记分）制度，记分周期为 12 个月。对在一个记分周期内记分达到 12 分的，由公安机关交通管理部门扣留其机动车驾驶证，该机动车驾驶人应当按照规定参加道路交通安全法律、法规的学习并接受考试。考试合格的，记分予以清除，发还机动车驾驶证；考试不合格的，继续参加学习和考试。

应当给予记分的道路交通安全违法行为及其分值，由国务院公安部门根据道路交通安全违法行为的危害程度规定。

公安机关交通管理部门应当提供记分查询方式供机动车驾驶人查询。

第二十四条 机动车驾驶人在一个记分周期内记分未达到 12 分，所处罚款已经缴纳的，记分予以清除；记分虽未达到 12 分，但尚有罚款未缴纳的，记分转入下一记分周期。

机动车驾驶人在一个记分周期内记分2次以上达到12分的，除按照第二十三条的规定扣留机动车驾驶证、参加学习、接受考试外，还应当接受驾驶技能考试。考试合格的，记分予以清除，发还机动车驾驶证；考试不合格的，继续参加学习和考试。

接受驾驶技能考试的，按照本人机动车驾驶证载明的最高准驾车型考试。

第二十五条　机动车驾驶人记分达到12分，拒不参加公安机关交通管理部门通知的学习，也不接受考试的，由公安机关交通管理部门公告其机动车驾驶证停止使用。

第二十六条　机动车驾驶人在机动车驾驶证的6年有效期内，每个记分周期均未达到12分的，换发10年有效期的机动车驾驶证；在机动车驾驶证的10年有效期内，每个记分周期均未达到12分的，换发长期有效的机动车驾驶证。

换发机动车驾驶证时，公安机关交通管理部门应当对机动车驾驶证进行审验。

第二十七条　机动车驾驶证丢失、损毁，机动车驾驶人申请补发的，应当向公安机关交通管理部门提交本人身份证明和申请材料。公安机关交通管理部门经与机动车驾驶证档案核实后，在收到申请之日起3日内补发。

第二十八条　机动车驾驶人在机动车驾驶证丢失、损毁、超过有效期或者被依法扣留、暂扣期间以及记分达到12分的，不得驾驶机动车。

第三章　道路通行条件

第二十九条　交通信号灯分为：机动车信号灯、非机动车信号灯、人行横道信号灯、车道信号灯、方向指示信号灯、闪光警告信号灯、道路与铁路平面交叉道口信号灯。

第三十条　交通标志分为：指示标志、警告标志、禁令标志、指路标志、旅游区标志、道路施工安全标志和辅助标志。

道路交通标线分为：指示标线、警告标线、禁止标线。

第三十一条　交通警察的指挥分为：手势信号和使用器具的交通指挥信号。

第三十二条 道路交叉路口和行人横过道路较为集中的路段应当设置人行横道、过街天桥或者过街地下通道。

在盲人通行较为集中的路段，人行横道信号灯应当设置声响提示装置。

第三十三条 城市人民政府有关部门可以在不影响行人、车辆通行的情况下，在城市道路上施划停车泊位，并规定停车泊位的使用时间。

第三十四条 开辟或者调整公共汽车、长途汽车的行驶路线或者车站，应当符合交通规划和安全、畅通的要求。

第三十五条 道路养护施工单位在道路上进行养护、维修时，应当按照规定设置规范的安全警示标志和安全防护设施。道路养护施工作业车辆、机械应当安装示警灯，喷涂明显的标志图案，作业时应当开启示警灯和危险报警闪光灯。对未中断交通的施工作业道路，公安机关交通管理部门应当加强交通安全监督检查。发生交通阻塞时，及时做好分流、疏导，维护交通秩序。

道路施工需要车辆绕行的，施工单位应当在绕行处设置标志；不能绕行的，应当修建临时通道，保证车辆和行人通行。需要封闭道路中断交通的，除紧急情况外，应当提前5日向社会公告。

第三十六条 道路或者交通设施养护部门、管理部门应当在急弯、陡坡、临崖、临水等危险路段，按照国家标准设置警告标志和安全防护设施。

第三十七条 道路交通标志、标线不规范，机动车驾驶人容易发生辨认错误的，交通标志、标线的主管部门应当及时予以改善。

道路照明设施应当符合道路建设技术规范，保持照明功能完好。

第四章 道路通行规定

第一节 一般规定

第三十八条 机动车信号灯和非机动车信号灯表示：

（一）绿灯亮时，准许车辆通行，但转弯的车辆不得妨碍被放行的直行车辆、行人通行；

（二）黄灯亮时，已越过停止线的车辆可以继续通行；

（三）红灯亮时，禁止车辆通行。

在未设置非机动车信号灯和人行横道信号灯的路口，非机动车和行人应当按照机动车信号灯的指示通行。

红灯亮时，右转弯的车辆在不妨碍被放行的车辆、行人通行的情况下，可以通行。

第三十九条 人行横道信号灯表示：

（一）绿灯亮时，准许行人通过人行横道；

（二）红灯亮时，禁止行人进入人行横道，但是已经进入人行横道的，可以继续通过或者在道路中心线处停留等候。

第四十条 车道信号灯表示：

（一）绿色箭头灯亮时，准许本车道车辆按指示方向通行；

（二）红色叉形灯或者箭头灯亮时，禁止本车道车辆通行。

第四十一条 方向指示信号灯的箭头方向向左、向上、向右分别表示左转、直行、右转。

第四十二条 闪光警告信号灯为持续闪烁的黄灯，提示车辆、行人通行时注意瞭望，确认安全后通过。

第四十三条 道路与铁路平面交叉道口有两个红灯交替闪烁或者一个红灯亮时，表示禁止车辆、行人通行；红灯熄灭时，表示允许车辆、行人通行。

第二节 机动车通行规定

第四十四条 在道路同方向划有2条以上机动车道的，左侧为快速车道，右侧为慢速车道。在快速车道行驶的机动车应当按照快速车道规定的速度行驶，未达到快速车道规定的行驶速度的，应当在慢速车道行驶。摩托车应当在最右侧车道行驶。有交通标志标明行驶速度的，按照标明的行驶速度行驶。慢速车道内的机动车超越前车时，可以借用快速车道行驶。

在道路同方向划有2条以上机动车道的，变更车道的机动车不得影响相关车道内行驶的机动车的正常行驶。

第四十五条 机动车在道路上行驶不得超过限速标志、标线标明的速度。在没有限速标志、标线的道路上，机动车不得超过下列最高行驶速度：

（一）没有道路中心线的道路，城市道路为每小时30公里，公路为每小时40公里；

（二）同方向只有1条机动车道的道路，城市道路为每小时50公里，公路为每小时70公里。

第四十六条 机动车行驶中遇有下列情形之一的，最高行驶速度不得超过每小时30公里，其中拖拉机、电瓶车、轮式专用机械车不得超过每小时15公里：

（一）进出非机动车道，通过铁路道口、急弯路、窄路、窄桥时；

（二）掉头、转弯、下陡坡时；

（三）遇雾、雨、雪、沙尘、冰雹，能见度在50米以内时；

（四）在冰雪、泥泞的道路上行驶时；

（五）牵引发生故障的机动车时。

第四十七条 机动车超车时，应当提前开启左转向灯、变换使用远、近光灯或者鸣喇叭。在没有道路中心线或者同方向只有1条机动车道的道路上，前车遇后车发出超车信号时，在条件许可的情况下，应当降低速度、靠右让路。后车应当在确认有充足的安全距离后，从前车的左侧超越，在与被超车辆拉开必要的安全距离后，开启右转向灯，驶回原车道。

第四十八条 在没有中心隔离设施或者没有中心线的道路上，机动车遇相对方向来车时应当遵守下列规定：

（一）减速靠右行驶，并与其他车辆、行人保持必要的安全距离；

（二）在有障碍的路段，无障碍的一方先行；但有障碍的一方已驶入障碍路段而无障碍的一方未驶入时，有障碍的一方先行；

（三）在狭窄的坡路，上坡的一方先行；但下坡的一方已行至中途而上坡的一方未上坡时，下坡的一方先行；

（四）在狭窄的山路，不靠山体的一方先行；

（五）夜间会车应当在距相对方向来车150米以外改用近光灯，在窄路、窄桥与非机动车会车时应当使用近光灯。

第四十九条 机动车在有禁止掉头或者禁止左转弯标志、标线的地点以及在铁路道口、人行横道、桥梁、急弯、陡坡、隧道或者容易发生危险的路段，不得掉头。

机动车在没有禁止掉头或者没有禁止左转弯标志、标线的地点可以掉头，但不得妨碍正常行驶的其他车辆和行人的通行。

第五十条 机动车倒车时，应当察明车后情况，确认安全后倒车。不得在铁路道口、交叉路口、单行路、桥梁、急弯、陡坡或者隧道中倒车。

第五十一条 机动车通过有交通信号灯控制的交叉路口，应当按照下列规定通行：

（一）在划有导向车道的路口，按所需行进方向驶入导向车道；

（二）准备进入环形路口的让已在路口内的机动车先行；

（三）向左转弯时，靠路口中心点左侧转弯。转弯时开启转向灯，夜间行驶开启近光灯；

（四）遇放行信号时，依次通过；

（五）遇停止信号时，依次停在停止线以外。没有停止线的，停在路口以外；

（六）向右转弯遇有同车道前车正在等候放行信号时，依次停车等候；

（七）在没有方向指示信号灯的交叉路口，转弯的机动车让直行的车辆、行人先行。相对方向行驶的右转弯机动车让左转弯车辆先行。

第五十二条 机动车通过没有交通信号灯控制也没有交通警察指挥的交叉路口，除应当遵守第五十一条第（二）项、第（三）项的规定外，还应当遵守下列规定：

（一）有交通标志、标线控制的，让优先通行的一方先行；

（二）没有交通标志、标线控制的，在进入路口前停车瞭望，让右方道路的来车先行；

（三）转弯的机动车让直行的车辆先行；

（四）相对方向行驶的右转弯的机动车让左转弯的车辆先行。

第五十三条 机动车遇有前方交叉路口交通阻塞时，应当依次停在路口以外等候，不得进入路口。

机动车在遇有前方机动车停车排队等候或者缓慢行驶时，应当依次排队，不得从前方车辆两侧穿插或者超越行驶，不得在人行横道、网状线区域内停车等候。

机动车在车道减少的路口、路段，遇有前方机动车停车排队等候或者缓慢行驶的，应当每车道一辆依次交替驶入车道减少后的路口、路段。

第五十四条 机动车载物不得超过机动车行驶证上核定的载质量，装载长度、宽度不得超出车厢，并应当遵守下列规定：

（一）重型、中型载货汽车，半挂车载物，高度从地面起不得超过4米，载运集装箱的车辆不得超过4.2米；

（二）其他载货的机动车载物，高度从地面起不得超过2.5米；

（三）摩托车载物，高度从地面起不得超过1.5米，长度不得超出车身0.2米。两轮摩托车载物宽度左右各不得超出车把0.15米。三轮摩托车载物宽度不得超过车身。

载客汽车除车身外部的行李架和内置的行李箱外，不得载货。载客汽车行李架载货，从车顶起高度不得超过0.5米，从地面起高度不得超过4米。

第五十五条 机动车载人应当遵守下列规定：

（一）公路载客汽车不得超过核定的载客人数，但按照规定免票的儿童除外，在载客人数已满的情况下，按照规定免票的儿童不得超过核定载客人数的10%；

（二）载货汽车车厢不得载客。在城市道路上，货运机动车在留有安全位置的情况下，车厢内可以附载临时作业人员1人至5人；载物高度超过车厢栏板时，货物上不得载人；

（三）摩托车后座不得乘坐未满12周岁的未成年人，轻便摩托车不得载人。

第五十六条 机动车牵引挂车应当符合下列规定：

（一）载货汽车、半挂牵引车、拖拉机只允许牵引1辆挂车。挂车的灯光信号、制动、连接、安全防护等装置应当符合国家标准；

（二）小型载客汽车只允许牵引旅居挂车或者总质量700千克以下的挂车。挂车不得载人；

（三）载货汽车所牵引挂车的载质量不得超过载货汽车本身的载质量。

大型、中型载客汽车，低速载货汽车，三轮汽车以及其他机动车不得牵引挂车。

第五十七条 机动车应当按照下列规定使用转向灯：

（一）向左转弯、向左变更车道、准备超车、驶离停车地点或者掉头时，应当提前开启左转向灯；

（二）向右转弯、向右变更车道、超车完毕驶回原车道、靠路边停车时，应当提前开启右转向灯。

第五十八条 机动车在夜间没有路灯、照明不良或者遇有雾、雨、雪、沙尘、冰雹等低能见度情况下行驶时，应当开启前照灯、示廓灯和后位灯，但同方向行驶的后车与前车近距离行驶时，不得使用远光灯。机动车雾天行驶应当开启雾灯和危险报警闪光灯。

第五十九条 机动车在夜间通过急弯、坡路、拱桥、人行横道或者没有交通信号灯控制的路口时，应当交替使用远近光灯示意。

机动车驶近急弯、坡道顶端等影响安全视距的路段以及超车或者遇有紧急情况时，应当减速慢行，并鸣喇叭示意。

第六十条 机动车在道路上发生故障或者发生交通事故，妨碍交通又难以移动的，应当按照规定开启危险报警闪光灯并在车后50米至100米处设置警告标志，夜间还应当同时开启示廓灯和后位灯。

第六十一条 牵引故障机动车应当遵守下列规定：

（一）被牵引的机动车除驾驶人外不得载人，不得拖带挂车；

（二）被牵引的机动车宽度不得大于牵引机动车的宽度；

（三）使用软连接牵引装置时，牵引车与被牵引车之间的距离应当大于4米小于10米；

（四）对制动失效的被牵引车，应当使用硬连接牵引装置牵引；

（五）牵引车和被牵引车均应当开启危险报警闪光灯。

汽车吊车和轮式专用机械车不得牵引车辆。摩托车不得牵引车辆或者被其他车辆牵引。

转向或者照明、信号装置失效的故障机动车，应当使用专用清障车拖曳。

第六十二条 驾驶机动车不得有下列行为：

（一）在车门、车厢没有关好时行车；

（二）在机动车驾驶室的前后窗范围内悬挂、放置妨碍驾驶人视线的物品；

（三）拨打接听手持电话、观看电视等妨碍安全驾驶的行为；

（四）下陡坡时熄火或者空挡滑行；

（五）向道路上抛撒物品；

（六）驾驶摩托车手离车把或者在车把上悬挂物品；

（七）连续驾驶机动车超过 4 小时未停车休息或者停车休息时间少于 20 分钟；

（八）在禁止鸣喇叭的区域或者路段鸣喇叭。

第六十三条 机动车在道路上临时停车，应当遵守下列规定：

（一）在设有禁停标志、标线的路段，在机动车道与非机动车道、人行道之间设有隔离设施的路段以及人行横道、施工地段，不得停车；

（二）交叉路口、铁路道口、急弯路、宽度不足 4 米的窄路、桥梁、陡坡、隧道以及距离上述地点 50 米以内的路段，不得停车；

（三）公共汽车站、急救站、加油站、消防栓或者消防队（站）门前以及距离上述地点 30 米以内的路段，除使用上述设施的以外，不得停车；

（四）车辆停稳前不得开车门和上下人员，开关车门不得妨碍其他车辆和行人通行；

（五）路边停车应当紧靠道路右侧，机动车驾驶人不得离车，上下人员或者装卸物品后，立即驶离；

（六）城市公共汽车不得在站点以外的路段停车上下乘客。

第六十四条 机动车行经漫水路或者漫水桥时，应当停车察明水情，确认安全后，低速通过。

第六十五条 机动车载运超限物品行经铁路道口的，应当按照当地铁路部门指定的铁路道口、时间通过。

机动车行经渡口，应当服从渡口管理人员指挥，按照指定地点依次待渡。机动车上下渡船时，应当低速慢行。

第六十六条 警车、消防车、救护车、工程救险车在执行紧急任务遇交通受阻时，可以断续使用警报器，并遵守下列规定：

（一）不得在禁止使用警报器的区域或者路段使用警报器；

（二）夜间在市区不得使用警报器；

（三）列队行驶时，前车已经使用警报器的，后车不再使用警报器。

第六十七条 在单位院内、居民居住区内，机动车应当低速行驶，避让行人；有限速标志的，按照限速标志行驶。

第三节 非机动车通行规定

第六十八条 非机动车通过有交通信号灯控制的交叉路口，应当按照下列规定通行：

（一）转弯的非机动车让直行的车辆、行人优先通行；

（二）遇有前方路口交通阻塞时，不得进入路口；

（三）向左转弯时，靠路口中心点的右侧转弯；

（四）遇有停止信号时，应当依次停在路口停止线以外。没有停止线的，停在路口以外；

（五）向右转弯遇有同方向前车正在等候放行信号时，在本车道内能够转弯的，可以通行；不能转弯的，依次等候。

第六十九条 非机动车通过没有交通信号灯控制也没有交通警察指挥的交叉路口，除应当遵守第六十八条第（一）项、第（二）项和第（三）项的规定外，还应当遵守下列规定：

（一）有交通标志、标线控制的，让优先通行的一方先行；

（二）没有交通标志、标线控制的，在路口外慢行或者停车瞭望，让右方道路的来车先行；

（三）相对方向行驶的右转弯的非机动车让左转弯的车辆先行。

第七十条 驾驶自行车、电动自行车、三轮车在路段上横过机动车道，应当下车推行，有人行横道或者行人过街设施的，应当从人行横道或者行人过街设施通过；没有人行横道、没有行人过街设施或者不便使用行人过街设施的，在确认安全后直行通过。

因非机动车道被占用无法在本车道内行驶的非机动车，可以在受阻的路段借用相邻的机动车道行驶，并在驶过被占用路段后迅速驶回非机动车道。机动车遇此情况应当减速让行。

第七十一条 非机动车载物，应当遵守下列规定：

（一）自行车、电动自行车、残疾人机动轮椅车载物，高度从地面起不得超过1.5米，宽度左右各不得超出车把0.15米，长度前端不得超出车轮，后端不得超出车身0.3米；

（二）三轮车、人力车载物，高度从地面起不得超过2米，宽度左右各不得超出车身0.2米，长度不得超出车身1米；

（三）畜力车载物，高度从地面起不得超过2.5米，宽度左右各不得超出车身0.2米，长度前端不得超出车辕，后端不得超出车身1米。

自行车载人的规定，由省、自治区、直辖市人民政府根据当地实际情况制定。

第七十二条 在道路上驾驶自行车、三轮车、电动自行车、残疾人机动轮椅车应当遵守下列规定：

（一）驾驶自行车、三轮车必须年满12周岁；

（二）驾驶电动自行车和残疾人机动轮椅车必须年满16周岁；

（三）不得醉酒驾驶；

（四）转弯前应当减速慢行，伸手示意，不得突然猛拐，超越前车时不得妨碍被超越的车辆行驶；

（五）不得牵引、攀扶车辆或者被其他车辆牵引，不得双手离把或者手中持物；

（六）不得扶身并行、互相追逐或者曲折竞驶；

（七）不得在道路上骑独轮自行车或者2人以上骑行的自行车；

（八）非下肢残疾的人不得驾驶残疾人机动轮椅车；

（九）自行车、三轮车不得加装动力装置；

（十）不得在道路上学习驾驶非机动车。

第七十三条 在道路上驾驭畜力车应当年满16周岁，并遵守下列规定：

（一）不得醉酒驾驭；

（二）不得并行，驾驭人不得离开车辆；

（三）行经繁华路段、交叉路口、铁路道口、人行横道、急弯路、宽度不足4米的窄路或者窄桥、陡坡、隧道或者容易发生危险的路段，不得超车。驾驭两轮畜力车应当下车牵引牲畜；

（四）不得使用未经驯服的牲畜驾车，随车幼畜须拴系；

（五）停放车辆应当拉紧车闸，拴系牲畜。

第四节 行人和乘车人通行规定

第七十四条 行人不得有下列行为：

（一）在道路上使用滑板、旱冰鞋等滑行工具；

（二）在车行道内坐卧、停留、嬉闹；

（三）追车、抛物击车等妨碍道路交通安全的行为。

第七十五条 行人横过机动车道，应当从行人过街设施通过；没有行人过街设施的，应当从人行横道通过；没有人行横道的，应当观察来往车辆的情况，确认安全后直行通过，不得在车辆临近时突然加速横穿或者中途倒退、折返。

第七十六条 行人列队在道路上通行，每横列不得超过 2 人，但在已经实行交通管制的路段不受限制。

第七十七条 乘坐机动车应当遵守下列规定：

（一）不得在机动车道上拦乘机动车；

（二）在机动车道上不得从机动车左侧上下车；

（二）开关车门不得妨碍其他车辆和行人通行；

（四）机动车行驶中，不得干扰驾驶，不得将身体任何部分伸出车外，不得跳车；

（五）乘坐两轮摩托车应当正向骑坐。

第五节 高速公路的特别规定

第七十八条 高速公路应当标明车道的行驶速度，最高车速不得超过每小时 120 公里，最低车速不得低于每小时 60 公里。

在高速公路上行驶的小型载客汽车最高车速不得超过每小时 120 公里，其他机动车不得超过每小时 100 公里，摩托车不得超过每小时 80 公里。

同方向有 2 条车道的，左侧车道的最低车速为每小时 100 公里；同方向有 3 条以上车道的，最左侧车道的最低车速为每小时 110 公里，中间车道的最低车速为每小时 90 公里。道路限速标志标明的车速与上述车道行驶车速的规定不一致的，按照道路限速标志标明的车速行驶。

第七十九条 机动车从匝道驶入高速公路，应当开启左转向灯，在不妨碍已在高速公路内的机动车正常行驶的情况下驶入车道。

机动车驶离高速公路时，应当开启右转向灯，驶入减速车道，降低车速后驶离。

第八十条　机动车在高速公路上行驶，车速超过每小时100公里时，应当与同车道前车保持100米以上的距离，车速低于每小时100公里时，与同车道前车距离可以适当缩短，但最小距离不得少于50米。

第八十一条　机动车在高速公路上行驶，遇有雾、雨、雪、沙尘、冰雹等低能见度气象条件时，应当遵守下列规定：

（一）能见度小于200米时，开启雾灯、近光灯、示廓灯和前后位灯，车速不得超过每小时60公里，与同车道前车保持100米以上的距离；

（二）能见度小于100米时，开启雾灯、近光灯、示廓灯、前后位灯和危险报警闪光灯，车速不得超过每小时40公里，与同车道前车保持50米以上的距离；

（三）能见度小于50米时，开启雾灯、近光灯、示廓灯、前后位灯和危险报警闪光灯，车速不得超过每小时20公里，并从最近的出口尽快驶离高速公路。

遇有前款规定情形时，高速公路管理部门应当通过显示屏等方式发布速度限制、保持车距等提示信息。

第八十二条　机动车在高速公路上行驶，不得有下列行为：

（一）倒车、逆行、穿越中央分隔带掉头或者在车道内停车；

（二）在匝道、加速车道或者减速车道上超车；

（三）骑、轧车行道分界线或者在路肩上行驶；

（四）非紧急情况时在应急车道行驶或者停车；

（五）试车或者学习驾驶机动车。

第八十三条　在高速公路上行驶的载货汽车车厢不得载人。两轮摩托车在高速公路行驶时不得载人。

第八十四条　机动车通过施工作业路段时，应当注意警示标志，减速行驶。

第八十五条　城市快速路的道路交通安全管理，参照本节的规定执行。

高速公路、城市快速路的道路交通安全管理工作，省、自治区、直辖市人民政府公安机关交通管理部门可以指定设区的市人民政府公安机关交通管理部门或者相当于同级的公安机关交通管理部门承担。

第五章 交通事故处理

第八十六条 机动车与机动车、机动车与非机动车在道路上发生未造成人身伤亡的交通事故，当事人对事实及成因无争议的，在记录交通事故的时间、地点、对方当事人的姓名和联系方式、机动车牌号、驾驶证号、保险凭证号、碰撞部位，并共同签名后，撤离现场，自行协商损害赔偿事宜。当事人对交通事故事实及成因有争议的，应当迅速报警。

第八十七条 非机动车与非机动车或者行人在道路上发生交通事故，未造成人身伤亡，且基本事实及成因清楚的，当事人应当先撤离现场，再自行协商处理损害赔偿事宜。当事人对交通事故事实及成因有争议的，应当迅速报警。

第八十八条 机动车发生交通事故，造成道路、供电、通讯等设施损毁的，驾驶人应当报警等候处理，不得驶离。机动车可以移动的，应当将机动车移至不妨碍交通的地点。公安机关交通管理部门应当将事故有关情况通知有关部门。

第八十九条 公安机关交通管理部门或者交通警察接到交通事故报警，应当及时赶赴现场，对未造成人身伤亡，事实清楚，并且机动车可以移动的，应当在记录事故情况后责令当事人撤离现场，恢复交通。对拒不撤离现场的，予以强制撤离。

对属于前款规定情况的道路交通事故，交通警察可以适用简易程序处理，并当场出具事故认定书。当事人共同请求调解的，交通警察可以当场对损害赔偿争议进行调解。

对道路交通事故造成人员伤亡和财产损失需要勘验、检查现场的，公安机关交通管理部门应当按照勘查现场工作规范进行。现场勘查完毕，应当组织清理现场，恢复交通。

第九十条 投保机动车第三者责任强制保险的机动车发生交通事故，因抢救受伤人员需要保险公司支付抢救费用的，由公安机关交通管理部门通知保险公司。

抢救受伤人员需要道路交通事故救助基金垫付费用的，由公安机关交通管理部门通知道路交通事故社会救助基金管理机构。

第九十一条 公安机关交通管理部门应当根据交通事故当事人的行为对发生交通事故所起的作用以及过错的严重程度，确定当事人的责任。

第九十二条 发生交通事故后当事人逃逸的，逃逸的当事人承担全部责任。但是，有证据证明对方当事人也有过错的，可以减轻责任。

当事人故意破坏、伪造现场、毁灭证据的，承担全部责任。

第九十三条 公安机关交通管理部门对经过勘验、检查现场的交通事故应当在勘查现场之日起10日内制作交通事故认定书。对需要进行检验、鉴定的，应当在检验、鉴定结果确定之日起5日内制作交通事故认定书。

第九十四条 当事人对交通事故损害赔偿有争议，各方当事人一致请求公安机关交通管理部门调解的，应当在收到交通事故认定书之日起10日内提出书面调解申请。

对交通事故致死的，调解从办理丧葬事宜结束之日起开始；对交通事故致伤的，调解从治疗终结或者定残之日起开始；对交通事故造成财产损失的，调解从确定损失之日起开始。

第九十五条 公安机关交通管理部门调解交通事故损害赔偿争议的期限为10日。调解达成协议的，公安机关交通管理部门应当制作调解书送交各方当事人，调解书经各方当事人共同签字后生效；调解未达成协议的，公安机关交通管理部门应当制作调解终结书送交各方当事人。

交通事故损害赔偿项目和标准依照有关法律的规定执行。

第九十六条 对交通事故损害赔偿的争议，当事人向人民法院提起民事诉讼的，公安机关交通管理部门不再受理调解申请。

公安机关交通管理部门调解期间，当事人向人民法院提起民事诉讼的，调解终止。

第九十七条 车辆在道路以外发生交通事故，公安机关交通管理部门接到报案的，参照道路交通安全法和本条例的规定处理。

车辆、行人与火车发生的交通事故以及在渡口发生的交通事故，依照国家有关规定处理。

第六章 执法监督

第九十八条 公安机关交通管理部门应当公开办事制度、办事程序，建立警风警纪监督员制度，自觉接受社会和群众的监督。

第九十九条 公安机关交通管理部门及其交通警察办理机动车登记，发放号牌，对驾驶人考试、发证，处理道路交通安全违法行为，处理道路交通事故，应当严格遵守有关规定，不得越权执法，不得延迟履行职责，不得擅自改变处罚的种类和幅度。

第一〇〇条 公安机关交通管理部门应当公布举报电话，受理群众举报投诉，并及时调查核实，反馈查处结果。

第一〇一条 公安机关交通管理部门应当建立执法质量考核评议、执法责任制和执法过错追究制度，防止和纠正道路交通安全执法中的错误或者不当行为。

第七章 法律责任

第一〇二条 违反本条例规定的行为，依照《道路交通安全法》和本条例的规定处罚。

第一〇三条 以欺骗、贿赂等不正当手段取得机动车登记或者驾驶许可的，收缴机动车登记证书、号牌、行驶证或者机动车驾驶证，撤销机动车登记或者机动车驾驶许可；申请人在3年内不得申请机动车登记或者机动车驾驶许可。

第一〇四条 机动车驾驶人有下列行为之一，又无其他机动车驾驶人即时替代驾驶的，公安机关交通管理部门除依法给予处罚外，可以将其驾驶的机动车移至不妨碍交通的地点或者有关部门指定的地点停放：

（一）不能出示本人有效驾驶证的；

（二）驾驶的机动车与驾驶证载明的准驾车型不符的；

（三）饮酒、服用国家管制的精神药品或者麻醉药品、患有妨碍安全驾驶的疾病，或者过度疲劳仍继续驾驶的；

（四）学习驾驶人员没有教练人员随车指导单独驾驶的。

第一〇五条 机动车驾驶人有饮酒、醉酒、服用国家管制的精神药品或者麻醉药品嫌疑的，应当接受测试、检验。

第一〇六条 公路客运载客汽车超过核定乘员、载货汽车超过核定载质量的，公安机关交通管理部门依法扣留机动车后，驾驶人应当将超载的乘车人转运、将超载的货物卸载，费用由超载机动车的驾驶人或者所有人承担。

第一〇七条 依照道路交通安全法第九十二条、第九十五条、第九十六条、第九十八条的规定被扣留的机动车，驾驶人或者所有人、管理人30日内没有提供被扣留机动车的合法证明，没有补办相应手续，或者不前来接受处理，经公安机关交通管理部门通知并且经公告3个月仍不前来接受处理的，由公安机关交通管理部门将该机动车送交有资格的拍卖机构拍卖，所得价款上缴国库；非法拼装的机动车予以拆除；达到报废标准的机动车予以报废；机动车涉及其他违法犯罪行为的，移交有关部门处理。

第一〇八条 交通警察按照简易程序当场作出行政处罚的，应当告知当事人道路交通安全违法行为的事实、处罚的理由和依据，并将行政处罚决定书当场交付被处罚人。

第一〇九条 对道路交通安全违法行为人处以罚款或者暂扣驾驶证处罚的，由违法行为发生地的县级以上人民政府公安机关交通管理部门或者相当于同级的公安机关交通管理部门作出决定；对处以吊销机动车驾驶证处罚的，由设区的市人民政府公安机关交通管理部门或者相当于同级的公安机关交通管理部门作出决定。

公安机关交通管理部门对非本辖区机动车的道路交通安全违法行为没有当场处罚的，可以由机动车登记地的公安机关交通管理部门处罚。

第一一〇条 当事人对公安机关交通管理部门及其交通警察的处罚有权进行陈述和申辩，交通警察应当充分听取当事人的陈述和申辩，不得因当事人陈述、申辩而加重其处罚。

第八章 附 则

第一一一条 本条例所称上道路行驶的拖拉机，是指手扶拖拉机等最高设计行驶速度不超过每小时 20 公里的轮式拖拉机和最高设计行驶速度不超过每小时 40 公里、牵引挂车方可从事道路运输的轮式拖拉机。

第一一二条 农业（农业机械）主管部门应当定期向公安机关交通管理部门提供拖拉机登记、安全技术检验以及拖拉机驾驶证发放的资料、数据。公安机关交通管理部门对拖拉机驾驶人作出暂扣、吊销驾驶证处罚或者记分处理的，应当定期将处罚决定书和记分情况通报有关的农业（农业机械）主管部门。吊销驾驶证的，还应当将驾驶证送交有关的农业（农业机械）主管部门。

第一一三条 境外机动车入境行驶，应当向入境地的公安机关交通管理部门申请临时通行号牌、行驶证。临时通行号牌、行驶证应当根据行驶需要，载明有效日期和允许行驶的区域。

入境的境外机动车申请临时通行号牌、行驶证以及境外人员申请机动车驾驶许可的条件、考试办法由国务院公安部门规定。

第一一四条 机动车驾驶许可考试的收费标准，由国务院价格主管部门规定。

第一一五条 本条例自 2004 年 5 月 1 日起施行。1960 年 2 月 11 日国务院批准、交通部发布的《机动车管理办法》，1988 年 3 月 9 日国务院发布的《中华人民共和国道路交通管理条例》，1991 年 9 月 22 日国务院发布的《道路交通事故处理办法》，同时废止。

《交通事故处理程序规定》

第一章　总　则

第一条　根据《中华人民共和国道路交通安全法》及其实施条例，制定本规定。

第二条　本规定适用于处理车辆在道路上因过错或者意外造成的人身伤亡或者财产损失的事故。

车辆在道路以外通行时发生的事故，公安机关交通管理部门接到报案的，参照本规定处理。

发生特别重大交通事故，依据有关法律、法规的规定处理。

第三条　处理交通事故应当遵循公开、公正、便民、效率的原则。

第四条　具有一年以上道路交通管理工作经历的交通警察，经设区的市公安机关交通管理部门培训考试合格的，可以处理适用简易程序的交通事故。

具有二年以上道路交通管理工作经历的交通警察，经省级人民政府公安机关交通管理部门培训考试合格，获得交通事故处理资格等级证书后，可以处理适用一般程序及简易程序的交通事故。

第五条　公安机关交通管理部门应当在邻省、地（市）、县交界的国、省、县道公路上，设置标有管辖地公安机关交通管理部门地址及交通事故报警电话号码的提示牌。

第二章　管　辖

第六条　县级以上公安机关交通管理部门负责处理所管辖的区域或者道路内发生的交通事故。

第七条　对管辖权发生争议的，报请共同的上级公安机关交通管理部门指定管辖，上级公安机关交通管理部门应当在二十四小时内作出决定，并通知争议各方。

交通事故发生地管辖不明的，最先发现或者最先接到报警的公安机关交通管理部门应当先行救助受伤人员，进行现场前期处理。管辖确定后，由有管辖权的公安机关交通管理部门处理。

第八条 上级公安机关交通管理部门在必要的时候，可以处理下级公安机关交通管理部门管辖的交通事故，或者指定下级公安机关交通管理部门限时将案件移送其他下级公安机关交通管理部门处理。

下级公安机关交通管理部门认为案情复杂、影响重大或者涉及公安机关人员、车辆的交通事故，可以申请移送上一级公安机关交通管理部门处理；上一级公安机关交通管理部门应当在接到申请后二十四小时内，作出移送或者由原公安机关交通管理部门继续处理的决定。案件管辖发生转移的，处理时限从移送案件之日起计算。

第三章 受 理

第九条 公安机关交通管理部门接到交通事故报警的，应当登记备查，记录报警时间、报警人姓名、单位、联系电话、发生交通事故时间、地点、车辆类型、车辆牌号、是否载有危险物品、人员伤亡等简要情况。涉嫌交通肇事逃逸的，还应当详细询问并记录肇事车辆的颜色、特征及其逃逸方向等有关情况。

报警人不报姓名的，应当记录在案；报警人不愿意公开姓名的，应当为其保密。

第十条 公安机关交通管理部门接到交通事故报警，应当按照规定立即派交通警察赶赴现场。有人员伤亡的，应当及时通知急救、医疗、消防等有关部门。发生一次死亡 3 人以上或者有重大影响的交通事故，应当立即向上一级公安机关交通管理部门和当地人民政府报告；涉及营运车辆的，同时通知当地人民政府有关行政管理部门。

第十一条 当事人未在交通事故现场报警，事后请求公安机关交通管理部门处理的，当事人应当在提出请求后十日内向公安机关交通管理部门提供交通事故证据。公安机关交通管理部门自接到当事人提供的交通事故证据材料之日起对交通事故进行调查。当事人未提供交通事故证据，公安机关交通管理部门因现场变动、证据灭失，无法查证交通事故事实的，应当书面通知当事人向人民法院提起民事诉讼。

第四章　简易程序

第十二条　发生《中华人民共和国道路交通安全法》第七十条第二款、第三款规定的交通事故，当事人应当填写交通事故发生的时间、地点、天气、当事人姓名、机动车驾驶证号、联系方式、机动车牌号、保险凭证号、交通事故形态、碰撞部位、赔偿责任人等内容的协议书或者文字记录，共同签名后立即撤离现场，协商赔偿数额和赔偿方式。

当事人均已办理机动车第三者责任强制保险的，可以根据记录交通事故情况的协议书向保险公司索赔。

当事人也可以自行协商处理损害赔偿事宜。

第十三条　有下列情形之一的，当事人应当保护现场并立即报警：

（一）机动车无号牌、无检验合格标志、无保险标志的；

（二）驾驶人无有效机动车驾驶证的；

（三）驾驶人饮酒、服用国家管制的精神药品或者麻醉药品的；

（四）发生《中华人民共和国道路交通安全法》第七十条第二款规定的交通事故，当事人对事实或者成因有争议的；

（五）当事人不能自行移动车辆的；

（六）碰撞建筑物、公共设施或者其他设施的。

第十四条　公安机关交通管理部门对下列交通事故可以按照简易程序处理：

（一）发生《中华人民共和国道路交通安全法》第七十条第二款、第三款规定的交通事故，当事人对事实及成因有争议不即行撤离现场或者当事人自行撤离现场后，经协商未达成协议的；

（二）受伤人员认为自己伤情轻微，当事人对事实及成因无争议，但是对赔偿有争议的。

适用简易程序的，可以由一名交通警察处理。

第十五条　发生《中华人民共和国道路交通安全法》第七十条第二款、

第三款规定的交通事故，当事人不撤离现场的，交通警察应当记录交通事故发生的时间、地点、天气、当事人姓名、机动车驾驶证号、联系方式、机动车牌号、保险凭证号、交通事故形态、碰撞部位等，由当事人签名后，责令当事人撤离现场，恢复交通。对拒不撤离现场的，予以强制撤离。并根据当事人的行为对发生交通事故所起的作用以及过错的严重程度，确定当事人的责任，当场制作事故认定书。

第十六条 当事人自行撤离现场后，协商损害赔偿未达成协议报警的，应当向交通警察提供有当事人签名的交通事故文字记录材料。交通警察予以记录，由当事人签名，并根据当事人的行为对发生交通事故所起的作用以及过错的严重程度，确定当事人的责任，当场制作事故认定书。

第十七条 当事人共同请求调解的，交通警察应当当场进行调解，并在事故认定书上记录调解结果，由当事人签名，交付当事人。

第十八条 有下列情形之一的，不适用调解，交通警察可以在事故认定书上载明有关情况后，将事故认定书交付当事人：

（一）当事人提供不出交通事故证据，因现场变动、证据灭失，交通警察无法查证交通事故事实的；

（二）当事人对交通事故认定有异议的；

（三）当事人拒绝在事故认定书上签名的；

（四）当事人不同意由交通警察调解的。

有前款规定情形之一或者调解未达成协议及调解生效后当事人不履行的，当事人可以向人民法院提起民事诉讼。

第五章 调 查

第一节 一般规定

第十九条 发生下列交通事故，当事人应当立即报警：

（一）造成人员死亡、重伤、轻伤的；

（二）造成人员轻微伤，但是当事人对事实或者成因有争议的；

（三）财产损失较大的；

（四）财产损失轻微，但是有本规定第十三条第一款至第三款规定情形之一的。

财产损失较大的标准，由省级人民政府公安机关交通管理部门与有关部门协商规定。

第二十条 公安机关交通管理部门对属于本规定第十九条规定的交通事故，填写《交通事故立案登记表》；对经过调查不属于交通事故的，书面通知当事人，并将案件移送有关部门或者告知当事人处理途径。

第二十一条 公安机关交通管理部门对交通事故进行调查时，交通警察不得少于二人。

交通警察调查时应当向被调查人员表明执法身份，告知被调查人依法享有的权利和义务，向当事人发送联系卡。联系卡载明交通警察姓名、办公地址、联系方式、监督电话等内容。

第二十二条 发生一次死亡3人以上交通事故的，设区的市公安机关交通管理部门应当派员到现场指导调查。发生一次死亡10人以上交通事故的，省级人民政府公安机关交通管理部门应当派员到现场指导调查。

第二节 现场调查

第二十三条 交通警察到达现场后，应当根据需要立即进行下列工作：

（一）组织抢救受伤人员；

（二）在现场周围设置警戒线，在距现场来车方向50至150米外设置发光或者反光的交通标志，引导车辆、行人绕行；允许车辆通行的，交通警察应负责现场警戒、疏导交通，指挥其他车辆减速通过；

（三）指挥驾驶人、乘客等人员在安全地带等候；引导勘查、指挥等车辆依次停放在警戒线内来车方向的道路右侧，车辆应当开启警灯，夜间还应当开启危险报警闪光灯和示廓灯；

（四）对载运爆炸物品、易燃易爆化学物品以及毒害性、放射性、腐蚀性、传染病病原体等危险物品的车辆发生的交通事故，应当立即报告当地人民政府，通报有关部门及时处理，采取封闭道路等交通管制措施；协同有关部门划定隔离区，疏散过往车辆、人员；

（五）对造成道路、供电、通讯等设施损毁的交通事故，通报有关部门及时处理；

（六）确定交通事故当事人，控制肇事人，查找证人。

第二十四条 急救、医疗人员到达现场的，由急救、医疗人员组织抢救受伤人员，交通警察应当积极协助。

第二十五条 交通警察勘查交通事故现场，应当穿着反光背心，夜间可以佩戴发光或者反光器具。遇有载运危险物品车辆发生交通事故的，还应当根据需要穿着防护服，佩戴防护用具。

第二十六条 交通警察调查交通事故现场时，应当全面、及时地收集有关证据。现场调查内容包括：

（一）交通事故当事人的基本情况；

（二）车辆安全技术状况及装载情况；

（三）交通事故的基本事实；

（四）当事人的道路交通安全违法行为及导致交通事故的过错或者意外情况；

（五）与交通事故有关的道路情况；

（六）其他与交通事故有关的事实。

第二十七条 勘查交通事故现场，应按照有关法规和标准的规定，拍摄现场照片，绘制现场图，采集、提取痕迹、物证，制作现场勘查笔录。一次死亡3人以上的交通事故应当进行现场摄像。

现场图应当由参加勘查的交通警察、当事人或者见证人签名。当事人拒绝签名或者无法签名以及无见证人的，应当记录在案。

第二十八条 对可能因时间、地点、气象等原因，导致痕迹或者证据灭失的，应当及时测试、提取、保全。

第二十九条 交通警察应当检查当事人的身份证件、机动车驾驶证、工作证及机动车行驶证、保险标志，验明身份；对当场难以查实身份的肇事人，可以依法传唤。交通警察可以依法对肇事车辆、交通事故当事人及其随身携带的物品进行检查。

第三十条 现场勘查完毕，清点现场遗留物品和财物后，公安机关交通管理部门应当迅速组织清理现场，尽快恢复交通。

第三十一条 公安机关交通管理部门应当按照《公安机关办理行政案件

程序规定》，对肇事人、其他当事人、证人进行询问或者讯问。询问或者讯问时，应当根据需要问明交通方式、驾驶人和机动车所有人、管理人的基本情况以及机动车驾驶证号、准驾车型、领取机动车驾驶证日期、驾驶经历，驾驶前活动、休息、餐饮情况、驾驶时身体状况，所驾车辆状况、保险情况，行驶路线、驾驶时间、行驶速度，交通事故发生经过，临危采取的措施及主观心态等与交通事故有关的情况。

公安机关交通管理部门在调查交通事故过程中，发现当事人有交通肇事犯罪嫌疑的，应当按照《公安机关办理刑事案件程序规定》立案侦查，并依法对其采取强制措施。发现当事人有其他违法犯罪嫌疑的，应当及时移送公安机关有关部门。

第三十二条 交通警察认为应当对当事人给予暂扣或者吊销机动车驾驶证处罚的，可以扣留其机动车驾驶证，并开具行政强制措施凭证。

扣留机动车驾驶证的期限至做出处罚决定为止。

第三十三条 因收集证据需要扣留事故车辆及机动车行驶证的，公安机关交通管理部门应当开具行政强制措施凭证，将车辆移至指定的地点并妥善保管。

公安机关交通管理部门不得扣留事故车辆所载货物。对所载货物在核实重量、体积及货物损失后，通知机动车驾驶人或者货物所有人自行处理。当事人不自行处理的，按照《公安机关办理行政案件程序规定》第一五五条、第一五六条的规定办理。

第三节　交通肇事逃逸协查

第三十四条 公安机关交通管理部门应当根据管辖区域和道路情况，制定交通肇事逃逸案件查缉预案。

发生交通肇事逃逸案件后，公安机关交通管理部门应当根据证人证言、交通事故现场痕迹、遗留物等线索，及时布置堵截和追缉。

第三十五条 案发地公安机关交通管理部门可以通过发协查通报、向社会公告等方式要求协查、举报交通肇事逃逸案件。发出协查通报或者向社会公告时，应当提供交通肇事逃逸案件基本事实、交通肇事逃逸人和车辆情况、特征及车辆逃逸方向等有关情况。

第三十六条 接到协查通报的公安机关交通管理部门，应当立即布置堵截或者排查。发现交通肇事逃逸车辆或者嫌疑车辆的，应当予以扣留，依法传唤交通肇事逃逸人或者与协查通报相符的嫌疑人，并及时将有关情况通知案发地公安机关交通管理部门。案发地公安机关交通管理部门应当立即派交通警察前往办理移交。

第三十七条 公安机关交通管理部门查获交通肇事逃逸人和车辆后，应当按原范围发出撤销协查通报。

第三十八条 公安机关交通管理部门对查获交通肇事逃逸人和车辆提供有效线索或者协助的人员、单位，应当给予表彰和奖励。

公安机关交通管理部门及其交通警察接到协查通报不配合协查并造成严重后果的，由公安机关或者上一级公安机关交通管理部门追究经办责任人和单位主管领导的责任。

第四节 检验、鉴定

第三十九条 公安机关交通管理部门对当事人生理、精神状况、人体损伤、尸体、车辆及其行驶速度、痕迹、物品以及现场的道路状况等需要进行检验、鉴定的，应当在勘查现场之日起 5 日内指派或者委托专业技术人员、具备资格的鉴定机构进行检验、鉴定。

检验、鉴定应当在 20 日内完成；需要延期的，经设区的市公安机关交通管理部门批准可以延长 10 日。检验、鉴定周期超过时限的，须报经省级人民政府公安机关交通管理部门批准。

第四十条 对精神病的医学鉴定，应当由省级人民政府指定的医院进行。

当事人因交通事故致残的，在治疗终结后，应当由具有资格的伤残鉴定机构评定伤残等级。

对有争议的财产损失的评估，应当由具有评估资格的评估机构进行。

具备资格的检验、鉴定、评估机构应当向省级人民政府公安机关交通管理部门备案，公安机关交通管理部门可以向当事人介绍符合条件的检验、鉴定、评估机构，由当事人自行选择。

第四十一条 交通事故造成人员死亡的，由急救、医疗机构或者法医出具死亡证明。尸体应当存放在殡葬服务单位或者有停尸条件的医疗机构。检验尸体不得在公众场合进行。解剖尸体需征得其亲属的同意。检验完成后，应当通知死者亲属在10日内办理丧葬事宜。无正当理由逾期不办理的，经县级以上公安机关负责人批准，由公安机关处理尸体，逾期存放的费用由死者亲属承担。

对未知名尸体，由法医提取人身识别检材、采集其他相关信息后，公安机关交通管理部门填写《未知名尸体信息登记表》，报设区的市公安机关有关部门。

核查出未知名尸体身份的，通知其亲属或者单位认领并处理交通事故。经核查无法确认身份的，应当在地（市）级以上报纸刊登认尸启事。登报后10日仍无人认领的，由县级以上公安机关负责人或者上一级公安机关交通管理部门负责人批准处理尸体。

第四十二条 公安机关交通管理部门扣留的事故车辆除检验、鉴定外，不得使用。检验、鉴定完成后5日内通知当事人领取事故车辆和机动车行驶证。对弃车逃逸的无主车辆或者经通知当事人10日后仍不领取的，依据《中华人民共和国道路交通安全法》第一一二条的规定处理。

对无牌证、达到报废标准、未投保机动车第三者责任强制保险等车辆，依据有关法律、法规的规定处理。

第四十三条 检验、鉴定、评估机构、人员接受公安机关交通管理部门指派、委托或者当事人委托的，应当在规定期限内完成检验、鉴定、评估。检验、鉴定、评估结果确定后，应当出具书面结论，由检验、鉴定、评估人签名并加盖机构印章。

第四十四条 公安机关交通管理部门应当在接到检验、鉴定结果后2日内将检验、鉴定结论复印件交当事人。当事人对公安机关交通管理部门的检验、鉴定结论有异议的，可以在接到检验、鉴定结论复印件后3日内提出重新检验、鉴定的申请。经县级公安机关交通管理部门负责人批准后，应当另行指派或者委托专业技术人员、有资格的鉴定机构进行重新检验、鉴定。

当事人对自行委托的检验、鉴定、评估结论有异议的，可以在接到检验、鉴定、评估结论后3日内另行委托检验、鉴定、评估，并告知公安机关交通管理部门，公安机关交通管理部门予以备案。

申请重新检验、鉴定、评估以一次为限。重新检验、鉴定、评估的时限与检验、鉴定、评估的时限相同。

第五节 交通事故认定书

第四十五条 公安机关交通管理部门经过调查后，应当根据当事人的行为对发生交通事故所起的作用以及过错的严重程度，确定当事人的责任：

（一）因一方当事人的过错导致交通事故的，承担全部责任；当事人逃逸，造成现场变动、证据灭失，公安机关交通管理部门无法查证交通事故事实的，逃逸的当事人承担全部责任；当事人故意破坏、伪造现场、毁灭证据的，承担全部责任；

（二）因两方或者两方以上当事人的过错发生交通事故的，根据其行为对事故发生的作用以及过错的严重程度，分别承担主要责任、同等责任和次要责任；

（三）各方均无导致交通事故的过错，属于交通意外事故的，各方均无责任；

（四）一方当事人故意造成交通事故的，他方无责任。

第四十六条 公安机关交通管理部门对经过勘验、检查现场的交通事故应当自勘查现场之日起 10 日内制作交通事故认定书。交通肇事逃逸的，在查获交通肇事逃逸人和车辆后 10 日内制作交通事故认定书。对需要进行检验、鉴定的，应当在检验、鉴定或者重新检验、鉴定结果确定后 5 日内制作交通事故认定书。

除未查获交通肇事逃逸人、车辆的或者无法查证交通事故事实的以外，交通事故认定书应当载明以下内容：

（一）交通事故当事人、车辆、道路和交通环境的基本情况；

（二）交通事故的基本事实；

（三）交通事故证据及形成原因的分析；

（四）当事人导致交通事故的过错及责任或者意外原因。

交通事故认定书应当加盖公安机关交通管理部门交通事故处理专用章，分别送达当事人，并告知当事人申请公安机关交通管理部门调解的期限和直接向人民法院提起民事诉讼的权利。

第四十七条 未查获交通肇事逃逸人和车辆，交通事故损害赔偿当事人要求出具交通事故认定书的，公安机关交通管理部门可以在接到交通事故损害赔偿当事人的书面申请后10日内制作交通事故认定书，载明交通事故发生的时间、地点、受害人情况及调查得到的事实，有证据证明受害人有过错的，确定受害人的责任；无证据证明受害人有过错的，确定受害人无责任。并送达交通事故损害赔偿当事人。

对无法查证交通事故事实的，公安机关交通管理部门制作交通事故认定书，载明交通事故发生的时间、地点、当事人情况及调查得到的事实，分别送达当事人。

第六章　处罚执行

第四十八条 公安机关交通管理部门应当依据《中华人民共和国行政处罚法》《中华人民共和国道路交通安全法》及其实施条例等法律、行政法规，适用《公安机关办理行政案件程序规定》《道路交通安全违法行为处理程序规定》，对当事人的道路交通安全违法行为作出处罚。

对当事人给予暂扣机动车驾驶证处罚的，扣留一日折抵暂扣期限一日。不予暂扣或者吊销机动车驾驶证处罚的，发还扣留的机动车驾驶证。

第四十九条 对发生重大交通事故构成犯罪，需要吊销当事人机动车驾驶证的，应当在移送案件之前，由设区的市公安机关交通管理部门作出吊销机动车驾驶证的处罚决定。公安机关交通管理部门将已扣留的机动车驾驶证标记吊销，存入交通事故案卷，并将公安交通管理转递通知书转至机动车驾驶证核发地车辆管理所，由机动车驾驶证核发地车辆管理所注销其机动车驾驶证。对交通肇事逃逸人作出吊销机动车驾驶证处罚的，由机动车驾驶证核发地车辆管理所将对其终生不得重新取得机动车驾驶证的决定记入全国公安交通管理信息系统备案。

第五十条 专业运输单位6个月内发生2次一次性死亡3人以上的交通事故，且单位或者车辆驾驶人对交通事故承担全部责任或者主要责任的，专业运输单位所在地的公安机关交通管理部门应当报经设区的市公安机关交通管理部门批准后，作出责令限期消除安全隐患的决定，禁止未消除安全隐患的机动车上道路行驶，并通报交通事故发生地及运输单位属地的人民政府有关行政管理部门。

第五十一条 当事人造成交通事故后逃逸或者强迫机动车驾驶人违反道路交通安全法律、法规和机动车安全驾驶要求驾驶机动车造成交通事故，需要给予拘留处罚的，公安机关应当按照《公安机关办理行政案件程序规定》办理，由县、市公安局、公安分局或者相当于县一级的公安机关裁决。

第五十二条 当事人违反道路交通安全法律、法规的规定，发生重大交通事故，构成犯罪的，依法追究刑事责任，公安机关交通管理部门应当按照《公安机关办理刑事案件程序规定》办理。

第七章 损害赔偿调解

第五十三条 参加机动车第三者责任强制保险的机动车发生交通事故，损失未超过强制保险责任限额范围的，当事人可以直接向保险公司索赔，也可以自行协商处理损害赔偿事宜。

第五十四条 交通事故损害赔偿权利人、义务人一致请求公安机关交通管理部门调解损害赔偿的，可以在收到交通事故认定书之日起 10 日内向公安机关交通管理部门提出书面调解申请，公安机关交通管理部门应予调解。

当事人在申请中对检验、鉴定或者交通事故认定有异议的，公安机关交通管理部门应当书面通知当事人不予调解。

第五十五条 公安机关交通管理部门调解交通事故损害赔偿的期限为 10 日。造成人员死亡的，从规定的办理丧葬事宜时间结束之日起开始；造成人员受伤的，从治疗终结之日起开始；因伤致残的，从定残之日起开始；造成财产损失的，从确定损失之日起开始。

公安机关交通管理部门应当与当事人约定调解的时间、地点，并于调解时间 3 日前通知当事人。口头通知的应当记入调解记录。调解参加人因故不能按期参加调解的，应当在预定调解时间 1 日前通知承办的交通警察，请求变更调解时间。

第五十六条 交通事故调解参加人包括：

（一）交通事故当事人及其代理人；

（二）交通事故车辆所有人或者管理人；

（三）公安机关交通管理部门认为有必要参加的其他人员。

委托代理人应当出具由委托人签名或者盖章的授权委托书。授权委托书应当载明委托事项和权限。

参加调解时当事一方不得超过3人。

第五十七条 公安机关交通管理部门应当指派二名交通警察主持调解。调解采取公开方式进行，调解时间应当提前公布，调解时允许旁听，但是当事人要求不予公开的除外。

第五十八条 调解交通事故损害赔偿争议，按照下列程序实施：

（一）介绍交通事故的基本情况；

（二）宣读交通事故认定书；

（三）分析当事人的行为对发生交通事故所起的作用以及过错的严重程度，并对当事人进行教育；

（四）根据交通事故认定书认定的当事人责任以及《中华人民共和国道路交通安全法》第七十六条的规定，确定当事人承担的损害赔偿责任；

（五）计算人身损害赔偿和财产损失总额，确定各方当事人分担的数额。造成人身损害的，按照《最高人民法院关于审理人身损害赔偿案件适用法律若干问题的解释》规定的赔偿项目和标准计算。修复费用、折价赔偿费用按照实际价值或者评估机构的评估结论计算；

（六）确定赔偿方式。

对交通意外事故造成损害的，按公平、合理、自愿的原则进行调解。

第五十九条 经调解达成协议的，公安机关交通管理部门制作调解书，各方当事人签名，分别送交各方当事人。

调解书应当载明以下内容：

（一）交通事故简要情况和损失情况；

（二）各方的损害赔偿责任；

（三）损害赔偿的项目和数额；

（四）当事人自愿协商达成一致的意见；

（五）赔偿方式和期限；

（六）调解终结日期。

赔付款由当事人自行交接，当事人要求交通警察转交的，交通警察可以转交，并在调解书上附记。

经调解未达成协议的，公安机关交通管理部门应当制作调解终结书送交各方当事人，调解终结书应当载明未达成协议的原因。

调解书生效后，赔偿义务人不履行的，当事人可以向人民法院提起民事诉讼。

第六十条 当事人无正当理由不参加调解或者调解过程中放弃的，公安机关交通管理部门应当终结调解。

第八章 涉外交通事故处理

第六十一条 境外来华人员、车辆发生交通事故的，除按照本规定执行外，还应当按照办理涉外案件的有关法规规定执行。

公安机关交通管理部门处理境外来华人员、车辆发生的交通事故，应当将我国法律、法规规定的当事人在处理交通事故中的权利和义务告知当事人。

第六十二条 境外临时来华人员发生交通事故并承担全部责任或者主要责任的，公安机关交通管理部门应当告知交通事故损害赔偿权利人可以向人民法院提出采取诉前保全措施的请求。

第六十三条 享有外交特权和豁免权的外国人发生交通事故，交通警察认为应当给予暂扣或者吊销机动车驾驶证处罚的，可以扣留其机动车驾驶证。需要检验、鉴定车辆的，公安机关交通管理部门应当在检验、鉴定后立即发还；其不同意检验、鉴定的，记录在案，不得强行检验、鉴定。需要对享有外交特权和豁免权的外国人进行调查的，可以约谈；本人不接受调查的，记录在案。

公安机关交通管理部门应当根据所收集的证据，制作交通事故认定书送达当事人，当事人拒绝接收的，通过外交途径转交给其所在机构。

第六十四条 公安机关交通管理部门处理享有外交特权和豁免权的外国人发生人员死亡交通事故的，应当将其身份、证件及事故经过、损害后果等基本情况记录在案，并将有关情况迅速逐级上报至省级人民政府外事部门和国务院公安、外交部门。

第六十五条 涉外交通事故的调解，可以采用单方调解方式进行。

交通警察可以转交当事人协议赔偿款项。

第九章 其他规定

第六十六条 公安机关督察部门可以依法对公安机关交通管理部门及交通警察处理交通事故工作进行现场监督，依法查处违法违纪问题。

上级公安机关交通管理部门对下级公安机关交通管理部门处理交通事故工作进行监督，发现错误应当及时纠正。

第六十七条 公安机关交通管理部门及交通警察应当秉公执法。交通警察违反本规定的，依法给予行政处分；公安机关交通管理部门违反本规定的，对单位主管领导和其他直接责任人依法给予行政处分。

第六十八条 按照《公安机关办理行政案件程序规定》，交通警察或者公安机关检验、鉴定人员需要回避的，由本级公安机关交通管理部门负责人决定。公安机关交通管理部门负责人需要回避的，由公安机关负责人或者上一级公安机关交通管理部门负责人决定。

对当事人提出的回避申请，公安机关交通管理部门应当在二日内作出决定，并通知申请人。

第六十九条 人民法院、人民检察院审理、审查交通事故案件，需要公安机关交通管理部门提供有关证据的，公安机关交通管理部门接到调卷公函后，应当在三日内或者按照其时限要求，将交通事故案件调查材料正本移交给人民法院或者人民检察院。

第七十条 军队、武警部队人员，车辆发生交通事故，按照本规定处理。需要对现役军人给予刑事、行政处罚的，移送军队、武警部队有关部门。

第七十一条 交通事故死亡人员身份无法确认的，公安机关交通管理部门应当将其所得赔偿费交付有关部门保存。其损害赔偿权利人确认后，由有关部门将赔偿费交付给损害赔偿权利人。

第七十二条 本规定涉及的法律文书式样，按照现行法规、规章和有关标准执行。当事人当场记录交通事故情况的协议书，由省级人民政府公安机关交通管理部门与有关部门协商制定式样，印制发送给机动车所有人随车携带。当事人未携带规定式样协议书的，可以自行书写。

第七十三条 除涉及国家秘密、商业秘密或者个人隐私，以及应当事人、证人要求保密的内容外，当事人及其代理人收到交通事故认定书后，可以查阅、复制、摘录公安机关交通管理部门处理交通事故的证据材料。公安机关交通管理部门对当事人复制的材料应当加盖公安机关交通管理部门交通事故处理专用章。

第十章 附 则

第七十四条 本规定中下列用语的含义：

（一）交通肇事逃逸，是指发生交通事故后，交通事故当事人为逃避法律追究，驾驶车辆或者遗弃车辆逃离交通事故现场的行为。

（二）本规定所称的一日、二日、三日、五日、十日、二十日，是指工作日，不包括节假日。

（三）县级（以上）公安机关交通管理部门，是指县级（以上）公安机关交通管理部门或者相当于同级的公安机关交通管理部门。“设区的市公安机关交通管理部门”，是指设区的市公安机关交通管理部门或者相当于同级的公安机关交通管理部门。“设区的市公安机关”，是指设区的市公安机关或者相当于同级的公安机关。

第七十五条 本规定自2004年5月1日起施行。1992年8月10日发布的《道路交通事故处理程序规定》（公安部令第10号）同时废止。2004年4月30日前公安部发布的其他规定与本规定不一致的，以本规定为准。

《道路交通安全违法行为处理程序规定》

第一章　总　则

第一条　根据《中华人民共和国道路交通安全法》及其实施条例，制定本规定。

第二条　公安机关交通管理部门及其交通警察对道路交通安全违法行为（以下简称违法行为）的处理程序，在法定职权范围内依照本规定实施。

第三条　公安机关交通管理部门及其交通警察对违法行为的处理，应当遵循合法、及时、公正、公开和处罚与教育相结合的原则。对应当给予处罚的，依据违法行为的事实和法律、法规的规定做出处罚决定。

第四条　对交通警察执勤、执法中当场发现的违法行为的处罚由违法行为地的公安机关交通管理部门管辖。

对交通技术监控资料记录的违法行为的处罚可以由违法行为地或者机动车号牌核发地的公安机关交通管理部门管辖。

第五条　对违法行为人处以罚款或者暂扣机动车驾驶证处罚的，由县级以上公安机关交通管理部门做出处罚决定。

对处以吊销机动车驾驶证处罚的，由设区的市公安机关交通管理部门做出处罚决定。

对违法行为人处以行政拘留的，由县、市公安局、公安分局或者相当于县一级的公安机关做出处罚决定。

第六条　对管辖权有异议的，报请共同的上级公安机关交通管理部门，上级公安机关交通管理部门应当及时确定管辖主体，并通知争议各方。

第二章　现场处理程序

第一节　现场处罚

第七条　交通警察对于当场发现的违法行为，认为情节轻微、未影响道路通行和安全的，应当口头告知其违法行为的基本事实、依据，向违法行为人提出警告，纠正违法行为后放行。

对个人处以二百元以下罚款的，可以适用简易程序，由交通警察当场做出处罚决定。

对违法行为人按照一般程序给予处罚，需要采取行政强制措施的，制作行政强制措施凭证，并兼作道路交通安全违法行为处理通知书。

对违法行为人按照一般程序给予处罚，不需要采取行政强制措施的，由交通警察当场制作道路交通安全违法行为处理通知书。

第八条 对违法行为人当场处以罚款处罚的，应当按照下列程序实施：

（一）口头告知其违法行为的基本事实、拟作出的行政处罚、依据其依法享有的权利；

（二）听取违法行为人的陈述和申辩，违法行为人提出的事实、理由或者证据成立的，应当采纳；

（三）制作简易程序处罚决定书；

（四）简易程序处罚决定书应当由被处罚人签名、交通警察签名或者盖章、公安机关交通管理部门盖章。当事人拒绝签名的，交通警察应当在简易程序处罚决定书上注明；

（五）将简易程序处罚决定书当场交付被处罚人；当事人拒收的，交通警察应当在简易程序处罚决定书上注明。

公安机关交通管理部门按照简易程序做出处罚决定的，可以由一名交通警察实施。

交通警察应当在二日内将简易程序处罚决定书（一式三联）存档联交所属公安机关交通管理部门存档。

第九条 对违法行为人按照一般程序给予处罚的，应当按照下列程序制发道路交通安全违法行为处理通知书：

（一）口头告知其违法行为的基本事实、拟作出的处罚、依据及其依法享有的权利；

（二）听取违法行为人的陈述和申辩，违法行为人提出的事实、理由或者证据成立的，应当采纳；

（三）制作道路交通安全违法行为处理通知书；

（四）道路交通安全违法行为处理通知书应当由违法行为人签名、交通警察签名或者盖章、公安机关交通管理部门盖章。当事人拒绝签名的，交通警察应当在道路交通安全违法行为处理通知书上注明；

（五）将道路交通安全违法行为处理通知书当场交付当事人；当事人拒收的，交通警察应当在道路交通安全违法行为处理通知书上注明。

制发道路交通安全违法行为处理通知书，可以由一名交通警察实施。

交通警察应当在24小时内将道路交通安全违法行为处理通知书（一式二联）存档联交所属公安机关交通管理部门。

第二节　行政强制措施的现场适用

第十条　交通警察在执法过程中，因制止违法行为、避免危害发生、防止证据灭失的需要或者机动车驾驶人累积记分满12分的，可以依法采取下列行政强制措施：

（一）扣留车辆；

（二）扣留机动车驾驶证；

（三）拖移机动车；

（四）收缴非法装置；

（五）检验体内酒精、国家管制的精神药品、麻醉药品含量。

第十一条　需要采取扣留车辆、扣留机动车驾驶证、检验体内酒精、国家管制的精神药品、麻醉药品含量行政强制措施的，按照下列程序实施：

（一）口头告知违法行为人或者机动车所有人、管理人违法行为的基本事实、拟作出行政强制措施的种类、依据其依法享有的权利；

（二）听取当事人的陈述和申辩，当事人提出的事实、理由或者证据成立的，应当采纳；

（三）制作行政强制措施凭证；

（四）行政强制措施凭证应当由当事人签名、交通警察签名或者盖章、公安机关交通管理部门盖章。当事人拒绝签名的，交通警察应当在行政强制措施凭证上注明；

（五）将行政强制措施凭证当场交付当事人；当事人拒收的，交通警察应当在行政强制措施凭证上注明。

公安机关交通管理部门作出行政强制措施决定的，可以由一名交通警察实施。

交通警察应当在24小时内将行政强制措施凭证（一式二联）存档联交所属公安机关交通管理部门。

第十二条　行政强制措施凭证应当载明下列事项：

（一）当事人基本情况和车辆牌号、类型；

（二）违法事实和采取行政强制措施的依据；

（三）申请行政复议或者提起行政诉讼的途径和期限；

（四）当事人签名；

（五）交通警察签名或者盖章，公安机关交通管理部门盖章；

（六）填发的日期。

第十三条　有下列情形之一的，因无其他机动车驾驶人代替驾驶、违法行为尚未消除、需要调查或者证据保全等原因不能立即放行的，可以扣留车辆：

（一）未悬挂机动车号牌，未放置检验合格标志、保险标志，或者未携带行驶证、机动车驾驶证的；

（二）具有使用伪造、变造或者其他车辆的机动车登记证书、号牌、行驶证、检验合格标志、保险标志嫌疑的；

（三）未按照规定投保机动车第三者责任强制保险的；

（四）公路客运车辆或者货运机动车超载的；

（五）具有被盗抢嫌疑的；

（六）机动车属于拼装或者已达到报废标准的；

（七）非机动车驾驶人拒绝接受罚款处罚的。

第十四条　交通警察应当在实施行政强制措施后24小时内，将被扣留车辆交到所属公安机关交通管理部门。

公安机关交通管理部门扣留车辆的，不得扣留车辆所载货物。对车辆所载货物应当通知当事人自行处理，当事人无法自行处理或者不自行处理的，应当记录并防止灭失。对容易腐烂、灭损或者不具备保管条件的其他物品，经县级以上公安机关交通管理部门负责人批准，可以在拍照或者录像后变卖，变卖所得按有关规定处理。

第十五条 需要对机动车来历证明进行调查核实的，扣留机动车时间不得超过15日；需要延长的，经县级以上公安机关交通管理部门负责人批准，可以延长至30日。但机动车驾驶人或者所有人、管理人在30日内没有提供被扣留机动车合法来历证明、没有补办相应手续，或者不来接受处理的除外。

第十六条 有下列情形之一的，可以扣留机动车驾驶证：

（一）饮酒、醉酒后驾驶机动车的；

（二）机动车驾驶人将机动车交由未取得机动车驾驶证或者机动车驾驶证被吊销、暂扣的人驾驶的；

（三）机动车行驶超过规定时速百分之五十的；

（四）驾驶拼装或者已达到报废标准的机动车的；

（五）发生重大交通事故，构成犯罪的；

（六）在一个记分周期内累积记分达到12分的。

第十七条 交通警察应当在扣留机动车驾驶证后24小时内，将被扣留机动车驾驶证交到所属公安机关交通管理部门。

有第十六条第（一）、（二）、（三）、（四）、（五）项情形的，扣留机动车驾驶证至做出处罚决定之日；只对违法行为人作出罚款处罚的，做出处罚决定后，应当立即发还机动车驾驶证。有第十六条第（六）项情形的，扣留机动车驾驶证至考试合格之日。

第十八条 违反机动车停放、临时停车规定，驾驶人不在现场或者虽在现场但拒绝立即驶离，妨碍其他车辆、行人通行的，公安机关交通管理部门及交通警察可以将机动车拖移至不妨碍交通的地点或者指定的地点。

第十九条 公安机关交通管理部门应当公开拖车查询电话，并通过标示牌或者其他方式告知当事人。当事人可以通过电话查询接受处理的地点、期限和被拖移机动车的停放地点。

第二十条 拖移机动车应当按照下列程序实施：

（一）因违反机动车停放、临时停车规定，驾驶人不在现场，妨碍其他车辆、行人通行时拖移机动车的，公安机关交通管理部门应当通过拍照等方式记录违法事实；

（二）将违反停车规定的机动车拖移至指定的地点；

（三）违法行为人接受处理后，应当及时发还机动车。

公安机关交通管理部门不得将车辆拖移至停车收费价格明显高于当地平均停车收费水平的停车场停放。

第二十一条 有下列情形之一的，可以收缴非法装置：

（一）非法安装警报器、标志灯具的；

（二）自行车、三轮车安装动力装置的；

（三）加装其他与注册登记项目不符且影响车辆安全的装置的。

第二十二条 交通警察收缴非法装置的，应当在24小时内，将被收缴的非法装置交到所属公安机关交通管理部门。对收缴的非法装置除作为证据保存外，经县级以上公安机关交通管理部门批准后，予以销毁。

第二十三条 车辆驾驶人有下列情形之一的，对其检验体内酒精、国家管制的精神药品、麻醉药品含量：

（一）对酒精呼吸测试的酒精含量有异议的；

（二）经呼吸测试超过醉酒临界值的；

（三）酒后驾驶车辆发生交通事故的；

（四）涉嫌服用国家管制的精神药品、麻醉药品后驾驶机动车的。

第二十四条 检验违法行为人体内酒精、国家管制的精神药品、麻醉药品含量的，应当按照下列程序实施：

（一）由交通警察将违法行为人带到医疗机构进行抽血或者提取尿液；

（二）对酒后行为失控的，可以使用约束带或者警绳等约束性警械；

（三）公安机关交通管理部门应当将抽取的血液或者提取的尿液及时送交有检验资格的机构进行检测，并将检测结果书面告知违法行为人。

检验违法行为人体内酒精、国家管制的精神药品、麻醉药品含量的，应当通知其家属。但无法通知的除外。

第三章　非现场处理程序

第一节　非现场处罚

第二十五条　根据交通技术监控记录资料，对违法的机动车所有人、管理人或者驾驶人处200元以下罚款的，可以适用简易程序做出处罚决定。

依照法律、法规规定对违法行为人作出200元（不含）以上罚款、暂扣或者吊销机动车驾驶证、对单位处以罚款的，应当进行调查，收集证据，并按照一般程序做出处罚决定。

第二十六条　根据交通技术监控记录资料，对违法的机动车所有人、管理人或者驾驶人处200元以下罚款的，应当按照本规定第八条做出处罚决定。

公安机关交通管理部门应当提供交通技术监控资料记录的违法行为的查询方式供机动车所有人、管理人或者驾驶人查询。

第二十七条　按照一般程序作出处罚的，应当按照下列程序实施：

（一）询问当事人违法行为的基本情况，并制作笔录。当事人拒绝接受询问、签名或者盖章的，在询问笔录上注明；

（二）书面告知当事人违法行为的基本事实、拟作出的行政处罚、依据及其依法享有的权利；

（三）对当事人陈述、申辩进行复核。复核结果应当在笔录中注明，由当事人签名、复核人签名或者盖章、公安机关交通管理部门盖章；当事人拒绝签名的，在笔录上注明；

（四）制作公安交通管理行政处罚决定书；

（五）公安交通管理行政处罚决定书应当由当事人签名、公安机关交通管理部门盖章；当事人拒绝签名的，交通警察应当当场在公安交通管理行政处罚决定书上注明；

（六）公安交通管理行政处罚决定书应当在宣告后当场交付当事人。当事人不在场的，应当在7日内依照《公安机关办理行政案件程序规定》的有关规定，将公安交通管理行政处罚决定书送达当事人。

公安机关交通管理部门按照一般程序做出处罚决定的，应当由二名以上交通警察实施。

第二十八条 公安交通管理行政处罚决定书应当载明被处罚人的基本情况、车辆牌号、车辆类型、违法事实和证据、处罚的依据、处罚的种类、处罚机关名称及依法享有的复议、诉讼权利等内容，并由被处罚人签名、交通警察签名或者盖章、公安机关交通管理部门盖章。

第二十九条 公安机关交通管理部门对非本辖区（以设区的市为界，下同）机动车有违法行为记录的，可以将记录违法行为的信息、证据转至机动车号牌核发地公安机关交通管理部门。

机动车号牌核发地公安机关交通管理部门应当告知违法行为人或者机动车所有人、管理人违法行为的基本事实、拟作出的行政处罚、依据及其依法享有的权利，接受处理的地点、期限，不接受处理的后果。

违法行为人或者机动车所有人、管理人对事实无异议的，由机动车号牌核发地公安机关交通管理部门按本规定做出处罚决定。违法行为人或者机动车所有人、管理人对事实有异议的，核发地公安机关交通管理部门告知其到违法行为地公安机关交通管理部门接受处理。

第三十条 一人有两种以上违法行为的，分别裁决，合并执行，可以制作一份公安交通管理行政处罚决定书。但处罚主体不一致的，应当分别制作公安交通管理行政处罚决定书。

一人只有一种违法行为，同时并处两个以上处罚种类且涉及两个处罚主体的，应当分别制作公安交通管理行政处罚决定书。

第三十一条 对违法行为事实清楚，需要按照一般程序处以罚款的，应当自处理之时起 24 小时内做出处罚决定；处以暂扣机动车驾驶证的，应当自处理之日起 3 日内做出处罚决定；处以吊销机动车驾驶证的，应当自处理之日起 7 日内做出处罚决定。

第二节　收缴机动车、牌证和强制排除妨碍

第三十二条 公安机关交通管理部门对扣留的拼装或者已达到报废标准的机动车，经县级以上公安机关交通管理部门批准后，予以收缴并强制报废；有其他违法犯罪嫌疑的，移交公安机关有关部门处理。

第三十三条 伪造、变造或者使用伪造、变造的机动车登记证书、号牌、行驶证、检验合格标志、保险标志、机动车驾驶证或者使用其他车辆的机动

车登记证书、号牌、行驶证、检验合格标志、保险标志，被收缴的，应当按照下列规定处理：

（一）对使用伪造、变造的机动车登记证书、号牌、行驶证、检验合格标志、保险标志、机动车驾驶证的，依法处罚后并予以销毁；

（二）对使用其他车辆的机动车登记证书、号牌、行驶证、检验合格标志、保险标志的，依法处罚后转至核发地车辆管理所；

有其他违法犯罪嫌疑的，移交公安机关有关部门处理。

第三十四条 拒不拆除在道路两侧及隔离带上种植树木、其他植物或者设置广告牌、管线等，遮挡路灯、交通信号灯、交通标志，妨碍安全视距的，公安机关交通管理部门应当向违法行为人送达排除妨碍通知书，规定履行期限，告知不履行的后果。违法行为人在规定期限内拒不履行的，予以处罚并强制排除妨碍。

第三十五条 强制排除妨碍，公安机关交通管理部门及其交通警察可以当场实施。无法当场实施的，按照下列程序实施：

（一）经公安机关交通管理部门负责人批准，可以委托或者组织没有利害关系的单位予以强制排除妨碍；

（二）执行强制排除妨碍时，公安机关交通管理部门应当派员到场进行监督。

第四章 处罚的执行

第三十六条 对行人、乘车人、非机动车驾驶人处以罚款，交通警察当场收缴的，交通警察应当在简易程序处罚决定书上注明，由被处罚人签名确认。被处罚人拒绝签名的，交通警察应当在处罚决定书上注明。

交通警察当场收缴罚款的，应当开具省、自治区、直辖市财政部门统一制发的罚款收据；不开具省、自治区、直辖市财政部门统一制发的罚款收据的，当事人有权拒绝缴纳罚款。

第三十七条 公安机关交通管理部门对非本辖区机动车驾驶人，给予暂扣机动车驾驶证处罚的，应当在做出处罚决定后15日内，将公安交通管理转递通知书和机动车驾驶证转至核发地车辆管理所。

违法行为人要求不将机动车驾驶证转至核发地车辆管理所的，应当准许，并在行政处罚决定书上注明。

第三十八条　公安机关交通管理部门对机动车驾驶人，给予吊销机动车驾驶证处罚的，应当在做出处罚决定后15日内，将公安交通管理转递通知书和机动车驾驶证转至核发地车辆管理所。

第五章　其他规定

第三十九条　对违法行为需要记分的，记分分值标准按照《机动车驾驶证申领和使用规定》附件3执行。

对非本辖区机动车驾驶人的违法行为给予记分或者扣留机动车驾驶证的，作出决定的公安机关交通管理部门应当在二日内将违法行为信息转至机动车驾驶证核发地公安机关交通管理部门。

第四十条　因累积记分满12分被扣留机动车驾驶证的，经机动车驾驶证核发地车辆管理所考试合格后发还机动车驾驶证。

对非本辖区机动车驾驶人要求在违法行为地考试的，公安机关交通管理部门可以准许，考试合格后发还机动车驾驶证，并将考试合格的信息转至核发地公安机关交通管理部门。

机动车驾驶证核发地公安机关交通管理部门应当根据转递信息清除机动车驾驶人的累积记分。

第四十一条　公路客运车辆载客超过核定乘员、货运机动车超过核定载质量的，公安机关交通管理部门应当扣留机动车，并按照下列规定消除违法状态：

（一）违法行为人可以自行消除违法状态的，应当在公安机关交通管理部门的监督下，自行将超载的乘车人转运、货物卸载；

（二）违法行为人无法自行消除违法状态的，对超载的乘车人，公安机关交通管理部门应当及时通知有关部门联系转运；对超载的货物，应当在指定的场地卸载，并由违法行为人与指定场地的保管方签订卸载货物的保管合同。

消除违法状态的费用由违法行为人承担。违法状态消除后，应当立即发还被扣留的机动车。

第四十二条 机动车所有人以欺骗、贿赂等不正当手段取得机动车登记的，应当收缴机动车登记证书、号牌、行驶证，撤销机动车登记。

机动车驾驶人以欺骗、贿赂等不正当手段取得驾驶许可的，应当收缴机动车驾驶证，撤销机动车驾驶许可。

第四十三条 撤销机动车登记和驾驶许可的，按照下列程序实施：

（一）经设区的市公安机关交通管理部门负责人批准，制作撤销决定书送达违法行为人；

（二）将收缴的机动车登记证书、号牌、行驶证、机动车驾驶证连同撤销决定书转至核发地车辆管理所；

（三）无法收缴的，公告作废。

第四十四条 简易程序案卷包括简易程序处罚决定书。一般程序案卷包括行政强制措施凭证（道路交通安全违法行为处理通知书）、证据材料、行政处罚决定书。

在处理违法行为过程中形成的其他文书应当一并存入案卷。

第四十五条 对违法行为人给予行政处罚、采取行政强制措施和撤销机动车登记或者机动车驾驶许可的，按照本规定文书要求或者所附文书式样填发。其他文书，按照公安部制定的统一文书式样填发。

法律文书可以用电子文档保存。

第六章 附 则

第四十六条 本规定中下列用语的含义：

（一）违法行为人，是指违反道路交通安全法律、法规规定的公民、法人及其他组织。

（二）违法行为地，包括违法行为发生地、违法行为发现地。

（三）县级以上公安机关交通管理部门，是指县级以上公安机关交通管理部门或者相当于同级的公安机关交通管理部门。设区的市公安机关交通管理部门，是指设区的市公安机关交通管理部门或者相当于同级的公安机关交通管理部门。

第四十七条 本规定没有规定的违法行为处理程序，依照《公安机关办理行政案件程序规定》执行。

第四十八条 本规定所称以上、以下，除特别注明的外，包括本数在内。

本规定所称的二日、三日、五日、七日、十五日，是指工作日，不包括节假日。

第四十九条 本规定自2004年5月1日起施行。1999年12月10日公安部发布的《交通违章处理程序规定》（公安部第46号令），同时废止。2004年4月30日前公安部发布的其他规定与本规定不一致的，以本规定为准。

《机动车交通事故责任强制保险条例》

第一章 总 则

第一条 为了保障机动车道路交通事故受害人依法得到赔偿，促进道路交通安全，根据《中华人民共和国道路交通安全法》《中华人民共和国保险法》，制定本条例。

第二条 在中华人民共和国境内道路上行驶的机动车的所有人或者管理人，应当依照《中华人民共和国道路交通安全法》的规定投保机动车交通事故责任强制保险。

机动车交通事故责任强制保险的投保、赔偿和监督管理，适用本条例。

第三条 本条例所称机动车交通事故责任强制保险。是指由保险公司对被保险机动车发生道路交通事故造成本车人员、被保险人以外的受害人的人身伤亡、财产损失，在责任限额内予以赔偿的强制性责任保险。

第四条 国务院保险监督管理机构（以下称保监会）依法对保险公司的机动车交通事故责任强制保险业务实施监督管理。

公安机关交通管理部门、农业（农业机械）主管部门（以下统称机动车管理部门）应当依法对机动车参加机动车交通事故责任强制保险的情况实施监督检查。对未参加机动车交通事故责任强制保险的机动车，机动车管理部门不得予以登记，机动车安全技术检验机构不得予以检验。

公安机关交通管理部门及交通警察在调查处理道路交通安全违法行为和道路交通事故时，应当依法检查机动车交通事故责任强制保险的保险标志。

第二章 投 保

第五条 中资保险公司（以下称保险公司）经保监会批准，可以从事机动车交通事故责任强制保险业务。

为了保证机动车交通事故责任强制保险制度的实行，保监会有权要求保险公司从事机动车交通事故责任强制保险业务。

未经保监会批准，任何单位或者个人不得从事机动车交通事故责任强制保险业务。

第六条 机动车交通事故责任强制保险实行统一的保险条款和基础保险费率。保监会按照机动车交通事故责任强制保险业务总体上不盈利不亏损的原则审批保险费率。

保监会在审批保险费率时，可以聘请有关专业机构进行评估，可以举行听证会听取公众意见。

第七条 保险公司的机动车交通事故责任强制保险业务，应当与其他保险业务分开管理，单独核算。

保监会应当每年对保险公司的机动车交通事故责任强制保险业务情况进行核查，并向社会公布。根据保险公司机动车交通事故责任强制保险业务的总体盈利或者亏损情况，可以要求或者允许保险公司相应调整保险费率。

调整保险费率的幅度较大的，保监会应当进行听证。

第八条 被保险机动车没有发生道路交通安全违法行为和道路交通事故的，保险公司应当在下一年度降低其保险费率。在此后的年度内，被保险机动车仍然没有发生道路交通安全违法行为和道路交通事故的，保险公司应当继续降低其保险费率，直至最低标准。被保险机动车发生道路交通安全违法行为或者道路交通事故的，保险公司应当在下一年度提高其保险费率。多次发生道路交通安全违法行为、道路交通事故，或者发生重大道路交通事故的，保险公司应当加大提高其保险费率的幅度。在道路交通事故中被保险人没有过错的，不提高其保险费率。降低或者提高保险费率的标准，由保监会会同国务院公安部门制定。

第九条 保监会、国务院公安部门、国务院农业主管部门以及其他有关部门应当逐步建立有关机动车交通事故责任强制保险、道路交通安全违法行为和道路交通事故的信息共享机制。

第十条 投保人在投保时应当选择具备从事机动车交通事故责任强制保险业务资格的保险公司，被选择的保险公司不得拒绝或者拖延承保。

保监会应当将具备从事机动车交通事故责任强制保险业务资格的保险公

司向社会公示。

第十一条 投保人投保时，应当向保险公司如实告知重要事项。

重要事项包括机动车的种类、厂牌型号、识别代码、牌照号码、使用性质和机动车所有人或者管理人的姓名（名称）、性别、年龄、住所、身份证或者驾驶证号码（组织机构代码）、续保前该机动车发生事故的情况以及保监会规定的其他事项。

第十二条 签订机动车交通事故责任强制保险合同时，投保人应当一次支付全部保险费；保险公司应当向投保人签发保险单、保险标志。保险单、保险标志应当注明保险单号码、车牌号码、保险期限、保险公司的名称、地址和理赔电话号码。

被保险人应当在被保险机动车上放置保险标志。

保险标志式样全国统一。保险单、保险标志由保监会监制。任何单位或者个人不得伪造、变造或者使用伪造、变造的保险单、保险标志。

第十三条 签订机动车交通事故责任强制保险合同时，投保人不得在保险条款和保险费率之外，向保险公司提出附加其他条件的要求。

签订机动车交通事故责任强制保险合同时，保险公司不得强制投保人订立商业保险合同以及提出附加其他条件的要求。

第十四条 保险公司不得解除机动车交通事故责任强制保险合同；但足，投保人对重要事项未履行如实告知义务的除外。

投保人对重要事项未履行如实告知义务，保险公司解除合同前，应当书面通知投保人，投保人应当自收到通知之日起 5 日内履行如实告知义务；投保人在上述期限内履行如实告知义务的，保险公司不得解除合同。

第十五条 保险公司解除机动车交通事故责任强制保险合同的，应当收回保险单和保险标志，并书面通知机动车管理部门。

第十六条 投保人不得解除机动车交通事故责任强制保险合同，但有下列情形之一的除外：

（一）被保险机动车被依法注销登记的；

（二）被保险机动车办理停驶的；

（三）被保险机动车经公安机关证实丢失的。

第十七条 机动车交通事故责任强制保险合同解除前，保险公司应当按照合同承担保险责任。

合同解除时，保险公司可以收取自保险责任开始之日起至合同解除之日止的保险费，剩余部分的保险费退还投保人。

第十八条 被保险机动车所有权转移的，应当办理机动车交通事故责任强制保险合同变更手续。

第十九条 机动车交通事故责任强制保险合同期满，投保人应当及时续保，并提供上一年度的保险单。

第二十条 机动车交通事故责任强制保险的保险期间为 1 年，但有下列情形之一的，投保人可以投保短期机动车交通事故责任强制保险：

（一）境外机动车临时入境的；

（二）机动车临时上道路行驶的；

（三）机动车距规定的报废期限不足 1 年的；

（四）保监会规定的其他情形。

第三章 赔 偿

第二十一条 被保险机动车发生道路交通事故造成本车人员、被保险人以外的受害人人身伤亡、财产损失的，由保险公司依法在机动车交通事故责任强制保险责任限额范围内予以赔偿。

道路交通事故的损失是由受害人故意造成的，保险公司不予赔偿。

第二十二条 有下列情形之一的，保险公司在机动车交通事故责任强制保险责任限额范围内垫付抢救费用，并有权向致害人追偿：

（一）驾驶人未取得驾驶资格或者醉酒的；

（二）被保险机动车被盗抢期间肇事的；

（三）被保险人故意制造道路交通事故的。

有前款所列情形之一，发生道路交通事故的，造成受害人的财产损失，保险公司不承担赔偿责任。

第二十三条 机动车交通事故责任强制保险在全国范围内实行统一的责任限额。责任限额分为死亡伤残赔偿限额、医疗费用赔偿限额、财产损失赔偿限额以及被保险人在道路交通事故中无责任的赔偿限额。

机动车交通事故责任强制保险责任限额由保监会会同国务院公安部门、国务院卫生主管部门、国务院农业主管部门规定。

第二十四条 国家设立道路交通事故社会救助基金（以下简称救助基金）。有下列情形之一时，道路交通事故中受害人人身伤亡的丧葬费用、部分或者全部抢救费用，由救助基金先行垫付，救助基金管理机构有权向道路交通事故责任人追偿：

（一）抢救费用超过机动车交通事故责任强制保险责任限额的；

（二）肇事机动车未参加机动车交通事故责任强制保险的；

（二）机动车肇事后逃逸的。

第二十五条 救助基金的来源包括：

（一）按照机动车交通事故责任强制保险的保险费的一定比例提取的资金；

（二）对未按照规定投保机动车交通事故责任强制保险的机动车的所有人、管理人的罚款；

（三）救助基金管理机构依法向道路交通事故责任人追偿的资金；

（四）救助基金孳息；

（五）其他资金。

第二十六条 救助基金的具体管理办法，由国务院财政部门会同保监会、国务院公安部门、国务院卫生主管部门、国务院农业主管部门制定试行。

第二十七条 被保险机动车发生道路交通事故，被保险人或者受害人通知保险公司的，保险公司应当立即给予答复，告知被保险人或者受害人具体的赔偿程序等有关事项。

第二十八条 被保险机动车发生道路交通事故的，由被保险人向保险公司申请赔偿保险金。保险公司应当自收到赔偿申请之日起 1 日内，书面告知被保险人需要向保险公司提供的与赔偿有关的证明和资料。

第二十九条 保险公司应当自收到被保险人提供的证明和资料之日起 5 日内，对是否属于保险责任作出核定，并将结果通知被保险人；对不属于保险责任的，应当书面说明理由；对属于保险责任的，在与被保险人达成赔偿保险金的协议后10日内，赔偿保险金。

第三十条 被保险人与保险公司对赔偿有争议的，可以依法申请仲裁或者向人民法院提起诉讼。

第三十一条 保险公司可以向被保险人赔偿保险金，也可以直接向受害人赔偿保险金。但是，因抢救受伤人员需要保险公司支付或者垫付抢救费用的，保险公司在接到公安机关交通管理部门通知后，经核对应当及时向医疗机构支付或者垫付抢救费用。

因抢救受伤人员需要救助基金管理机构垫付抢救费用的，救助基金管理机构在接到公安机关交通管理部门通知后，经核对应当及时向医疗机构垫付抢救费用。

第三十二条 医疗机构应当参照国务院卫生主管部门组织制定的有关临床诊疗指南，抢救、治疗道路交通事故中的受伤人员。

第三十三条 保险公司赔偿保险金或者垫付抢救费用，救助基金管理机构垫付抢救费用，需要向有关部门、医疗机构核实有关情况的，有关部门、医疗机构应当予以配合。

第三十四条 保险公司、救助基金管理机构的工作人员对当事人的个人隐私应当保密。

第三十五条 道路交通事故损害赔偿项目和标准依照有关法律的规定执行。

第四章 罚 则

第三十六条 未经保监会批准，非法从事机动车交通事故责任强制保险业务的，由保监会予以取缔；构成犯罪的，依法追究刑事责任；尚不构成犯罪的，由保监会没收违法所得，违法所得20万元以上的，并处违法所得1倍以上5倍以下罚款；没有违法所得或者违法所得不足20万元的，处20万元以上100万元以下罚款。

第三十七条 保险公司未经保监会批准从事机动车交通事故责任强制保险业务的，由保监会责令改正，责令退还收取的保险费，没收违法所得，违法所得10万元以上的，并处违法所得1倍以上5倍以下罚款；没有违法所得或者违法所得不足10万元的，处10万元以上50万元以下罚款；逾期不改正或者造成严重后果的，责令停业整顿或者吊销经营保险业务许可证。

第三十八条 保险公司违反本条例规定，有下列行为之一的，由保监会责令改正，处5万元以上30万元以下罚款；情节严重的，可以限制业务范围、责令停止接受新业务或者吊销经营保险业务许可证：

（一）拒绝或者拖延承保机动车交通事故责任强制保险的；

（二）未按照统一的保险条款和基础保险费率从事机动车交通事故责任强制保险业务的；

（三）未将机动车交通事故责任强制保险业务和其他保险业务分开管理，单独核算的；

（四）强制投保人订立商业保险合同的；

（五）违反规定解除机动车交通事故责任强制保险合同的；

（六）拒不履行约定的赔偿保险金义务的；

（七）未按照规定及时支付或者垫付抢救费用的。

第三十九条 机动车所有人、管理人未按照规定投保机动车交通事故责任强制保险的，由公安机关交通管理部门扣留机动车，通知机动车所有人、管理人依照规定投保，处依照规定投保最低责任限额应缴纳的保险费的2倍罚款。

机动车所有人、管理人依照规定补办机动车交通事故责任强制保险的，应当及时退还机动车。

第四十条 上道路行驶的机动车未放置保险标志的，公安机关交通管理部门应当扣留机动车，通知当事人提供保险标志或者补办相应手续，可以处警告或者20元以上200元以下罚款。

当事人提供保险标志或者补办相应手续的，应当及时退还机动车。

第四十一条 伪造、变造或者使用伪造、变造的保险标志，或者使用其他机动车的保险标志，由公安机关交通管理部门予以收缴，扣留该机动车，处200元以上2000元以下罚款；构成犯罪的，依法追究刑事责任。

当事人提供相应的合法证明或者补办相应手续的，应当及时退还机动车。

第五章 附 则

第四十二条 本条例下列用语的含义：

（一）投保人，是指与保险公司订立机动车交通事故责任强制保险合同，并按照合同负有支付保险费义务的机动车的所有人、管理人。

（二）被保险人，是指投保人及其允许的合法驾驶人。

（二）抢救费用，是指机动车发生道路交通事故导致人员受伤时，医疗机构参照国务院卫生主管部门组织制定的有关临床诊疗指南，对生命体征不平稳和虽然生命体征平稳但如果不采取处理措施会产生生命危险，或者导致残疾、器官功能障碍，或者导致病程明显延长的受伤人员，采取必要的处理措施所发生的医疗费用。

第四十三条 机动车在道路以外的地方通行时发生事故，造成人身伤亡、财产损失的赔偿，比照适用本条例。

第四十四条 中国人民解放军和中国人民武装警察部队在编机动车参加机动车交通事故责任强制保险的办法，由中国人民解放军和中国人民武装警察部队另行规定。

第四十五条 机动车所有人、管理人自本条例施行之日起3个月内投保机动车交通事故责任强制保险；本条例施行前已经投保商业性机动车第三者责任保险的，保险期满，应当投保机动车交通事故责任强制保险。

第四十六条 本条例自2006年7月1日起施行。

最高人民法院《关于审理人身损害赔偿案件适用法律若干问题的解释》

为正确审理人身损害赔偿案件，依法保护当事人的合法权益，根据《中华人民共和国民法通则》（以下简称《民法通则》）、《中华人民共和国民事诉讼法》（以下简称《民事诉讼法》）等有关法律规定，结合审判实践，就有关适用法律的问题作如下解释：

第一条 因生命、健康、身体遭受侵害，赔偿权利人起诉请求赔偿义务人赔偿财产损失和精神损害的，人民法院应予受理。

本条所称赔偿权利人，是指因侵权行为或者其他致害原因直接遭受人身损害的受害人、依法由受害人承担扶养义务的被扶养人以及死亡受害人的近亲属。

本条所称赔偿义务人，是指因自己或者他人的侵权行为以及其他致害原因依法应当承担民事责任的自然人、法人或者其他组织。

第二条 受害人对同一损害的发生或者扩大有故意、过失的，依照民法通则第一三一条的规定，可以减轻或者免除赔偿义务人的赔偿责任。但侵权人因故意或者重大过失致人损害，受害人只有一般过失的，不减轻赔偿义务人的赔偿责任。

适用民法通则第一〇六条第三款规定确定赔偿义务人的赔偿责任时，受害人有重大过失的，可以减轻赔偿义务人的赔偿责任。

第三条 二人以上共同故意或者共同过失致人损害，或者虽无共同故意、共同过失，但其侵害行为直接结合发生同一损害后果的，构成共同侵权，应当依照民法通则第一三〇条规定承担连带责任。

二人以上没有共同故意或者共同过失，但其分别实施的数个行为间接结合发生同一损害后果的，应当根据过失大小或者原因力比例各自承担相应的赔偿责任。

第四条 二人以上共同实施危及他人人身安全的行为并造成损害后果，不能确定实际侵害行为人的，应当依照民法通则第一三〇条规定承担连带责任。

共同危险行为人能够证明损害后果不是由其行为造成的，不承担赔偿责任。

第五条 赔偿权利人起诉部分共同侵权人的，人民法院应当追加其他共同侵权人作为共同被告。赔偿权利人在诉讼中放弃对部分共同侵权人的诉讼请求的，其他共同侵权人对被放弃诉讼请求的被告应当承担的赔偿份额不承担连带责任。责任范围难以确定的，推定各共同侵权人承担同等责任。

人民法院应当将放弃诉讼请求的法律后果告知赔偿权利人，并将放弃诉讼请求的情况在法律文书中叙明。

第六条 从事住宿、餐饮、娱乐等经营活动或者其他社会活动的自然人、法人、其他组织，未尽合理限度范围内的安全保障义务致使他人遭受人身损害，赔偿权利人请求其承担相应赔偿责任的，人民法院应予支持。

因第三人侵权导致损害结果发生的，由实施侵权行为的第三人承担赔偿责任。安全保障义务人有过错的，应当在其能够防止或者制止损害的范围内承担相应的补充赔偿责任。安全保障义务人承担责任后，可以向第三人追偿。赔偿权利人起诉安全保障义务人的，应当将第三人作为共同被告，但第三人不能确定的除外。

第七条 对未成年人依法负有教育、管理、保护义务的学校、幼儿园或者其他教育机构，未尽职责范围内的相关义务致使未成年人遭受人身损害，或者未成年人致他人人身损害的，应当承担与其过错相应的赔偿责任。

第三人侵权致未成年人遭受人身损害的，应当承担赔偿责任。学校、幼儿园等教育机构有过错的，应当承担相应的补充赔偿责任。

第八条 法人或者其他组织的法定代表人、负责人以及工作人员，在执行职务中致人损害的，依照《民法通则》第一二一条的规定，由该法人或者其他组织承担民事责任。上述人员实施与职务无关的行为致人损害的，应当由行为人承担赔偿责任。

属于《国家赔偿法》赔偿事由的，依照《国家赔偿法》的规定处理。

第九条 雇员在从事雇佣活动中致人损害的，雇主应当承担赔偿责任；雇员因故意或者重大过失致人损害的，应当与雇主承担连带赔偿责任。雇主承担连带赔偿责任的，可以向雇员追偿。

前款所称从事雇佣活动，是指从事雇主授权或者指示范围内的生产经营活动或者其他劳务活动。雇员的行为超出授权范围，但其表现形式是履行职务或者与履行职务有内在联系的，应当认定为从事雇佣活动。

第十条 承揽人在完成工作过程中对第三人造成损害或者造成自身损害的，定作人不承担赔偿责任。但定作人对定作、指示或者选任有过失的，应当承担相应的赔偿责任。

第十一条 雇员在从事雇佣活动中遭受人身损害，雇主应当承担赔偿责任。雇佣关系以外的第三人造成雇员人身损害的，赔偿权利人可以请求第三人承担赔偿责任，也可以请求雇主承担赔偿责任。雇主承担赔偿责任后，可以向第三人追偿。

雇员在从事雇佣活动中因安全生产事故遭受人身损害，发包人、分包人知道或者应当知道接受发包或者分包业务的雇主没有相应资质或者安全生产条件的，应当与雇主承担连带赔偿责任。

属于《工伤保险条例》调整的劳动关系和工伤保险范围的，不适用本条规定。

第十二条 依法应当参加工伤保险统筹的用人单位的劳动者，因工伤事故遭受人身损害，劳动者或者其近亲属向人民法院起诉请求用人单位承担民事赔偿责任的，告知其按《工伤保险条例》的规定处理。

因用人单位以外的第三人侵权造成劳动者人身损害，赔偿权利人请求第三人承担民事赔偿责任的，人民法院应予支持。

第十三条 为他人无偿提供劳务的帮工人，在从事帮工活动中致人损害的，被帮工人应当承担赔偿责任。被帮工人明确拒绝帮工的，不承担赔偿责任。帮工人存在故意或者重大过失，赔偿权利人请求帮工人和被帮工人承担连带责任的，人民法院应予支持。

第十四条 帮工人因帮工活动遭受人身损害的，被帮工人应当承担赔偿责任。被帮工人明确拒绝帮工的，不承担赔偿责任；但可以在受益范围内予以适当补偿。

帮工人因第三人侵权遭受人身损害的，由第三人承担赔偿责任。第三人不能确定或者没有赔偿能力的，可以由被帮工人予以适当补偿。

第十五条 为维护国家、集体或者他人的合法权益而使自己受到人身损害，因没有侵权人、不能确定侵权人或者侵权人没有赔偿能力，赔偿权利人请求受益人在受益范围内予以适当补偿的，人民法院应予支持。

第十六条 下列情形，适用民法通则第一二六条的规定，由所有人或者管理人承担赔偿责任，但能够证明自己没有过错的除外：

（一）道路、桥梁、隧道等人工建造的构筑物因维护、管理瑕疵致人损害的；

（二）堆放物品滚落、滑落或者堆放物倒塌致人损害的；

（三）树木倾倒、折断或者果实坠落致人损害的。

前款第（一）项情形，因设计、施工缺陷造成损害的，由所有人、管理人与设计者、施工者承担连带责任。

第十七条 受害人遭受人身损害，因就医治疗支出的各项费用以及因误工减少的收入，包括医疗费、误工费、护理费、交通费、住宿费、住院伙食补助费、必要的营养费，赔偿义务人应当予以赔偿。

受害人因伤致残的，其因增加生活上需要所支出的必要费用以及因丧失劳动能力导致的收入损失，包括残疾赔偿金、残疾辅助器具费、被扶养人生活费，以及因康复护理、继续治疗实际发生的必要的康复费、护理费、后续治疗费，赔偿义务人也应当予以赔偿。

受害人死亡的，赔偿义务人除应当根据抢救治疗情况赔偿本条第一款规定的相关费用外，还应当赔偿丧葬费、被扶养人生活费、死亡补偿费以及受害人亲属办理丧葬事宜支出的交通费、住宿费和误工损失等其他合理费用。

第十八条 受害人或者死者近亲属遭受精神损害，赔偿权利人向人民法院请求赔偿精神损害抚慰金的，适用《最高人民法院关于确定民事侵权精神损害赔偿责任若干问题的解释》予以确定。

精神损害抚慰金的请求权，不得让与或者继承。但赔偿义务人已经以书面方式承诺给予金钱赔偿，或者赔偿权利人已经向人民法院起诉的除外。

第十九条 医疗费根据医疗机构出具的医药费、住院费等收款凭证，结合病历和诊断证明等相关证据确定。赔偿义务人对治疗的必要性和合理性有异议的，应当承担相应的举证责任。

医疗费的赔偿数额，按照一审法庭辩论终结前实际发生的数额确定。器官功能恢复训练所必要的康复费、适当的整容费以及其他后续治疗费，赔偿权利人可以待实际发生后另行起诉。但根据医疗证明或者鉴定结论确定必然发生的费用，可以与已经发生的医疗费一并予以赔偿。

第二十条 误工费根据受害人的误工时间和收入状况确定。

误工时间根据受害人接受治疗的医疗机构出具的证明确定。受害人因伤致残持续误工的，误工时间可以计算至定残日前一天。

受害人有固定收入的，误工费按照实际减少的收入计算。受害人无固定收入的，按照其最近三年的平均收入计算；受害人不能举证证明其最近三年的平均收入状况的，可以参照受诉法院所在地相同或者相近行业上一年度职工的平均工资计算。

第二十一条 护理费根据护理人员的收入状况和护理人数、护理期限确定。

护理人员有收入的，参照误工费的规定计算；护理人员没有收入或者雇佣护工的，参照当地护工从事同等级别护理的劳务报酬标准计算。护理人员原则上为一人，但医疗机构或者鉴定机构有明确意见的，可以参照确定护理人员人数。

护理期限应计算至受害人恢复生活自理能力时止。受害人因残疾不能恢复生活自理能力的，可以根据其年龄、健康状况等因素确定合理的护理期限，但最长不超过二十年。

受害人定残后的护理，应当根据其护理依赖程度并结合配制残疾辅助器具的情况确定护理级别。

第二十二条 交通费根据受害人及其必要的陪护人员因就医或者转院治疗实际发生的费用计算。交通费应当以正式票据为凭，有关凭据应当与就医地点、时间、人数、次数相符合。

第二十三条 住院伙食补助费可以参照当地国家机关一般工作人员的出差伙食补助标准予以确定。

受害人确有必要到外地治疗，因客观原因不能住院，受害人本人及其陪护人员实际发生的住宿费和伙食费，其合理部分应予赔偿。

第二十四条 营养费根据受害人伤残情况参照医疗机构的意见确定。

第二十五条 残疾赔偿金根据受害人丧失劳动能力程度或者伤残等级，按照受诉法院所在地上一年度城镇居民人均可支配收入或者农村居民人均纯收入标准，自定残之日起按二十年计算。但六十周岁以上的，年龄每增加一岁减少一年；七十五周岁以上的，按五年计算。

受害人因伤致残但实际收入没有减少，或者伤残等级较轻但造成职业妨害严重影响其劳动就业的，可以对残疾赔偿金作相应调整。

第二十六条 残疾辅助器具费按照普通适用器具的合理费用标准计算。伤情有特殊需要的，可以参照辅助器具配制机构的意见确定相应的合理费用标准。

辅助器具的更换周期和赔偿期限参照配制机构的意见确定。

第二十七条 丧葬费按照受诉法院所在地上一年度职工月平均工资标准，以六个月总额计算。

第二十八条 被抚养人生活费根据抚养人丧失劳动能力程度，按照受诉法院所在地上一年度城镇居民人均消费性支出和农村居民人均年生活消费支出标准计算。被抚养人为未成年人的，计算至十八周岁；被抚养人无劳动能力又无其他生活来源的，计算二十年。但六十周岁以上的，年龄每增加一岁减少一年；七十五周岁以上的，按五年计算。

被抚养人是指受害人依法应当承担抚养义务的未成年人或者丧失劳动能力又无其他生活来源的成年近亲属。被抚养人还有其他抚养人的，赔偿义务人只赔偿受害人依法应当负担的部分。被抚养人有数人的，年赔偿总额累计不超过上一年度城镇居民人均消费性支出额或者农村居民人均年生活消费支出额。

第二十九条 死亡赔偿金按照受诉法院所在地上一年度城镇居民人均可支配收入或者农村居民人均纯收入标准，按二十年计算。但六十周岁以上的，年龄每增加一岁减少一年；七十五周岁以上的，按五年计算。

第三十条 赔偿权利人举证证明其住所地或者经常居住地城镇居民人均可支配收入或者农村居民人均纯收入高于受诉法院所在地标准的，残疾赔偿金或者死亡赔偿金可以按照其住所地或者经常居住地的相关标准计算。

被抚养人生活费的相关计算标准，依照前款原则确定。

第三十一条 人民法院应当按照民法通则第一三一条以及本解释第二条的规定，确定第十九条至第二十九条各项财产损失的实际赔偿金额。

前款确定的物质损害赔偿金与按照第十八条第一款规定确定的精神损害抚慰金，原则上应当一次性给付。

第三十二条 超过确定的护理期限、辅助器具费给付年限或者残疾赔偿金给付年限，赔偿权利人向人民法院起诉请求继续给付护理费、辅助器具费或者残疾赔偿金的，人民法院应予受理。赔偿权利人确需继续护理、配制辅助器具，或者没有劳动能力和生活来源的，人民法院应当判令赔偿义务人继续给付相关费用五至十年。

第三十三条 赔偿义务人请求以定期金方式给付残疾赔偿金、被抚养人生活费、残疾辅助器具费的，应当提供相应的担保。人民法院可以根据赔偿义务人的给付能力和提供担保的情况，确定以定期金方式给付相关费用。但一审法庭辩论终结前已经发生的费用、死亡赔偿金以及精神损害抚慰金，应当一次性给付。

第三十四条 人民法院应当在法律文书中明确定期金的给付时间、方式以及每期给付标准。执行期间有关统计数据发生变化的，给付金额应当适时进行相应调整。

定期金按照赔偿权利人的实际生存年限给付，不受本解释有关赔偿期限的限制。

第三十五条 本解释所称“城镇居民人均可支配收入”“农村居民人均纯收入”“城镇居民人均消费性支出”“农村居民人均年生活消费支出”、“职工平均工资”，按照政府统计部门公布的各省、自治区、直辖市以及经济特区和计划单列市上一年度相关统计数据确定。

上一年度，是指一审法庭辩论终结时的上一统计年度。

第三十六条 本解释自 2004 年 5 月 1 日起施行。2004 年 5 月 1 日后新受理的一审人身损害赔偿案件，适用本解释的规定。已经作出生效裁判的人身损害赔偿案件依法再审的，不适用本解释的规定。

在本解释公布施行之前已经生效施行的司法解释，其内容与本解释不一致的，以本解释为准。

最高人民法院《关于审理交通肇事刑事案件具体应用法律若干问题的解释》

为依法惩处交通肇事犯罪活动，根据刑法有关规定，现将审理交通肇事刑事案件具体应用法律的若干问题解释如下：

第一条　从事交通运输人员或者非交通运输人员，违反交通运输管理法规发生重大交通事故，在分清事故责任的基础上，对于构成犯罪的，依照刑法第一三三条的规定定罪处罚。

第二条　交通肇事具有下列情形之一的，处3年以下有期徒刑或者拘役：

（一）死亡1人或者重伤3人以上，负事故全部或者主要责任的；

（二）死亡3人以上，负事故同等责任的；

（三）造成公共财产或者他人财产直接损失，负事故全部或者主要责任，无能力赔偿数额在30万元以上的。

交通肇事致1人以上重伤，负事故全部或者主要责任，并具有下列情形之一的，以交通肇事罪定罪处罚：

（一）酒后、吸食毒品后驾驶机动车辆的；

（二）无驾驶资格驾驶机动车辆的；

（三）明知是安全装置不全或者安全机件失灵的机动车辆而驾驶的；

（四）明知是无牌证或者已报废的机动车辆而驾驶的；

（五）严重超载驾驶的；

（六）为逃避法律追究逃离事故现场的。

第三条　交通运输肇事后逃逸，是指行为人具有本解释第二条第一款规定和第二款第（一）至（五）项规定的情形之一，在发生交通事故后，为逃避法律追究而逃跑的行为。

第四条　交通肇事具有下列情形之一的，属于有其他特别恶劣情节，处3年以上7年以下有期徒刑：

（一）死亡2人以上或者重伤5人以上，负事故全部或者主要责任的；

（二）死亡6人以上，负事故同等责任的；

（三）造成公共财产或者他人财产直接损失，负事故全部或者主要责任，无能力赔偿数额在60万元以上的。

第五条 因逃逸致人死亡，是指行为人在交通肇事后为逃避法律追究而逃跑，致使被害人因得不到救助而死亡的情形。

交通肇事后，单位主管人员、机动车辆所有人、承包人或者乘车人指使肇事人逃逸，致使被害人因得不到救助而死亡的，以交通肇事罪的共犯论处。

第六条 行为人在交通肇事后为逃避法律追究，将被害人带离事故现场后隐藏或者遗弃，致使被害人无法得到救助而死亡或者严重残疾的，应当分别依照刑法第二三二条、第二三四条第二款的规定，以故意杀人罪或者故意伤害罪定罪处罚。

第七条 单位主管人员、机动车辆所有人或者机动车辆承包人指使、强令他人违章驾驶造成重大交通事故，具有本解释第二条规定情形之一的，以交通肇事罪定罪处罚。

第八条 在实行公共交通管理的范围内发生重大交通事故的，依照刑法第一三三条和本解释的有关规定办理。

在公共交通管理的范围外，驾驶机动车辆或者使用其他交通工具致人伤亡或者致使公共财产或者他人财产遭受重大损失，构成犯罪的，分别依照刑法第一三四条、第一三五条、第二三三条等规定定罪处罚。

第九条 各省、自治区、直辖市高级人民法院可以根据本地实际情况，在30万元至60万元、60万元至100万元的幅度内，确定本地区执行本解释第二条第一款第（三）项、第四条第（三）项的起点数额标准，并报最高人民法院备案。